UTB

UTB 3356

Eine Arbeitsgemeinschaft der Verlage

Böhlau Verlag · Köln · Weimar · Wien
Verlag Barbara Budrich · Opladen · Farmington Hills
facultas.wuv · Wien
Wilhelm Fink · München
A. Francke Verlag · Tübingen und Basel
Haupt Verlag · Bern · Stuttgart · Wien
Julius Klinkhardt Verlagsbuchhandlung · Bad Heilbrunn
Lucius & Lucius Verlagsgesellschaft · Stuttgart
Mohr Siebeck · Tübingen
Orell Füssli Verlag · Zürich
Ernst Reinhardt Verlag · München · Basel
Ferdinand Schöningh · Paderborn · München · Wien · Zürich
Eugen Ulmer Verlag · Stuttgart
UVK Verlagsgesellschaft · Konstanz
Vandenhoeck & Ruprecht · Göttingen
vdf Hochschulverlag AG an der ETH Zürich

Studieren, aber richtig
Herausgegeben von Theo Hug, Michael Huter und Otto Kruse

Die Bände behandeln jeweils ein Bündel von Fähigkeiten und Fertigkeiten. Das gesamte Paket versetzt Studierende in die Lage, die wesentlichen Aufgaben im Studium zu erfüllen. Die Themen orientieren sich an den wichtigsten Situationen und Formen des Wissenserwerbs. Dabei werden auch das scheinbar Selbstverständliche behandelt und die Zusammenhänge erklärt.

Weitere Bände:
Theo Hug, Gerald Poscheschnik: Empirisch Forschen (UTB 3357)
Otto Kruse: Lesen und Schreiben (UTB 3355)

Informationen, Materialien und Links: www.utb-mehr-wissen.de

Klaus Niedermair

Recherchieren und Dokumentieren

Der richtige Umgang mit Literatur im Studium

UVK Verlagsgesellschaft mbH

Zum Autor

Dr. Klaus Niedermair ist Leiter der Bibliothek für Sozial- und Wirtschaftswissenschaften und Lehrender an der Universität Innsbruck.

Bibliografische Information der Deutschen Nationalbibliothek
Die Deutsche Nationalbibliothek verzeichnet diese Publikation in der Deutschen Nationalbibliografie; detaillierte bibliografische Daten sind im Internet über http://dnb.d-nb.de abrufbar.

ISBN 978-3-8252-3356-3

Lizenznehmer: UVK Verlagsgesellschaft mbH, Konstanz

Satz und Layout: Claudia Wild, Konstanz
Einbandgestaltung: Atelier Reichert, Stuttgart
Coverillustration: Graf+Zyx
Druck und Bindung: fgb · freiburger graphische betriebe, Freiburg

UVK Verlagsgesellschaft mbH
Schützenstr. 24 · 78462 Konstanz
Tel. 07531-9053-21 · Fax 07531-9053-98
www.uvk.de

Inhalt

Überblicke

Checklists

Worum es in diesem Buch geht und wie man es benützt

Wer wissenschaftlich arbeitet, verwendet viel Zeit zu recherchieren und zu dokumentieren. Auch als Studierende sind Sie häufig damit beschäftigt, etwas zu suchen. Sie schlagen im Internet oder in einem Lexikon nach, um die Bedeutung eines Begriffes oder die Übersetzung eines englischen Ausdrucks ausfindig zu machen. Oder Sie wollen sich schnell einen Überblick zu einem Themenbereich verschaffen. Vielleicht haben Sie schon für eine schriftliche Arbeit Literatur gesucht und dabei die Erfahrung gemacht, wie komplex eine Recherche sein kann. Und ist Ihnen aufgefallen, wie aufwändig es ist, alle Informationen, die wichtig sein könnten, zu sammeln und in Ordnung zu halten? Mitschriften von Lehrveranstaltungen, Skripten, Kopien, Bücher mit Ihren Randnotizen, Aufzeichnungen eigener Ideen – all das häuft sich seit Beginn Ihres Studiums an, in Bücherregalen, Aktenordnern oder elektronisch gespeichert, mehr schlecht als recht geordnet.

Recherchieren und Dokumentieren gehört zu Ihrem studentischen Alltag, fast wie Jagen und Sammeln zum Leben in der Steinzeit. Wiederholt haben Sie sich wahrscheinlich vorgenommen, alles zu organisieren, und sich umgesehen, wie Sie Ihre Strategien und Techniken, Informationen zu suchen und zu sammeln, optimieren können. Dieses Buch hilft Ihnen dabei.

Wenn Sie studieren und forschen, eignen Sie sich primär Wissen an, indem Sie lernen. Darüber hinaus setzen Sie sich aktiv mit wissenschaftlichen Meinungen und Theorien auseinander, Sie vergleichen, suchen nach Gründen pro und contra und fassen zusammen, Sie reflektieren, bilden sich Ihre Meinung, beziehen Stellung und finden vielleicht auch eigene Theorien – Sie arbeiten wissenschaftlich. Dabei recherchieren Sie *Quellen*, um sich zu informieren und Ihre Kenntnisse zu erweitern, aber vor allem um Ihre Überlegungen zu begründen und zu belegen. Und Sie dokumentieren, um das festzuhalten, was Sie gefunden haben, nämlich die Quelle selbst, einzelne Zitate daraus und Ihre eigenen Gedanken.

> Recherchieren heißt: Informationen suchen, beschaffen, auswählen.
> Dokumentieren heißt: Informationen sichten, ordnen, festhalten.

Natürlich müssten wir weder recherchieren noch dokumentieren, wenn wir das gesamte Wissen in unserem Gedächtnis speichern könnten, doch das ist Utopie.

Was man selbst nicht weiß, kann extern gespeichert sein, im Gedächtnis anderer Menschen, in herkömmlichen oder neuen Medien, in einer Datenbank, in einem Buch, in einer Zeitschrift, irgendwo, weltweit verstreut. Das sind Quellen, aus denen wir Wissen schöpfen können. Der Versuch, das gesamte Weltwissen an einen Ort zusammenzutragen, ist wahrscheinlich auch utopisch. In der Geschichte der Wissenschaft wurde dies mehrfach versucht. Ein berühmtes Beispiel, die antike Bibliothek von Alexandria, ist bekanntlich den Flammen zum Opfer gefallen. Es ist eine Schwäche aller Speichermedien, dass ihre Lebensdauer begrenzt ist. Das gilt für die neuen elektronischen Medien sogar viel mehr: Handschriften überdauerten Jahrtausende, aber elektronische Speichermedien veralten sehr schnell, sind nach einigen Jahren nicht mehr lesbar oder erleiden einen irreparablen Schaden. Es wäre technisch vielleicht sogar möglich, das ganze Wissen in einer *virtuellen Bibliotheca universalis* zugänglich zu machen, doch es wäre aufwändig und kostspielig, die elektronisch gespeicherten Informationen am Leben zu erhalten. Abgesehen davon scheitert diese Idee wahrscheinlich daran, dass Information kein öffentliches Gut ist, sondern zunehmend privatisiert und kommerzialisiert wird.

Das ganze Weltwissen zentral verfügbar zu machen, hätte nicht nur Vorteile: Würde es gelingen, dann um den Preis, dass auch viel wertloses oder redundantes Wissen gespeichert wäre. Früher war es aufwändig, *überhaupt* zu Informationen zu kommen. Heute sind wir mit *viel zu vielen* Informationen konfrontiert. Das Internet versetzt uns tatsächlich in eine *paradoxe* Situation: Einerseits ist eine Unmenge an Informationen *online* (fast) für jeden immer und überall verfügbar, andererseits ist es gerade dadurch schwieriger geworden, das wirklich brauchbare und verlässliche Wissen zu finden und auszuwählen. Dies betrifft uns überall, im Alltag, im Beruf, in der Wissenschaft, im Studium. Recherchieren und Dokumentieren war in

Informationskompetenz *(information literacy)* ist die Fähigkeit: 1. zu *klären*, welche Informationen gebraucht werden, 2. diese zu *suchen*, 3. zu *beschaffen*, 4. zu *bewerten*, 5. zu *speichern*, und 6. für eigene Zwecke zu *nutzen* – also zu recherchieren und zu dokumentieren. Und zwar *effektiv* im Hinblick auf das Ziel, d.h. es sollten wirklich die gesuchten Informationen gefunden werden. *Effizient*, was Arbeitsaufwand und Techniken betrifft, also schnell, einfach und ohne Umwege. *Korrekt* im Hinblick auf Spielregeln und Standards der Wissenschaft und *verantwortungsbewusst*, was rechtliche und moralische Normen betrifft.

der universitären Ausbildung noch vor 30 Jahren ein marginales Thema, Studierende eigneten sich diese Fertigkeiten meist nebenbei an. Die Situation ist komplexer geworden. Eine wissenschaftliche Arbeit muss auf Wissen mit Wert aufbauen, um selbst Wert haben zu können – daran hat sich nichts geändert. Geändert haben sich die Bedingungen, und es ist nicht damit getan, einfach in *Google* zu suchen und sich mit zufällig gefundenen Informationen zufrieden zu geben.

Recherchieren und dokumentieren erfordert Informationskompetenz. Informationskompetenz zu vermitteln, ist das Ziel dieses Buches. Sie werden über wissenschaftliches Arbeiten lesen, über die Begründung als Zweck der Recherche, über Quellen und Referenzquellen, über Techniken, Methoden und Strategien der Recherche und Dokumentation. Aber erwarten Sie keine Bedienungsanleitung. Lernen bedeutet nicht, sich Wissen anzueignen, um es dann in einer konkreten Situation eins zu eins umzusetzen. Es gibt kein Patentrezept für alle Fälle. Denn wie Sie in der Praxis recherchieren und dokumentieren, hängt von Ihrer Ausgangssituation ab: vom Studienfach, Ihrem Zugang zu Informationen (Bibliotheken, Internet), von den speziellen Anforderungen (Seminararbeit, Dissertation...), von Ihren Vorkenntnissen über das Thema, Ihren Kompetenzen (Anfänger, Expertin), nicht zuletzt auch von Ihrer Persönlichkeit. Es gibt Menschen, die suchen lieber *top down*, vom Allgemeinen ins Einzelne, andere bewegen sich assoziativ oder suchen ins Blaue hinein. Die einen sammeln und ordnen diszipliniert, die anderen brauchen ein wenig Chaos, um kreativ zu sein.

Ein Buch kann demnach nicht alle Szenarien, in denen recherchiert und dokumentiert wird, beschreiben und das jeweils adäquate Vorgehen im Vorhinein angeben. Das wäre auch nicht sinnvoll. Denn Informationskompetenz erfordert vielmehr Neugier, Kreativität, Lernbereitschaft, Flexibilität, Anpassungsfähigkeit. Informationskompetenz ist eine *Metakompetenz*, nämlich die Kompetenz, vorhandene Kompetenzen an neue Gegebenheiten und Anforderungen anpassen zu können. Von Informationskompetenz in *diesem* Sinne ist hier die Rede.

Deshalb ist es wichtig, dass Sie lernen, wie man in der Recherche und Dokumentation *strategisch* vorgeht und wie Sie dieses strategische Wissen in einer konkreten Situation *operativ* umsetzen können. Dies werden wir anhand einiger *Praxisbeispiele* zeigen. Und als Voraussetzung dafür, dass Sie selbst recherchieren und dokumentieren lernen, werden Sie Ihre eigene *Ausgangssituation* explorieren, also alles, was für Ihr Studieren und Forschen wichtig ist, selbst *recherchieren*: die Ressourcen Ihrer Bibliothek für Ihr Studienfach, die Referenzquellen, in denen Sie Bücher, Artikel, Zeitschriften suchen können usw. Zu diesem Zweck finden Sie Anleitungen für *Steckbriefe* im Buch – Sie können auch die Formulare auf der Web-Seite zum Buch[1] verwenden. So werden Sie die recherchierten Informationen *dokumentieren* und ein eigenes *Vademecum*[2] »*Recherchieren und Dokumentieren*« erstellen, das Sie in Ihrem Studium begleiten wird.

Ich möchte Ihnen ein paar Tipps geben, wie Sie dieses Buch mit Gewinn lesen können. Sie werden wissenschaftliche Bücher wohl selten vom Anfang bis zum Ende lesen, sondern eher kursorisch und auf der Suche nach dem, was für Sie gerade wichtig ist. Bücher werden so eher zu Nachschlagewerken für punktuelle Informationsbedürfnisse. Hier spiegelt sich zum Teil das Informationsverhalten wider, welches wir im Umgang mit elektronischen Medien und Suchmaschinen lernen. Die schnelle Suche mit *Google* ist in vielen Fällen effizient und auch effektiv, wenn es um konkretes Wissen geht, das *ad hoc* benötigt wird. Hier bieten Suchmaschinen im Vergleich zu gedruckten Lexika und Nachschlagewerken große Vorteile.

Aber Bücher sind deswegen nicht überflüssig. Wissenschaftliches Arbeiten bedeutet, sich mit Begriffen, Konzepten und Theorien aus unterschiedlichen Quellen aktiv, kritisch und doch mit Respekt auseinander zu setzen. Das kostet Zeit und erfordert Arbeit und Konzentration, doch nur so können wir wirklich Klarheit auf eine Frage finden und vielleicht auch eigene Gedanken entwickeln – und das ist ja das Ziel des wissenschaftlichen Arbeitens, auch im Studium. Diese Form der Auseinandersetzung ist schwer möglich, wenn wir nur in *Google* suchen oder surfen. Wir bleiben dann oberflächlich, wir nehmen immer nur kleine Häppchen auf und verlieren den Blick für Zusammenhänge. Natürlich findet man im Netz brauchbare Texte, die wir auf Papier ausdrucken können, um sie dann – eben wie ein gutes Buch – Absatz für Absatz, Satz für Satz zu lesen.

Auch für dieses Buch sollten Sie sich Zeit nehmen, lesen Sie es zuerst einmal ganz durch, um Zusammenhänge verstehen zu lernen, aber auch, damit Sie sich besser zurechtfinden, wenn Sie später kurz etwas nachlesen wollen. Arbeiten Sie aktiv mit dem Text, in Ihrem eigenen Interesse, es geht um *Ihre* Informationskompetenz. Sie stehen im Zentrum, versuchen Sie, alles auf Ihre Situation zu beziehen, und nehmen Sie kritisch Stellung.[3]

Das Buch wird Sie immer wieder zu Aktivitäten ermuntern. Erheben Sie die Daten für die gerade erwähnten *Steckbriefe*, Sie schaffen sich damit Klarheit über

---

1 Diese Web-Seite finden Sie unter http://www.utb-mehr-wissen.de

2 *Vademecum* (lat. *vade mecum* = »Geh mit mir!«) ist eine seit dem Mittelalter übliche Bezeichnung für Handbücher, Kompendien, Leitfäden, Ratgeber.

3 Sie können mir gerne Ihre Überlegungen, Fragen und Anregungen mit E-Mail an klaus.niedermair@uibk.ac.at oder im Kommunikationsforum der Web-Seite zum Buch mitteilen.

die Bedingungen und Möglichkeiten, wie Sie recherchieren und dokumentieren können. Wenn Sie eine *Übung* finden, nehmen Sie sich Zeit, sich mit einem Thema genauer zu befassen, zu recherchieren. Sie werden mitunter auch auf eine *Frage* stoßen, mit der Sie sich selbst testen können, die Lösung finden Sie jeweils am Ende des Buches.

In der Lektüre werden Ihnen einige neue Begriffe begegnen. Teils werden Sie diese im Kontext verstehen, andere müssen Sie wahrscheinlich in einem Lexikon nachschlagen, einige *Schlüsselbegriffe* finden Sie auch im *Glossar* im Anhang erklärt. Immer wenn Sie vor einem Begriff einen → Pfeil sehen, können Sie im Glossar eine Definition nachschlagen[4]. Dieses Glossar ist wie ein → Thesaurus aufgebaut. *Thesaurus* kommt aus dem Griechischen und bedeutet Schatzkammer (denken Sie an den Tresor). Hier ist die Terminologie gemeint, die sprachlichen Schätze: Zu jedem Begriff im Glossar werden auch seine Begriffsrelationen, also synonyme und verwandte Begriffe, Ober- und Unterbegriffe angeführt.[5]

Wer die Begriffe eines Themenbereiches versteht, hat meist schon einen guten Überblick. Auch das können Sie für sich selbst überprüfen: Am Ende eines jeden Kapitels finden Sie *wichtige Begriffe* nochmals angeführt, mit denen Sie das Kapitel Revue passieren lassen können.

Ich wünsche Ihnen eine Gewinn bringende Lektüre!

4 Und sollten Sie den Begriff im Glossar nicht finden, schlagen Sie am besten im Sachregister nach, Sie können dann auf den angeführten Seiten im Text nachlesen.

5 Das Glossar finden Sie auch auf der Web-Seite zum Buch, hier können Sie mit Hyperlinks im Begriffsnetz navigieren.

I Warum recherchieren

Eine Meinung ergibt erst durch Aufweisen ihrer Begründung Wissen.
Platon

In diesem Kapitel beantworten wir die Frage, warum Recherchieren zum wissenschaftlichen Arbeiten gehört und notwendig ist. Wir suchen Wissen aus Neugier und Wissensdurst, wenn wir lernen und unser Wissen erweitern. Doch es gibt noch einen Grund, warum Recherchieren aus dem wissenschaftlichen Arbeiten nicht wegzudenken ist. Wissenschaftliches Wissen erhebt den Anspruch, begründetes Wissen zu sein. Wenn wir eine wissenschaftliche Arbeit schreiben, können wir aber unmöglich alles selbst begründen. Wir benötigen demnach Quellen, die uns Begründungen liefern, empirische oder theoretische. *Deshalb* recherchieren wir: Recherche ist die Voraussetzung für die wissenschaftliche Begründung.

1 Der Sache auf den Grund gehen

Die *Recherche* (franz. rechercher) ist die *professionelle* Suche nach Information – professionell in zweifacher Hinsicht: Erstens steht sie in Zusammenhang mit einer Berufsausübung, einer Profession, und zweitens erfordert sie Kompetenz, Ausbildung, Routine, also Professionalisierung. Insofern ist die professionelle Recherche vom Suchverhalten im Alltag zu unterscheiden, dieses ist im Allgemeinen weniger anspruchsvoll, nicht flächendeckend und strategisch geplant.

Recherchiert wird in mehreren Berufsfeldern, z.B. im *Journalismus*: In der Berichterstattung können einerseits Informationen aus Pressekonferenzen, Pressemeldungen und Presseagenturen verarbeitet werden. Andererseits recherchieren Journalisten selbst Informationen, um ein Thema aus verschiedenen Perspektiven zu beleuchten und im Interesse der Wahrheitsfindung möglichst objektiv darzustellen. Ein gewissenhafter Journalist versucht, seine Berichterstattung durch Recherche zu begründen. Weiters recherchieren *Marktforschungsinstitute* Märkte und Konsumentenverhalten, um die Absatzchancen für Produkte zu optimieren. Ähnlich recherchieren *Meinungsforschungsinstitute* politische Einstellungen und Wählerverhalten. Auch *Detektive* und *Kriminalpolizisten* recherchieren, um ihre Annahmen anhand von Fakten zu beweisen.

Diese Formen von Recherche haben durchaus Ähnlichkeiten mit der wissenschaftlichen Recherche. Auch in der Wissenschaft geht es um Wahrheitsfindung, um objektive Darstellung, um Begründung – doch es gibt *einen* Unterschied, denn Wissenschaftler/innen tun etwas anderes als Journalisten, Marktforscher und Detektive.

Was aber ist die **Wissenschaft**? Dies ist eine schwierige Frage, die Kernfrage der Wissenschaftstheorie, ich halte mich hier kurz. *Die* Wissenschaft gibt es nicht, es gibt vielmehr mehrere *Wissenschaftsdisziplinen*, die sich zwar interdisziplinär überschneiden, sich dennoch relativ gut nach ihrem Gegenstandsbereich unterscheiden lassen, z.B. Physik, Politikwissenschaft, Pädagogik. Das wäre also noch einfach: Aber es gibt auch mehrere *wissenschaftstheoretische Positionen* und *Methodologien*, welche die Fragen, was Wissenschaft überhaupt ist, welche Methoden sie anwenden soll, wie wissenschaftliches Wissen begründet wird, was mit wissenschaftlichen Erkenntnissen geschehen soll usw., unterschiedlich und kontroversiell beantworten. Nicht, dass nun in jeder Wissenschaftsdisziplin jede wissenschaftstheoretische Position vertreten ist, aber die Landschaft der Wissenschaften ist komplex. Wenn Sie z.B. Soziologie studieren und sich mit Studierenden der Biologie austauschen, werden Sie feststellen, dass dort mit Wissenschaft etwas anderes gemeint sein kann.

Oder vielleicht sind Sie Geisteswissenschaftler und wurden einmal von einer Naturwissenschaftlerin gefragt, ob das, was Sie tun, überhaupt Wissenschaft ist – Sie können natürlich den Spieß auch umdrehen. Dafür verantwortlich sind unterschiedliche wissenschaftstheoretische Positionen, die sich als grundlegende Einstellungen, Leitbilder und Paradigmen in der jeweiligen wissenschaftlichen Forschungspraxis bewährt haben. Wissenschaftler/innen und Studierende verinnerlichen in ihrer wissenschaftlichen Sozialisation meist *eine* Position, sehen diese als selbstverständlich an und nehmen andere nicht als wirkliche Alternativen wahr.

Die Wissenschaft gibt es nicht

Es gibt vielmehr *Wissenschaften*, die sich unterscheiden im Hinblick
- auf den Gegenstandsbereich, sie sind Fachdisziplinen,
- auf die verwendeten Methoden,
- auf ihre wissenschaftstheoretischen Voraussetzungen.

Trotz dieser Unterschiede gibt es eine Gemeinsamkeit: die **theoretische Zielsetzung** von Wissenschaft, die für alle Wissenschaftsdisziplinen gilt und worin sich auch alle wissenschaftstheoretischen Positionen einig sind. Dies ist zwar eine Selbstverständlichkeit, aber genau darin liegt der Unterschied zwischen dem theoretischen Wissen und dem Alltagswissen. Theoretisches Wissen ist erstens prinzipiell allgemeingültig: Forschungsergebnisse stellen den Anspruch, nicht nur für einen Fall, sondern auch für andere, ähnliche Fälle Gültigkeit zu haben. Zweitens ist theoretisches Wissen methodisch gesichertes Wissen: Zu Forschungsergebnissen gelangt man durch Anwendung von anerkannten Methoden, dadurch sind sie intersubjektiv nachprüfbar. Theoretisches Wissen ist – darauf kommen wir noch zurück – *begründetes* Wissen.

Wenn Journalisten, Marktforscher und Detektive recherchieren, gehen sie nicht von einer theoretischen Frage aus und sie verfolgen nicht das Ziel, theoretisches Wissen zu schaffen – auch dann nicht, wenn sie Theorien recherchieren. Wissenschaftler/innen recherchieren mit einer theoretischen Zielsetzung, nämlich um auf *theoretische* Fragestellungen *theoretische* Antworten zu finden, direkt oder indirekt. Direkt, wenn das, was sie in der Recherche finden, bereits theoretisches Wissen ist. Oder indirekt, wenn sie von sonstigen Texten, Dokumenten oder empirischen Daten ausgehen, diese auswerten und aus ihnen theoretische Schlussfolgerungen ableiten.

Trotzdem haben Wissenschaften etwas gemeinsam

- Wissenschaften haben eine theoretische Zielsetzung.
- Theoretisches Wissen ist allgemeingültig, methodisch gesichert, intersubjektiv nachprüfbar und *begründet*.
- Darin unterscheiden sich wissenschaftliches Wissen und Alltagswissen.
- Die wissenschaftliche Recherche hat ein theoretisches Ziel.

Auch Sie benötigen im Forschen und Studieren immer wieder Wissen, Daten und Fakten, etwa wenn Sie eine Ausbildung absolvieren, eine schriftliche Arbeit verfassen oder ein Forschungsprojekt durchführen. Einerseits theoretisches Wissen, also Konzepte, Hypothesen, Modelle und Theorien, die mit Ihren Forschungs- und Lerninteressen zusammenhängen. Dieses Wissen ist im Allgemeinen publiziert, in Büchern und Zeitschriftenartikeln oder im Internet. Andererseits beschäftigen Sie sich auch mit literarischen Werken, historischen Materialien, Kunstwerken oder empirischen Daten, Interviews, Statistiken, Zahlen, Ergebnissen von Experimenten usw.

Warum aber benötigen Sie das alles?

Wenn Sie z.B. eine literaturwissenschaftliche Arbeit über das Frauenbild in Goethes Faust I verfassen möchten, ist *Faust I* von Johann Wolfgang von Goethe Ihr Forschungsgegenstand, ein literarischer Text, in anderen Fällen kann es auch um Daten und Fakten gehen. Niemand wird bestreiten, dass Sie nur dann über das Thema schreiben können, wenn Sie sich direkt mit dem Text von Goethe beschäftigen: Diesen werden Sie also recherchieren, lesen, interpretieren. Doch warum können Sie nicht einfach über Faust und Gretchen drauflosinterpretieren, aber *andere* wissenschaftliche Arbeiten, die sich mit dem gleichen Themenbereich befassen (mit Goethes Faust, dem Frauenbild in Goethes Faust und dem Frauenbild allgemein), einfach ignorieren? Warum kümmert uns als Wissenschaftler/innen eigentlich das bereits vorhandene wissenschaftliche Wissen? Man könnte annehmen, dass man dies aus Gewohnheit tut oder eine Spielregel befolgt, die sich in der Wissenschaft etabliert hat oder für die sich die Gemeinschaft der Wissenschaftler/innen irgendwann entschieden hat. Doch diese Annahme wäre zu einfach, denn ich könnte ja selbst entscheiden, mich nicht an diese Regelung zu halten.

Es gibt mindestens drei andere Gründe, warum es *sinnvoll* ist, dass wir auf die wissenschaftliche Diskussion Bezug nehmen – und auch dafür, warum wir das tun *müssen*.

Ein Grund ist der **Wettbewerbsvorteil**. Wissenschaftler/innen, die über den Stand der Forschung informiert sind, können schnell und gezielt neue Theorien entwickeln. Dies gilt besonders für Wissenschaftsdisziplinen, in denen der wissenschaftliche Fortschritt unmittelbar zu praktischen Innovationen führt, die für die Gesellschaft wichtig sind, bspw. in den Technikwissenschaften, in der Physik oder Medizin. Dennoch hat sich die Erkenntnis, dass gerade deshalb auch die professionelle Recherche und Dokumentation zentrale Voraussetzungen für die wissenschaftliche Forschung sind, erst relativ spät durchgesetzt – in der Zeit nämlich, als man sich bewusst wurde, dass die Menge der wissenschaftlichen Informationen rasant wächst.

Der Sputnik-Schock oder: Warum recherchieren und dokumentieren?

Am 4. Oktober 1957 wurde von der ehemaligen UdSSR erstmals ein künstlicher Satellit, der Sputnik 1, in den Weltraum geschossen. Für die westliche Welt war dies ein regelrechter Schock, da man die Forschung und Technologie in der Sowjetunion massiv unterschätzt hatte. Jetzt begann der *space race*. Der Sputnik-Schock wurde in den USA zum Politikum ersten Ranges. Man erkannte, dass der Vorsprung der Sowjetunion darauf beruhte, dass die Forscher über ein gut funktionierendes, zentrales Dokumentationssystem verfügten, in dem wissenschaftliche Publikationen verzeichnet und zugänglich gemacht wurden. In der Folge wurden in den USA und in Westeuropa Dokumentationsstellen und Bibliotheken massiv gefördert.

Der zweite Grund ist, dass Wissenschaft nie eine Privatsache sein kann: Wissenschaftler/innen müssen ihre Forschungsergebnisse **kommunizieren**, veröffentlichen und zur Diskussion stellen. Deshalb orientieren sich die Wissenschaftler/innen, wenn sie ihre Ergebnisse veröffentlichen, an bestimmten *Standards* des wissenschaftlichen Arbeitens, etwa wie man → zitiert, oder wie eine → Publikationsform, z. B. ein → Artikel, aufgebaut sein muss. Dies sind Normen, die sich mit der Zeit entwickelt und etabliert haben und die natürlich Veränderungen unterliegen. Noch wichtiger ist, dass die übliche *Terminologie* einer Fachdisziplin verwendet wird bzw. dass neue Begriffe nur in Rücksicht darauf eingeführt werden, und vor allem dass an vorhandene Theorien, also an den aktuellen **Forschungsstand** angeknüpft wird. Nur unter diesen Bedingungen können Forschungsergebnisse kommuniziert werden, nur so sind sie verständlich, nachvollziehbar und überprüfbar. Wissenschaftliche Arbeiten beziehen sich immer aufeinander, sie widerlegen vorhandene Theorien, verfeinern oder stützen sie: So können Forschungsergebnisse verglichen werden, und nur so ist letztlich wissenschaftlicher Fortschritt möglich. Es hat zwar immer wieder originelle Wissenschaftler/innen gegeben, die sich um solche Standards wenig kümmerten und dennoch neue Theorien entwickelt haben, aber es dauerte länger, bis ihre Theorien in der Gemeinschaft der Wissenschaftler/innen anerkannt und gewürdigt wurden.

Ein prominentes Beispiel dafür ist der Philosoph *Ludwig Wittgenstein*: Sein einziges, zu Lebzeiten publiziertes Werk, der *Tractatus logico-philosophicus*, entspricht überhaupt nicht den Standards wissenschaftlicher Texte. Wittgenstein verwendete ungeniert neue Begriffe, er verfasste keinen Fließtext, sondern einzelne Sätze, die er mit einem Dezimalnotationssystem in eine logische Struktur brachte. Er fand lange Zeit auch keinen Verleger, obwohl namhafte Kollegen, etwa *Bertrand Russell*, schon früh den Wert seines Werkes erkannt hatten. Als Wittgenstein den *Tractatus* als Dissertation in Cambridge einreichte, kam es sogar zum Zerwürfnis mit seinem Doktorvater *George Edward Moore:* Wittgenstein weigerte sich, wie in wissenschaftlichen Werken üblich, seine Quellen zu zitieren, bekam aber doch den Doktor und wurde später sogar Professor in Cambridge.

Der wichtigste Grund, warum wir nicht umhinkommen, auf den Stand der Forschung Bezug zu nehmen, ist, dass wir wissenschaftliche Ergebnisse immer **begründen** müssen. Begründung ist die *conditio sine qua non* der Wissenschaft. Wissenschaftler/innen gehen der Sache auf den Grund, sie recherchieren Begründungen. Bereits der griechische Philosoph Platon hat zwei Formen von Wissen unterschieden: die *Dóxa*, das geglaubte Wissen, und die *Epistéme*, das begründete Wissen der Wissenschaft. »Eine Meinung ergibt erst durch Aufweisen ihrer Begründung Wissen« lautet ein Schlüsselsatz in Platons Dialog Theaitetos. Damit ist einfach und prägnant die Zielsetzung eines jeden Forschungsprozesses definiert.

2 Wissenschaftliches Arbeiten

Am Beginn eines **Forschungsprozesses** gibt es immer eine Forschungsfrage, am Ende soll es eine Antwort dazu geben, ein Forschungsergebnis. Im Forschungsprozess selbst – auf dem Weg von der Frage zur Antwort – werden jene Konzepte, Hypothesen und Theorien, die geeignete Antworten auf die Forschungsfrage liefern, *begründet*, auf sichere Fundamente gestellt. Das ist das Ziel einer wissenschaftlichen Arbeit. Die *wissenschaftliche Arbeit* ist einerseits das Produkt, ein Aufsatz, ein Buch, eine Diplomarbeit. Andererseits ist damit auch der Forschungsprozess gemeint, der zu diesem Produkt führt, also das **wissenschaftliche Arbeiten**.

Wer wissenschaftlich arbeitet, benötigt Kenntnisse

1. der Fachdisziplin und des Gegenstandsbereiches,
2. der Forschungsmethoden,
3. der wissenschaftstheoretischen Voraussetzungen zur Begründung der Methoden,
4. der Strategien, Techniken und Standards des wissenschaftlichen Arbeitens.

In Lehrveranstaltungen zum wissenschaftlichen Arbeiten werden vorwiegend Strategien, Techniken und Standards vermittelt. Die Strategien und Techniken sind Voraussetzungen für die Effektivität und Effizienz bei der Themenfindung, bei der Konkretisierung der Forschungsfrage, beim Recherchieren, Auswerten und Dokumentieren der Literatur. Die Standards sind Voraussetzungen für die Korrektheit einer wissenschaftlichen Arbeit im Hinblick auf Textgestaltung und Zitierregeln. Als Studierende arbeiten Sie wissenschaftlich vor allem in den unterschiedlichen Formen Ihres Leistungsnachweises: Seminararbeit, Bachelorarbeit, Diplom- oder Masterarbeit, Dissertation, Referat mit Thesenblatt und Handout.

Studierende (und Wissenschaftler/innen) arbeiten wissenschaftlich, wenn »sie in der Lage [sind],

- auf der Grundlage wissenschaftlicher Erkenntnisse und des Standes der wissenschaftlichen Diskussion in ihrem Fachgebiet und
- in Auseinandersetzung mit den wissenschaftlichen Auffassungen anderer
- sich ihre eigenen Gedanken zu machen und
- diese in einer für andere verständlichen Form darzustellen.« (Sesink 2007, S. 9)

In dieser Aufzählung sind bereits die wesentlichen Schritte im Ablauf eines **Forschungsprozesses** erkennbar.

Überblick

Ablauf eines Forschungsprozesses

1. Am Anfang steht die Forschungsfrage.
   - Meist muss die Forschungsfrage noch konkretisiert werden: Zu diesem Zweck führt man u. a. eine → Einstiegsrecherche (s. S. 135) durch.
2. Ist die Forschungsfrage hinreichend konkret, wird eine → gezielte thematische Recherche (s. S. 137) nach relevanten Quellen durchgeführt.
   - Die gefundenen Literaturhinweise (→ Referenzen) werden in der → Leseliste (s. S. 169) formal dokumentiert und im Hinblick auf weitere Referenzen geprüft: → assoziative Suche (s. S. 136).
3. Anschließend werden die Quellen im Hinblick auf die Forschungsfrage ausgewertet, exzerpiert und inhaltlich dokumentiert (s. S. 173).
   - Dadurch gewinnt man einen Überblick der Theorien, der im Literaturbericht dokumentiert wird.
   - Es ergeben sich neue Zusammenhänge und eigene Theorieansätze.
4. Wenn dies bereits Antworten auf die Forschungsfrage sind, kann mit dem Schreiben der Arbeit begonnen werden (6.)
5. Wenn nicht, werden entweder weitere Quellen recherchiert (2.) oder empirische Daten erhoben und ausgewertet.
   - Dies ist dann der Fall, wenn auch empirische Daten als Quellen relevant sind, um die Theorie zu bestätigen oder neu zu entwickeln.
   - Im ersten Fall wird eine quantitative Methode gewählt, im zweiten eine qualitative.
6. Abschließend werden die Forschungsergebnisse schriftlich festgehalten.

Frage 1

Fassen Sie zusammen, wann in einem Forschungsprozess recherchiert wird.
Lösung im Anhang

In diesem Ablaufschema kann man erkennen, dass ein Forschungsergebnis in mehreren Schritten erzielt wird. Wenn wir auf eine Forschungsfrage eine Antwort finden, so ist diese zunächst vorläufig und vage – eine *Dóxa* im Sinne Platons, eine Meinung, die wir für wahr halten. Sie kann interessant und spannend sein, aber wissenschaftlich gesehen ist sie erst brauchbar, wenn wir gute **Gründe** anführen können, warum sie auch wahr sein kann. Erst dann erlangt unsere Meinung den

Status der *Epistéme*, erst jetzt ist sie eine wissenschaftliche Hypothese. Ja, auch dann noch ist sie *nur* eine **Hypothese** und keine These: Wir können noch so viele gute Gründe finden, aber wissenschaftliche Theorien können nie endgültige Wahrheiten liefern, sie sind immer nur so lange als Hypothesen brauchbar, als nicht ihr Gegenteil bewiesen und begründet wird. Diese skeptische Sichtweise, die der Wissenschaftstheoretiker Karl R. Popper formuliert hat, wird unter Wissenschaftler/innen weitgehend geteilt. Begründen – und Recherchieren – ist die ewige Sisyphos-Aufgabe der Wissenschaftler/innen.

In diesem Ablaufschema kann man auch erkennen, dass eine Theorie, egal ob sie bereits vorhanden ist oder erst neu gebildet wird, unterschiedlich begründet werden kann, d.h. dass dabei unterschiedliche **Quellen** als **Begründungen** fungieren können.

3 Begründungen recherchieren

In einer wissenschaftlichen Arbeit können wir unsere Argumente und Hypothesen **selbst begründen**, ohne uns dabei auf andere Begründungen zu stützen. Das führt aber irgendwann zu einem Problem, denn grundsätzlich muss *alles* in einer wissenschaftlichen Arbeit begründet werden, die Theorien, die Hypothesen, die Argumente, die Konzepte, die Begriffe. Wir müssten demnach alle eigenen Begründungen selbst wieder begründen und auch diese wieder usw. – dies wäre ein *Regressus ad infinitum*.

Anstatt alles selbst zu begründen, können wir jedoch auch auf Begründungen zurückgreifen, die schon jemand gegeben hat. Das berühmte Rad muss nicht jedes Mal neu erfunden werden, es gibt auch bewährtes Wissen: Dieses finden wir in **Quellen**. Man könnte annehmen, dass diese Art der Begründung autoritätsgläubig, fremdbestimmt und konservativ ist oder sogar Innovationen verhindern kann. Im Gegenteil, Forscher/innen übernehmen nicht einfach vorhandenes Wissen, sondern setzen sich kritisch damit auseinander. Es ist letztlich unsere Entscheidung, welches vorhandene Wissen wir als Begründung verwenden, welches wir in unserer Argumentation widerlegen, welches wir differenzieren und ergänzen – *wir* wählen aus und bewerten. Viel Freiheit bedeutet wie immer viel Verantwortung. Es liegt an uns, Quellen zu *recherchieren*, die relevantes Wissen enthalten, sie zu *dokumentieren*, also auf Authentizität und Wissenschaftlichkeit zu prüfen, zu sichten, festzuhalten und in einen Begründungszusammenhang zu unseren Überlegungen zu bringen.

Wichtig

> Begründen ist eine Kernaufgabe der Wissenschaft: Deshalb ist auch Recherchieren und Dokumentieren nicht bloß technisches Handwerk.

Wenn wir wissenschaftlich begründen, reichen eigene Begründungen also nicht aus, und wir kommen nicht umhin, uns nach guten Gründen umzusehen, die bereits andere Wissenschaftler/innen formuliert haben. Wir stoßen aber noch auf eine andere Grenze: Es reicht nicht, wenn wir unsere Aussagen ausschließlich theoretisch begründen, denn eine Theorie hat ja auch mit der Wirklichkeit zu tun, und das kann sie nur, wenn Aussagen auf Erfahrung, auf Empirie begründet werden. Wir können demnach *theoretische* und *empirische* Begründungen unterscheiden.

Theoretische Begründung. Eine Aussage wird theoretisch begründet, indem man sie zu anderen gültigen Aussagen in eine logische Beziehung setzt. Dies kann dadurch geschehen, dass man zeigt, dass sie mit diesen Aussagen logisch vereinbar ist oder dass sie mit keiner anderen gültigen Aussage im Widerspruch steht oder dass man sie aus anderen gültigen Aussagen logisch ableiten kann – das ist übrigens die stärkste Form der Begründung. Begründen heißt auch, die Bedeutung der Begriffe, die wir verwenden, zu definieren, und zwar so, dass sie mit anderen Begriffen theoretisch konsistent und empirisch nachvollziehbar sind.

In den meisten Fällen werden wir uns auf Aussagen und Begriffe stützen, die wir in einer Quelle finden und die ihrerseits nachweisbar wissenschaftlich begründet wurden. Konkret bedeutet dies, dass wir eine Textpassage, die wir in einer wissenschaftlichen Quelle gefunden haben und die in unserem Zusammenhang eine brauchbare Begründung ist, als *Zitat* verwenden, wir → zitieren sie (dazu detailliert auf Seite 169 f.) Wir führen die Textpassage an, entweder im genauen Wortlaut (direktes Zitat) oder in eigenen Worten (indirektes Zitat), und geben die Quelle an. Denn nicht nur wir müssen die Quelle prüfen und für gut befinden. Auch der Leser muss unsere Begründungen *back to the roots* verfolgen und nachprüfen können. Begründungen müssen intersubjektiv nachvollziehbar sein: Quellen müssen deshalb *korrekt* zitiert werden.

Empirische Begründung. Auch bei dieser Begründung stützt man sich auf Quellen. Dies ist die Schnittstelle, wo sich Wissenschaft und Wirklichkeit, Theorie und Empirie treffen. Solche Quellen sind noch in einem Rohzustand, sie müssen erst theoretisch aufbereitet und raffiniert werden, erst dann können sie als wissenschaftliche Begründungen fungieren. Zu diesem Zweck müssen empirische Quellen mit Hilfe einer Methode interpretiert bzw. erhoben und ausgewertet werden. Durch die Anwendung einer Methode wird eine außerwissenschaftliche Quelle quasi in theoretische Münze umgesetzt und kann dann als empirische Begründung in einer wissenschaftlichen Arbeit verwendet werden.

Methoden dazu gibt es viele: Welche Methode geeignet ist, hängt von der Wissenschaftsdisziplin ab, vom Forschungsgegenstand und der Forschungsfrage.

Geistes- und Kulturwissenschaften. Empirische Quellen in diesen Disziplinen sind z.B. Originaltexte, literarische, theologische, philosophische Werke, Zeugenaussagen, Archivmaterial, ein musikalisches, bildnerisches oder gestalterisches Kunstwerk. Die Methode, die hier zum Einsatz kommt, ist die Interpretation: Die Objekte werden einer eingehenden kritischen und systematischen Analyse unterzogen und gedeutet. Eine Methode der Interpretation ist die hermeneutische. Gemäß der wissenschaftstheoretischen Position der Hermeneutik ist eine Interpretation immer auch vom Interpreten geprägt, von seiner Persönlichkeit, seiner Sozialisation, seinem theoretischen Vorwissen. Bei der hermeneutischen Interpretation wird deswegen auch das eigene theoretische Vorverständnis reflektiert, hinterfragt und mit alternativen Theorien verglichen.

Natur-, Sozial- und Wirtschaftswissenschaften. Empirische Quellen dieser Disziplinen sind statistische Daten, Gesetzestexte, Ergebnisse von Experimenten und Befragungen, Interviews, Beobachtungen, Akten, Unternehmensdaten, Wirtschaftsdaten, Finanzmarktdaten. Diese empirischen Daten werden entweder auch interpretiert oder mit einer quantitativen oder qualitativen Methode erhoben und ausgewertet und so als Begründung für Theorien fruchtbar gemacht. Für die Frage, ob quantitativ oder qualitativ, ist primär entscheidend, ob es bereits Hypothesen gibt, die man bestätigen oder widerlegen will, oder ob neue Hypothesen gefunden werden sollen.

Quantitative Methode. Wenn es um eine groß angelegte Untersuchung geht, werden Hypothesen vorab formuliert, daraufhin wird ein repräsentatives Datenmaterial erhoben und ausgewertet, und abschließend werden die Hypothesen anhand der empirischen Ergebnisse überprüft: Dies ist die quantitative Methode. Ein untrügliches Zeichen dieser Methode besteht darin, dass die Befragten bei der Datenerhebung nicht wirklich die Möglichkeit haben, ihre Sichtweise über ihre Wirklichkeit wiederzugeben – klar ersichtlich ist dies bei Fragebögen, in denen nur so genannte geschlossene Fragen vorkommen, d.h. Fragen mit begrenzten Antwortmöglichkeiten.

Qualitative Methode. Wenn ich aber interessiert bin, Einzelfälle zu untersuchen und diese zu verstehen, ist es weniger angebracht, von eigenen Hypothesen auszugehen, sondern die Subjekte selbst sprechen zu lassen. In diesem Fall entscheide ich mich für eine qualitative Methode, ich beschränke mich auf Einzelfälle und suche auf der Basis von unstrukturierten Daten (z.B. Interviews) nach neuen Hypothesen, mit Hilfe derer die Einzelfälle verstanden und erklärt werden können. Die so gebildeten Hypothesen sind allerdings noch nicht für eine größere Allgemeinheit gültig. Doch wir können sie auch im Hinblick darauf überprüfen, wir benötigen dazu nur eine anschließende quantitative Untersuchung, in der mehr Datenmaterial z.B. mit Hilfe eines Fragebogens erhoben wird. Die qualitative und die quantitative Methode gehören insofern zusammen, als Theorien qualitativ gebildet und quantitativ überprüft werden.

Aus dem Ablaufschema des Forschungsprozesses geht auch hervor, dass es zwei Typen von Forschungsarbeiten gibt, je nachdem, ob entweder *nur* theoretische *oder auch* empirische Begründungen verwendet werden. Dies sind zwei grundlegend verschiedene Optionen wissenschaftlicher Forschung.

Theoriearbeit und empirische Arbeit

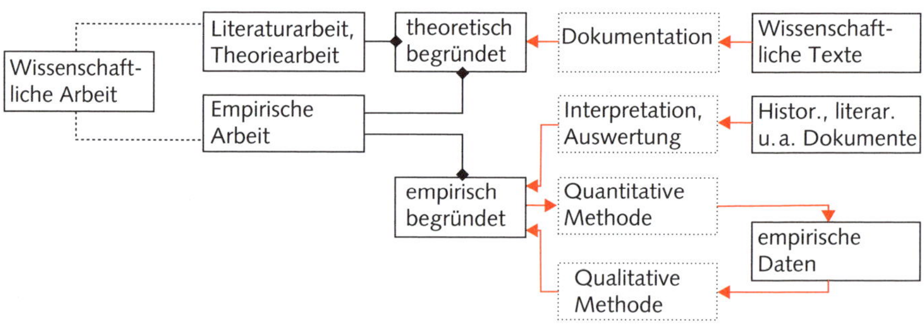

Literatur-/Theoriearbeit. Sollen Aussagen nur theoretisch begründet werden, so spricht man von einer Literatur- oder Theoriearbeit. Man beschränkt sich dann auf Quellen, die bereits wissenschaftliche Theorien beinhalten, recherchiert werden demnach wissenschaftliche Quellen. Das Forschungsthema einer Theoriearbeit kann bspw. lauten: Didaktische Theorien des Blended Learning im Hochschulbereich. Das Ziel der Recherche ist damit klar: Wir benötigen theoretische Arbeiten über diesen Forschungsgegenstand.

Empirische Arbeit. Werden Aussagen darüber hinaus auch empirisch begründet, so handelt es sich um eine empirische Arbeit. Dann werden auch Quellen recherchiert, die empirische Begründungen liefern können. Dabei gibt es mehrere Möglichkeiten.

Wenn der Forschungsgegenstand z.B. ein literarisches Werk ist und dieses *interpretiert* werden soll, ist das Ziel der Recherche das literarische Werk selbst (eine empirische Quelle) und theoretische Arbeiten über dieses Werk.

Anders aber, wenn wir in einer Forschungsarbeit empirische Daten verwenden. Wenn wir bspw. die *Akzeptanz von Blended Learning in Lehrveranstaltungen bei Studierenden der Politikwissenschaft an der Universität Wien* untersuchen wollen, werden wir einerseits einschlägige Theorien recherchieren und andererseits empirische Daten erheben und anschließend auswerten. Wenn das Forschungsziel darin besteht herauszufinden, ob und wie viele Studierende *bestimmte* Einstellungen

Überblick

Warum recherchieren

- In einer wissenschaftlichen Arbeit muss alles *begründet* werden.
- Da wir nicht alles selbst begründen können, stützen wir uns auf bewährte Begründungen.
- *Theoretische* Begründungen, die wir aus theoretischen Quellen übernehmen, müssen korrekt zitiert werden, damit sie überprüfbar sind.
- *Empirische* Begründungen beruhen auf empirischen Quellen (Texten, Daten und Fakten), die durch Interpretation, quantitative oder qualitative Methoden auf intersubjektiv nachprüfbare Weise für eine Theorie fruchtbar gemacht werden.
- Für eine *Literaturarbeit* (*Theoriearbeit*) werden theoretische Quellen recherchiert, mit deren Hilfe Forschungsergebnisse theoretisch begründet werden.
- Für eine *empirische* Arbeit werden zusätzlich empirische Quellen nach einer bestimmten Methode erhoben und ausgewertet und für eine empirische Begründung von Forschungsergebnissen verwendet.
- Ziel des *Recherchierens* ist, jene Quellen zu finden, die mein Wissen erweitern und mir brauchbare theoretische oder empirische Begründungen für meine wissenschaftliche Arbeit liefern.

haben, macht eine quantitative Studie Sinn, wir erheben Daten mit einem Fragebogen und werten die Antworten statistisch aus: Wir setzen dabei voraus, dass es nur bestimmte Einstellungen gibt. Wenn wir uns aber zum Ziel setzen herauszufinden, *welche* Einstellungen die Studierenden überhaupt vertreten könnten (und zwar unabhängig von unseren möglichen Vermutungen darüber), gehen wir qualitativ vor, indem wir z.B. Interviews mit den Studierenden führen, in denen sie *ihre* Sichtweisen formulieren können, diese rekonstruieren wir dann in der Auswertung des Datenmaterials.

Checklist

Warum recherchieren

Überlegen Sie, *warum* Sie recherchieren:

- ☐ Zu welchem Anlass: Seminararbeit, Diplomarbeit usw.?
- ☐ Wie lautet die Forschungsfrage?
- ☐ Wie flächendeckend soll Literatur berücksichtigt werden?
- ☐ Handelt es sich um eine Theoriearbeit oder um eine empirische Arbeit?
- ☐ Welche Methode soll verwendet werden?
- ☐ Welche Begründungen (empirische, theoretische) sind gefragt?

Wichtige Begriffe

Recherche, Begründung, Wissenschaftliches Arbeiten, Forschungsprozess, Forschungsfrage, Theoretische Begründung, Empirische Begründung, → Zitieren, Qualitative Methode, Quantitative Methode, Literaturarbeit, Empirische Arbeit.

II Was recherchieren

Der Wissende weiß und erkundigt sich,
aber der Unwissende weiß nicht einmal, wonach er sich erkundigen soll.
Indisches Sprichwort

In diesem Kapitel beschäftigen wir uns mit den Quellen: *Diese* recherchieren wir. Quellen beinhalten den Rohstoff, aus dem wir Konzepte, Hypothesen, Theorien schöpfen und begründen. Wissenschaftliche Arbeit lebt von ihren Quellen. Wir können Primär-, Sekundär- und Tertiärquellen unterscheiden sowie theoretische und empirische Quellen. Daraus ergibt sich eine Typologie, die uns zeigt, wie und mit welcher Methode Quellen zu bearbeiten sind, damit sie für eine wissenschaftliche Arbeit Begründungen liefern können. Dann wechseln wir die Perspektive und betrachten Quellen als Medien. Im Hinblick auf die → Mediensorte unterscheiden wir → Publikationsformen (Buch, Artikel usw.), im Hinblick auf den → Medientyp gedruckte und elektronische Quellen. Abschließend geht es um die Frage, welche Quellen in einer wissenschaftlichen Arbeit jeweils gefragt sind.

1 Primär-, Sekundär- und Tertiärquellen

Es ist ein Qualitätskriterium wissenschaftlichen Arbeitens, dass Forschungsergebnisse für jeden, also **intersubjektiv nachvollziehbar** und überprüfbar sind. Zu diesem Zweck muss die Argumentation schlüssig und konsistent sein, empirische Daten müssen nach anerkannten Methoden erhoben und ausgewertet werden, Experimente müssen exakt beschrieben werden. Der Leser einer wissenschaftlichen Arbeit soll erkennen können, aufgrund welcher Theorien, Argumente, Beweise, empirischer Daten und Fakten der Autor zu seinen Ergebnissen gelangt. Mit einem Wort: Die **Begründungen**, theoretische und empirische, müssen offen gelegt und transparent sein, nur so ist eine wissenschaftliche Arbeit intersubjektiv nachvollziehbar und überprüfbar.

In einer wissenschaftlichen Arbeit beziehen wir Begründungen aus vielerlei **Quellen**. Quelle kann alles sein, einerseits das, worüber aus unterschiedlichsten Perspektiven überhaupt wissenschaftlich geforscht werden kann, also wirklich *alles*, andererseits auch Forschungsergebnisse selbst oder Darstellungen derselben durch Dritte. Quellen lassen sich demnach im Hinblick darauf unterscheiden, welche *Funktion* sie für eine wissenschaftliche Arbeit haben können:

Primärquellen (*primary sources*) betreffen den *Forschungsgegenstand* unserer wissenschaftlichen Arbeit. Das sind z. B.: Werke der Literatur; statistische Daten, die wir erhoben haben; Wirtschaftsdaten; Gesetze; Archivmaterial; Gebrauchsgegenstände des Alltags; Briefe und Tagebuchaufzeichnungen; Zeitungsartikel; wissenschaftliche Texte von Klassikern bspw. in der Literaturwissenschaft oder in der Ökonomie; aber auch Kunstwerke. Bei einer Arbeit über das Frauenbild in Goethes Faust, sind die Werke *Faust I* und *Faust II* Primärquellen.

Sekundärquellen (*secondary sources*) sind wissenschaftliche Arbeiten über unseren Forschungsgegenstand. Mehr oder weniger, direkt oder indirekt: Sie können das gleiche Thema behandeln und sich auf dieselbe Primärquelle beziehen; das wären in unserem Beispiel Arbeiten *über* das Frauenbild in Goethes Faust. Es kann sich auch um Arbeiten handeln, die nur indirekt mit unserem Forschungsgegenstand zu tun haben, aber dennoch für die Untersuchung desselben relevant sind; das wären in unserem Beispiel Arbeiten *über* das Frauenbild *allgemein*. Auch die Arbeit, die wir verfassen, kann ggf. zu einer Sekundärquelle für andere Forschungsarbeiten werden.

Tertiärquellen (*tertiary sources*) erschließen Primär-, Sekundär- und auch Tertiärquellen selbst mit unterschiedlichen Zielsetzungen. Primär *inhaltlich orientierte Tertiärquellen* geben uns einen Überblick über Theorien in Primär- und Sekundärquellen. Lehrbücher z. B. geben die allgemein akzeptierte Lehrmeinung einer Fachdisziplin wieder. Artikel in Nachschlagewerken bieten einen komprimierten Überblick zu einem Stichwort. Übersichtsartikel in Zeitschriften (*review articles*) berichten über den aktuellen Stand der Diskussion in einem Forschungsbereich. Auch populärwissenschaftliche Zeitungsartikel geben in leicht verständlicher Form wissenschaftliche Forschungsergebnisse wieder. Tertiärquellen dienen einmal dazu, über den Inhalt von Primär- und Sekundärquellen zu *informieren*: Sie beschreiben den Inhalt von Quellen, stellen ihn übersichtlich dar, stellen Theorien einander gegenüber. Eine besondere Gruppe sind die → **Referenzwerke** *(reference works)*, insbesondere Lexika, Handbücher, Enzyklopädien.

Hinweis

Eine Seminararbeit, die etwa eine übersichtliche Darstellung eines Artikels zu geben versucht, kann für Leser/innen, die sich schnell über den Artikel informieren wollen, eine brauchbare Tertiärquelle sein. Eine Seminararbeit, die darüber hinaus den Artikel diskutiert, mit anderen Theorien vergleicht und zu eigenständigen Überlegungen gelangt, kann auch eine Sekundärquelle sein – die Grenzen sind also fließend.

Es gibt auch Tertiärquellen, deren Zweck ausschließlich darin besteht, das wir Primär-, Sekundär- und Tertiärquellen erst einmal *finden* können: Das sind → Online-Kataloge, → Bibliografien, → Suchmaschinen usw., also Hilfsmittel für die Recherche. Wenn ich in einem Online-Katalog nach Büchern eines Autors suche, finde ich bibliografische, also formale und inhaltliche Beschreibungen von Quellen, d. h. Literaturhinweise, → **Referenzen** (*references*). Referenzen liefern mir die Angaben, mit deren Hilfe ich den Weg zu den Quellen selbst finden kann. Diese Tertiärquellen sind Quellen von Referenzen, ich bezeichne sie demnach als → **Referenzquellen** (*reference sources*)[6] – sie werden im Kapitel *Wo recherchieren* (S. 55 ff.) ausführlich behandelt.

6 Üblicherweise werden mit *reference sources* hauptsächlich Enzyklopädien, Handbücher und Lexika bezeichnet (also die *reference works*) und weniger die Online-Kataloge, Referenzdatenbanken usw.: In *diesem* Buch sind mit Referenzquellen (*reference sources*) nur die letzteren gemeint.

Wissenschaftliche Forschungsfragen können, was ihren Fokus betrifft, recht beweglich sein, wie Scheinwerfer, mit denen je nach Perspektive unterschiedliche Bereiche ausgeleuchtet werden. Ein Text, der in einem Forschungsvorhaben etwa als Sekundärquelle fungiert, kann in einem anderen eine Primärquelle sein. Wenn ich mich bspw. an eine Interpretation des Buches »Sein und Zeit« von Martin Heidegger heranwage, so ist »Sein und Zeit« meine Primärquelle. Sekundärquellen sind für mich die philosophischen Arbeiten und Interpretationen, die auch »Sein und Zeit« zum Thema haben.

Wenn ich jedoch im Zuge meiner Forschung entdecke, dass die Rezeption von »Sein und Zeit« in den Jahren bis 1945 auffällige Charakteristika aufweist, die reichhaltig Stoff für interessante Forschungsfragen bieten, und ich mich diesem Thema widmen möchte, dann hat sich mein Fokus verlagert. Nun sind Interpretationen über »Sein und Zeit« aus dieser Zeit meine Primärquellen. Denkbar wäre auch, dass Tertiärquellen zu Primärquellen werden: etwa dann, wenn ich die Darstellung von »Sein und Zeit« in Lehr- und Schulbüchern untersuche. Ob eine Quelle primär, sekundär oder tertiär ist, hängt demnach nur vom Fokus meiner Forschungsfrage ab.

Frage 2

Sie schreiben eine Diplomarbeit zum Thema *Die Rezeption von Adam Smith in der deutschsprachigen Literatur des 20. Jahrhunderts*: Was sind dabei jeweils Primär-, Sekundär- und Tertiärquellen? *Lösung im Anhang*

Hinweis: Es gibt auch andere Unterscheidungen von Quellen. So werden von einigen Autoren alle *wissenschaftlichen* Werke zu den Primärquellen gezählt, unabhängig davon, ob ein Werk der Forschungsgegenstand selbst ist oder eine theoretische Arbeit über dieses Werk. Beispiel: Das Werk »Sein und Zeit« und seine Interpretationen zählen in dieser Systematik zur Primärliteratur. Als Sekundärliteratur werden hier alle Referenzquellen bezeichnet, Bibliografien, Bibliothekskataloge, Literaturverzeichnisse. Tertiärquellen sind ausschließlich einführende und zusammenfassende Werke wie Lehrbücher, Lexika, Handbücher.

Neben ihrer Funktion unterscheiden sich Quellen auch im Hinblick auf die Form der Begründung, für die sie in einer wissenschaftlichen Arbeit verwendet werden. Wissenschaftliche Quellen eignen sich für eine *theoretische* Begründung: Sie liegen in der Regel publiziert vor, z.B. als Bücher oder Zeitschriftenartikel. Empirische Quellen sind die Basis für eine *empirische* Begründung: Das sind nicht wissen-

Überblick

Primär-, Sekundär- und Tertiärquellen

Für eine wissenschaftliche Arbeit gibt es drei Arten von Quellen, die jeweils eine bestimmte Funktion erfüllen können:

- die Primärquelle betrifft den Forschungsgegenstand,
- die Sekundärquelle ist auch eine wissenschaftliche Arbeit *über* den Forschungsgegenstand,
- die Tertiärquelle beinhaltet die Zusammenfassung (Referenzwerk) und Erschließung (Referenzquelle) von relevanten Primär-, Sekundär und Tertiärquellen.

schaftliche Dokumente, z. B. Akten, Tagebücher, Briefe, Bilder, Kunstobjekte, statistische Daten, Interviews. Daraus ergibt sich eine *Typologie*[7] von Quellen:

Typologie der Quellen

<table>
<tr><td colspan="2" rowspan="2"></td><th colspan="4">Funktion</th></tr>
<tr><th>Primärquelle</th><th>Sekundärquelle</th><th colspan="2">Tertiärquelle</th></tr>
<tr><td rowspan="4">Begründung</td><td rowspan="2">theoretische</td><td>❶
wissenschaftlicher Text</td><td>❸
wissenschaftlicher Text</td><td>❹
Referenzwerk</td><td>❺
Referenzquelle</td></tr>
<tr><td colspan="2">wird interpretiert, ausgewertet und zitiert</td><td>für Orientierung</td><td>für Recherche</td></tr>
<tr><td rowspan="2">empirische</td><td>❷
literarischer Text, Daten</td><td colspan="3" rowspan="2"></td></tr>
<tr><td>wird interpretiert, erhoben und ausgewertet</td></tr>
</table>

7 Eine Typologie ist die Systematik ähnlicher Gegenstände nach Typen. Ein Typ wird definiert durch die Kombination von Merkmalen von zwei oder mehreren Dimensionen. In unserer Typologie ergeben sich Typen aufgrund zweier Dimensionen. Die erste Dimension *Funktion der Quelle* weist die Merkmale *primär, sekundär, tertiär* auf, die zweite Dimension *Art der Begründung* die Merkmale *theoretisch* und *empirisch*. Diese Merkmale werden in einer Kreuztabelle angeordnet und nach sinnvollen Typen geprüft. Empirische Primärquelle ist ein Typ, der sich aus der Kombination von *empirisch* und *primär* ergibt. Empirische Sekundärquelle hingegen wäre kein sinnvoller Typ, da Sekundärquellen per definitionem nur theoretisch sind.

Je nachdem um welchen Typ von Quelle es sich handelt, bieten sich unterschiedliche *Methoden* an, wie die Quelle bearbeitet wird, damit sie in einem Forschungsvorhaben als Begründung fungieren kann:

Die **theoretische Primärquelle** ❶ ist ein wissenschaftlicher Text und als solcher *der* Forschungsgegenstand. Sie wird recherchiert, inhaltlich ausgewertet und interpretiert im Hinblick auf die Forschungsfrage, und ggf., wenn sie als Beleg und Begründung brauchbar ist, in der eigenen Arbeit *zitiert*. Eine theoretische Primärquelle liefert uns theoretische Begründungen.

Die **empirische Primärquelle** ❷ ist ein literarischer Text, ein Kunstobjekt, empirisches Datenmaterial und als solcher *der* Forschungsgegenstand. Sie wird recherchiert bzw. erhoben und durch Anwendung einer *Methode* im Hinblick auf die Forschungsfrage theoretisch fruchtbar gemacht. Welche Methode (Interpretation, qualitative oder quantitative Methode) angewandt wird, hängt von der Forschungsfrage ab, von der Art der Quelle und was mit ihr begründet werden soll. Eine empirische Primärquelle liefert uns empirische Begründungen.

Die **Sekundärquelle** ❸ kann nur theoretisch sein, sie ist eine Theorie *über* den Forschungsgegenstand, genauso wie meine Forschungsarbeit. Sie wird recherchiert, inhaltlich ausgewertet, interpretiert, verglichen und diskutiert im Hinblick auf die Forschungsfrage und ggf., wenn sie als Beleg und Begründung brauchbar ist, in der eigenen Arbeit *zitiert*. Eine Sekundärquelle liefert uns theoretische Begründungen.

Die Tertiärquelle → **Referenzwerk** ❹ ist eine Darstellung und Zusammenfassung von Primär- und Sekundärquellen (z. B. Handbuch, Nachschlagewerk), sie ist nicht der Forschungsgegenstand und sie ist auch keine Theorie *über* den Forschungsgegenstand, sie ist nur insofern eine theoretische Quelle, als sie *über* Theorien *über* den Forschungsgegenstand handelt. Ein Referenzwerk liefert uns Orientierung und Überblick, es kann im Allgemeinen nicht als Begründung und Beleg verwendet und zitiert werden, zu diesem Zweck sollte man auf die darin angeführten Primär- und Sekundärquellen zurückgreifen.

Die Tertiärquelle → **Referenzquelle** ❺ ist eine formale und inhaltliche Beschreibung von Primär-, Sekundär- und Tertiärquellen (z. B. Online-Katalog, Bibliografie), ein Hilfsmittel der Recherche, sie liefert uns → Referenzen von Quellen, Literaturhinweise.

Frage 3

Warum kann eine Sekundärquelle nicht empirisch sein?
Lösung im Anhang

2 Gedruckte und elektronische Quellen

Alle Quellen sind Dokumente. *Empirische Primärquellen* sind Dokumente mit ganz unterschiedlichen Medienformen, dazu zählen auch Kunstobjekte, Musikwerke, Gegenstände des Alltagslebens, Werbeplakate, Tonband- oder Videoaufzeichnungen. Der Großteil der empirischen Primärquellen liegt jedoch in Textform vor, bspw. literarische Werke, Transkriptionen von Tonbandaufzeichnungen, Protokolle, statistische Daten, Aktenmaterial. Diese schriftlichen Dokumente können *veröffentlicht* sein, etwa statistische Daten in einer Datenbank oder literarische Werke. Oder sie sind *nicht veröffentlicht*, etwa Aktenmaterial. Oder es kann sich um *empirische Daten* handeln, die im Rahmen eines Forschungsprojekts erhoben und ggf. erst später veröffentlicht werden.

Hinweis: Die Erhebung von empirischen Daten ist im weiteren Sinne auch eine Form der Recherche: Der englische Begriff *research* (das etymologische Pendant von »Recherche«) umfasst den ganzen Forschungsprozess, auch die Erhebung und Auswertung von Daten. Allerdings spielen dabei spezifische Forschungsmethoden eine Rolle, empirische Daten werden demnach nicht im eigentlichen Sinn recherchiert, sie werden also im Folgenden ausgeklammert.

Theoretische Quellen hingegen – Sekundär- und Tertiärquellen sowie theoretische Primärquellen – sind immer auch *theoretische Dokumente*. Die meisten von ihnen liegen in veröffentlichter Form als → **Publikationen** vor. Daneben gibt es auch viele nicht publizierte wissenschaftliche Dokumente, insbesondere handschriftliche, maschinenschriftliche oder elektronisch gespeicherte Texte eines Wissenschaftlers (Autographen, Dateien). Dazu zählt auch die *graue Literatur*, das sind Quellen, die nicht über den Buchhandel erhältlich und in diesem Sinne streng genommen nicht veröffentlicht sind, z. B. Institutsberichte, Forschungsberichte, Diskussionspapiere, aber auch studentische Abschlussarbeiten wie Seminar- oder Diplomarbeiten.

Auch die *Referenzquellen* sind in einem weiteren Sinn veröffentliche Dokumente, z. B. der Online-Katalog, auch OPAC genannt, der *Online Public Access Catalogue*. Auch die personalisierte Dokumentation, die wir uns im Zuge der Lektüre und Auswertung von Quellen z. B. mit Hilfe einer → Literaturverwaltung aufbauen und die uns als Grundlage zum Schreiben einer wissenschaftlichen Arbeit dient, ist eine Referenzquelle, sie ist aber ein Sonderfall, da sie natürlich nicht veröffentlicht ist.

Quellen: Dokumente, Publikationen, Referenzquellen

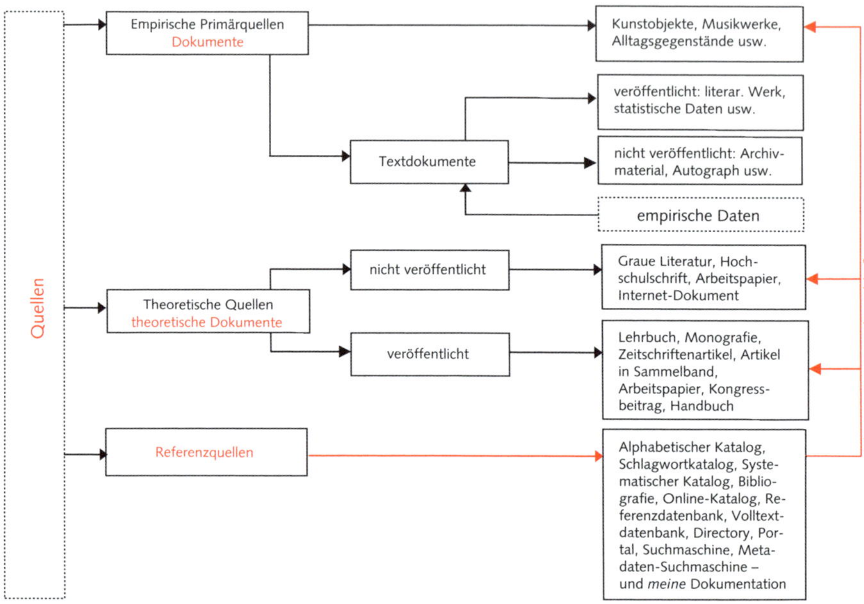

Publizieren bedeutet, dass ein Werk, meist durch einen Verlag, der Öffentlichkeit zugänglich gemacht wird. Publikationen können unterschiedliche → **Publikationsformen** aufweisen. Diese zu kennen, ist aus mehreren Gründen für die Recherche wichtig. Für jeweilige Publikationsformen gibt es nämlich eigene → **Referenzquellen**, in denen recherchiert werden kann: Bücher z.B. findet man in den Online-Katalogen der Bibliotheken oder in den Datenbanken des Buchhandels. Zeitschriftenartikel hingegen findet man in Online-Katalogen im Allgemeinen nicht, sondern in Referenz- oder Volltextdatenbanken. Zudem kann die Publikationsform in Datenbanken auch als formales Selektionskriterium verwendet werden, um die Treffermenge einzuschränken, bspw. auf alle Sammelbände. Darüber hinaus sollten Sie auch wissen, welche Publikationsformen im Besonderen als Quellen für Ihr Studienfach fungieren können, d.h. ob wissenschaftliche Arbeiten Ihrer Wissenschaftsdisziplin bspw. vorwiegend in Büchern oder in Zeitschriftenartikeln publiziert werden.

Eine Publikationsform definiert Spielregeln und Standards für die Gestaltung einer wissenschaftlichen Arbeit. Das kann äußere Merkmale betreffen: So verfügen **Zeitschriftenartikel** z.B. neben der Angabe des Autors und des Titels immer über ein → Abstract, das den Inhalt des Artikels, seine Fragestellung, die verwendete Methode und die Forschungsergebnisse kurz zusammenfasst. Die Standards, die für eine Publikationsform gelten, können auch deren Aufbau und inhaltliche Gliederung festlegen. Wie eine Publikationsform aufgebaut und gegliedert ist, hängt von der Wissenschaftsdisziplin und der angewandten Methode ab. Dabei ist der Grad der Standardisierung von Fach zu Fach verschieden. Für geistes- und sozialwissenschaftliche Arbeiten gibt es mehrere Möglichkeiten der Strukturierung, weil auch die Methoden und möglichen Forschungsdesigns vielfältiger sind. In den Naturwissenschaften hingegen werden häufig die gleichen Methoden angewandt, weshalb auch Aufbau und Gliederung der Publikation einem ähnlichen Schema folgen.

Beispiel Aufbau eines medizinischen Zeitschriftenartikels
Autoren, Titel
Abstract
Einleitung (Introduction): Stand der Forschung, Hypothesen des Artikels
Materialien und Methoden (Materials and Methods bzw. Experimental Section): Population, Methoden
Ergebnisse (Results): Forschungsresultate und Folgen für die Anwendung
Diskussion (Discussion): Interpretation der Ergebnisse im Forschungskontext
Zusammenfassung (Summary): Kurzübersicht der Ergebnisse, offene Fragen
Literaturverzeichnis (References): Zitierte Publikationen

Fragen 4–6

Recherchieren Sie einen englischsprachigen medizinischen Artikel und vergleichen Sie dessen Aufbau.

Frage 4: Welche Quellen kommen Ihrer Meinung nach in einem medizinischen Artikel vor?

Frage 5: In welchen Abschnitten eines medizinischen Artikels werden Sekundärquellen referiert, verglichen, diskutiert?

Frage 6: In welchem Abschnitt eines medizinischen Artikels werden die Primärquellen und die Methode, mit der diese erhoben und ausgewertet werden, beschrieben?

Die Publikationsform ist die → Mediensorte eines publizierten Dokumentes und sagt noch nichts über den → **Medientyp** der Publikation aus, nämlich darüber, wie die Veröffentlichung *medientechnisch* erfolgt, etwa ob gedruckt, elektronisch, als Ton- oder Videoaufzeichnung. Dokumente und Publikationen sollten auch im

Hinblick auf ihren Medientyp unterschieden werden, auch diese Dimension ist für die Recherche und für die Wahl der geeigneten → Referenzquelle relevant.

Manche Publikationsform hat eine lange Geschichte, in der sie, was die Mediensorte betrifft, relativ konstant geblieben ist, wobei sich aber ihr Medientyp (ihr medientechnisches Format) stark verändert hat: Das gilt vor allem für das **Buch**. Das wahrscheinlich älteste Buch ist der Papyrus Prisse, der ca. 3000 Jahre v. Chr. in Ägypten entstanden ist. Bücher wurden lange Zeit auf Papyrus, Pergament oder später Papier mit Hand geschrieben, teilweise als kunstvolle Handschriften, bis sich in der Mitte des 15. Jahrhunderts der Buchdruck mit dem revolutionären Verfahren von Johannes Gutenberg durchsetzte, der in Mainz zum ersten Mal ein klassisches Buch, die Bibel, druckte. Das Prinzip der beweglichen Buchstaben aus Metall vereinfachte die bis dahin üblichen Hochdruckverfahren, in denen fixe Druckplatten aus Holz verwendet wurden, die Produktion von Büchern wurde kostengünstig, innerhalb von Jahrzehnten etablierte sich eine Reihe von Druckern in Europa.

Literaturtipp

Giesecke, Michael (1994): Der Buchdruck in der frühen Neuzeit. Eine historische Fallstudie über die Durchsetzung neuer Informations- und Kommunikationstechnologien. Frankfurt am Main: Suhrkamp.

Die Technologie der Typografie blieb über Jahrhunderte hinweg im Prinzip gleich, erst später entwickelte sich das Flachdruck- und Offsetdruckverfahren. Das neueste Verfahren ist der Digitaldruck, hier wird das Druckbild direkt auf die Druckmaschine übertragen, die Spiegelung eines in elektronischer Form gespeicherten Dokumentes auf das Medium Papier wurde damit noch einfacher und ökonomischer, Bücher (vor allem in kleiner Auflage) werden seitdem auch im *Print-On-Demand*-Verfahren produziert.

Möglich wurde dies durch einen weiteren Schritt in der Entwicklung von Informations- und Kommunikationstechnologien: Die digitale oder elektronische Revolution hat mit der Erfindung des Mikrochips in der Mitte des 20. Jahrhunderts einen tief greifenden Wandel bewirkt – auch in der Wissenschaft. Zwar betrifft die Technologisierung vor allem technische und naturwissenschaftliche Fächer im Hinblick auf neue Forschungsziele und Forschungsverfahren. Doch alle wissenschaftlichen Disziplinen nutzen inzwischen die neuen Möglichkeiten, Informationen elektronisch zu speichern und zu kommunizieren.

In den letzten 20 Jahren hat sich das **Internet** – und damit meint man primär das *World Wide Web* – zu einem wichtigen Forum von Information und Kommunikation in der Wissenschaft entwickelt. Immer mehr Quellen sind *auch* über das Internet verfügbar, Referenzquellen fast ausschließlich. Ein kurzer Blick zurück: Vorläufer des Internet war das Arpanet, das 1969 in den USA entwickelt wurde, um Universitäten und Forschungseinrichtungen zu vernetzen. 1982 wurde ein neues Protokoll, das *TCP/IP (Transmission Control Protocol / Internet Protocol)*, geschaffen, seitdem setzte sich die Bezeichnung *Internet* durch. Das Internet verfügt über mehrere Kommunikationsmöglichkeiten, die über spezielle Internet-Protokolle gesteuert werden: *telnet (Telecommunication Network)* zum Remote Login auf einem über Internet erreichbaren Rechner; *ftp (File Transfer Protocol)* zum Übertragen von Dateien von einem Rechner auf einen anderen; *smtp* (Simple Mail Transfer Protocol) für die E-Mail-Kommunikation; *NNTP (Network News Transfer Protocol)* für Verbreitung von Nachrichten in Newsgroups; und last not least das *http (Hypertext Transfer Protocol)* für die Übertragung von Daten über ein Netzwerk und deren Anzeige in einem Webbrowser. Dieses Protokoll wurde 1989 von Roy Fielding und Tim Berners-Lee am CERN – dem Conseil Européen pour la Recherche Nucléaire in Genf – entwickelt und ist die Grundlage für das WWW (*World Wide Web*), das sich seit den frühen 1990er Jahren *world-wide* etabliert und verbreitet hat. In den letzten Jahren ist der Prozess der Medienkonvergenz noch weiter gegangen, das Internet ist immer mehr zum Allround-Medium geworden, auch für Telefonie, Fernsehen, Online-Spiele.

Literaturtipp

The Internet Society (ISOC): Histories of the Internet. Verfügbar unter http://www.isoc.org/internet/history/ (2009/07/12)

Auch in der Wissenschaft ist die Tendenz in Richtung **elektronische Medien** sehr stark. Vor allem im Bereich der Zeitschriften gibt es neben der gedruckten Publikation (*print*) immer häufiger die elektronische Version (*electronic*), auch die ausschließlich elektronische Publikation (*e-only*) setzt sich zunehmend durch. Der Vorteil der elektronischen Zeitschriftenartikel ist ihre rasche Verfügbarkeit. Auch für Nachschlagewerke ist die elektronische Version ein Gewinn. Fachbücher hingegen, mit denen man sich länger beschäftigt, erscheinen immer noch vorwiegend im Druck: Lesen am Bildschirm ist mühsamer als auf Papier, und ein Ausdruck eines ganzen E-Book wäre nur eine Notlösung. Die bessere Lösung ist das Verfahren des *Print-on-Demand*, wo Bücher elektronisch gespeichert und bei Bedarf gedruckt und gebunden werden. Daneben werden Bücher, vor allem ältere Werke, die nicht mehr dem Urheberschutz unterliegen, in riesigen digitalen Archiven gespeichert, etwa in *Google Book Search* http://books.google.com.

Eine elektronische Publikation ist viel schneller und kostengünstiger als das herkömmliche Druckverfahren. Allerdings bürgt die Druckausgabe, egal ob parallel oder primär, immer auch für die *Qualität* der Quelle. So werden Zeitschriftenartikel bspw. zuerst elektronisch in einer *Preprint*-Version veröffentlicht und erst nach einem Begutachtungsverfahren gedruckt. Auch für Bücher ist es ein Zeichen von Qualität, ob und in welchem Verlag sie erscheinen. Abgesehen davon sind Quellen, die nicht nur online, sondern auch gedruckt publiziert werden, im Internet viel besser recherchierbar, da es im Interesse der Verlage liegt, dass ihre Publikationen gefunden und gekauft werden.

Trotzdem können Dokumente, die ausschließlich über das Internet veröffentlicht sind, auch als Quellen verwendet werden. Im Unterschied zu Internet-Dokumenten, die primär gedruckt erscheinen, ist hier mehr Vorsicht geboten. Dokumente ohne Angabe eines Autors sind grundsätzlich nicht brauchbar. Dokumente können auch über Nacht aus dem Internet verschwinden: Um sie dennoch als Quellen zitieren zu können, muss die Zugriffszeit dokumentiert und das Dokument archiviert werden

3 Publikationsformen

Im Folgenden besprechen wir die häufigsten → Publikationsformen für Primär-, Sekundär- und Tertiärquellen: Lehrbuch, Monografie, Zeitschriftenartikel, Arbeitspapier, Sammelband, Tagungsbund, Handbuch. Die Referenzquellen – eine Teilmenge der Tertiärquellen – werden hier nicht erwähnt: Sie sind Hilfsmittel der Recherche und werden in Kapitel *Wo recherchieren* (s. S. 55 ff.) behandelt.

Lehrbuch. Die Ihnen als Studierenden zweifellos am Besten bekannte Publikationsform ist das Lehrbuch. In der Regel eignen Sie sich das Grundlagenwissen zu den einzelnen Themenbereichen Ihres Studienfaches vorwiegend über Lehrbücher an. Meist arbeiten Sie damit Prüfungsstoff durch, um Lehrveranstaltungen und Kurse positiv abschließen zu können. Lehrbücher bieten eine Übersicht über mehr oder weniger akzeptierte Lehrmeinungen, sie beschreiben diese strukturiert und übersichtlich. Wissenschaftliches Wissen begegnet Ihnen in Ihrer Hochschulausbildung zuerst in dieser statischen Form. Wenn Sie selbst wissenschaftlich aktiv werden und eine eigene Forschungsarbeit beginnen wollen, sind Lehrbücher jedoch nur bedingt geeignet. Dann nämlich sollten Sie sich gerade an den aktuellen Diskussionen beteiligen, Lehrbücher aber klammern diese aus. Lehrbücher zählen zu den Tertiärquellen: Sie bieten zwar eine gute Übersicht, um sich schnell über einen Themenbereich informieren zu können, sie vermitteln jedoch nur Wissen, das weitgehend unumstritten, nicht aktuell und für eine Forschungsfrage wenig interessant ist. Lehrbücher verweisen in der Regel auf weitere Quellen und sind insofern auch wichtige Tertiärquellen für die Recherche, vor allem für die → Einstiegssuche.

Tipp

In deutschsprachigen → Online-Katalogen finden Sie Lehrbücher auch unter dem Formalschlagwort *Lehrbuch*.

Beispiele

- Pelinka, Anton (2005): Vergleich politischer Systeme. Wien u. a.: Böhlau (UTB: Politikwissenschaft. 2726)
- Schiebler, Theodor Heinrich; Korf, Horst-W. (2007): Anatomie. Histologie, Entwicklungsgeschichte, makroskopische und mikroskopische Anatomie, Topographie; unter Berücksichtigung des Gegenstandskatalogs. 10. Aufl. Darmstadt: Steinkopff.

Steckbrief

Meine Lehrbücher

Recherchieren und dokumentieren Sie wichtige Lehrbücher Ihres Studienfachs, die für die Recherche weiterer Quellen relevant sein können. Verwenden Sie die → Zitierregeln (S. 169)

Monografie. Was die Aktualität der wissenschaftlichen Forschung betrifft, sind Monografien – darunter versteht man Einzeluntersuchungen, Dissertationen und Habilitationsschriften – um einiges attraktiver. Monografien können einen oder mehrere Urheber – Autoren – haben. In einem Verlag erschienene Bücher haben eine ISBN, mit der sie eindeutig identifiziert werden können. Ein wissenschaftliches Buch kann in manchen Forschungsbereichen relativ schnell an Aktualität verlieren, wichtig ist deshalb das Erscheinungsjahr. Geprüft werden sollte auch die wissenschaftliche Qualität des Buches. Noch vor 20 Jahren war die Produktion und Publikation eines Buches sehr zeitaufwändig, kostspielig und für Verlage eine Risikoinvestition. Diese Kostenschwelle war im Allgemeinen auch ein Garant dafür, dass vorwiegend Bücher mit Qualität publiziert wurden, nachdem sie ein Begutachtungsverfahren durchlaufen hatten bzw. über Gutachten von Professoren befürwortet wurden. In den letzten Jahren ist die Zahl der neu erscheinenden Bücher sehr gestiegen, da die Produktionskosten durch moderne Techniken des Buchdrucks viel geringer sind. Je mehr Neuerscheinungen, desto schwieriger ist die Auswahl. Mittlerweile gibt es auch Verlage, die Hochschulschriften – Diplomarbeiten und Dissertationen – ohne Begutachtung veröffentlichen, das einzige Qualitätskriterium besteht darin, dass sie von der jeweiligen Universität angenommen wurden. Hochschulabsolventen werden angeschrieben und durch attraktive Bedingungen überzeugt, ihre Arbeit zu veröffentlichen.

Tipp

In deutschsprachigen → Online-Katalogen finden Sie Hochschulschriften meistens auch mit den Suchbegriffen *diss* für Dissertationen, *dipl* für Diplomarbeiten, *habil* für Habilitationsschriften.

Beispiele
- Willis, Paul E. (2009): Learning to labour. How working class kids get working class jobs. Farnham u. a.: Ashgate.
- Lakoff, George (2007): Leben in Metaphern. Konstruktion und Gebrauch von Sprachbildern. 5. Aufl. Heidelberg: Auer.

Zeitschriftenartikel. In vielen Wissenschaftsdisziplinen spielt sich die wissenschaftliche Diskussion in → **Zeitschriften** ab. In den Naturwissenschaften und in der Medizin ist die aktuelle Forschung fast ausschließlich in Zeitschriftenartikeln dokumentiert, das etablierte Wissen wird vorwiegend in Handbüchern und für Ausbildungszwecke in Lehrbüchern – in Tertiärquellen – festgehalten, man spricht deshalb auch vom Lehrbuch-Wissen. Zeitschriften erscheinen periodisch (regelmäßig), mindestens zweimal jährlich und sind zu unterscheiden von Zeitungen, die täglich oder wöchentlich erscheinen.

Hinweis: Die meisten Zeitschriften liegen immer noch gedruckt (*print*) vor, inzwischen großteils auch elektronisch (*electronic*), vereinzelt nur elektronisch (*e-only*), einige davon sind frei zugänglich. Im Abonnement der Printversion ist meist auch die elektronische Version inkludiert. Der Online-Zugang wird hauptsächlich über die → Internet-Adresse validiert, das bedeutet, dass z. B. nur Arbeitsplätze im Uni-Campus Zugriff auf die von der Bibliothek abonnierten Zeitschriften haben.

Bis ein Artikel erscheint, durchläuft er je nach Zeitschrift sehr aufwändige Begutachtungsverfahren. In diesem so genannten *Peer Review* unterziehen – meist anonyme – Experten eines Fachgebietes eingereichte Beiträge einer eingehenden Prüfung und Begutachtung, der Autor kann ggf. in einer zweiten Runde Mängel und Fehler überarbeiten. Ein schließlich veröffentlichter Artikel wird als Reviewed Paper oder als *Refereed Paper* bezeichnet. Obwohl das *Peer Review* bis zu einem Jahr dauern kann, ist es ein entscheidendes Kriterium für die Qualitätssicherung einer Zeitschrift.

Tipp

In deutschsprachigen Online-Katalogen finden Sie Zeitschriften auch unter dem Formalschlagwort *Zeitschrift*. Wenn Sie bspw. mit den Schlagworten *Psychologie Zeitschrift* suchen, finden Sie Zeitschriften zu Psychologie.
Artikel der Zeitschriften finden Sie nicht in Online-Katalogen, sondern in den → Referenz- und → Volltextdatenbanken.

Für die Karriere von Wissenschaftler/innen ist nicht nur entscheidend, wie viele Artikel sie veröffentlichen, sondern auch in welchen Zeitschriften diese erscheinen. Bei Zeitschriften gibt es große Unterschiede, abhängig von ihrer Internationalität, von ihrer Akzeptanz in der *Scientific community*, von ihrer Tradition, vom Begutachtungsverfahren für eingelangte Beiträge usw. Besonders in den Naturwissenschaften und in der Medizin hat sich der → **Impact Factor** als quantitatives Kriterium für die Qualität einer Zeitschrift durchgesetzt. Diese Zahl gibt an, wie oft die Aufsätze der beiden vorangehenden Jahre einer Zeitschrift in einem bestimmten Jahr durchschnittlich zitiert wurden. Ein Impact Factor von 1,0 für 2008 bedeutet beispielsweise, dass jeder 2006 und 2007 erschienene Artikel der Zeitschrift im Jahr 2008 durchschnittlich 1 Mal zitiert wurde. Dieses ausschließlich quantitative Verfahren, wie es in der Szientometrie bzw. Bibliometrie angewandt wird, findet natürlich nicht allgemeine Zustimmung. Das berühmte Diktum von *Galileo Galilei* »Messen, was messbar ist – messbar machen, was nicht messbar ist!« ist wohl in den Naturwissenschaften Ziel führend, eine *Messung* wissenschaftlicher *Qualität* auf der Basis der Zitierhäufigkeit ist jedoch grundsätzlich problematisch und ggf. auch kontraproduktiv im Hinblick auf wissenschaftliche Innovation, die sich auch außerhalb von Zeitschriften mit einem hohen Impact Factor abspielen kann.

Beispiele
- Mölg, Thomas; Cullen, Nicolas J.; Kaser, Georg (2009): Solar radiation, cloudiness and longwave radiation over low-latitude glaciers. Implications for mass balance modeling. In: Journal of Glaciology, 55, S. 292–302
- Röd, Wolfgang (1981): Kants Annahme einer Kausalität aus Freiheit und die Idee einer transzendentalen Ethik. In: Dialectica, 35, S. 223–241

Steckbrief

Meine Zeitschriften

Recherchieren und dokumentieren Sie einige wichtige Zeitschriften Ihres Studienfachs.
- Titel
- Verfügbar: gedruckt, elektronisch

Arbeitspapier. Je hochkarätiger eine Zeitschrift, desto länger kann es dauern, bis ein zur Begutachtung eingereichter Beitrag veröffentlicht wird. Deshalb ist es üblich, dass Beiträge schon vorher als *Preprints* wissenschaftlichen Kollegen zugänglich gemacht werden, eine Option, die vor allem mit den Möglichkeiten des Internet kostengünstig zu realisieren ist. Wissenschaftliche Institutionen – Universitäten, Institute, Forschungszentren – sind zunehmend dazu übergegangen, diese Arbeitspapiere (Diskussionspapiere, Forschungsberichte, *Discussion papers*, *Working papers* usw.) auch auf eigenen *Preprint-Servern* anzubieten. Neben den Vorteilen der Aktualität und freien Zugänglichkeit sollte jedoch auch berücksichtigt werden, dass diese Publikationen noch kein Begutachtungsverfahren absolviert haben.

Beispiele
- Haigner, Stefan; Kocher, Martin; Sutter, Matthias (2006): Choosing the Stick or the Carrot? Endogenous Institutional Choice in Social Dilemma Situations. (CEPR-Working Paper DP5497) (Verfügbar unter http://www.cepr.org/pubs/dps/DP5497.asp [2009/07/31])
- Buchebner-Ferstl, Sabine; Rille-Pfeiffer, Christiane (2008): Hausarbeit in Partnerschaften. Studie »The glass partitioning wall« zur innerfamilialen Arbeitsteilung – Ergebnisse für Österreich. (Österreichisches Institut für Familienforschung an der Universität Wien: Working Paper Nr. 69)

Sammelband. Eine häufig vorkommende Publikationsform sind auch *Sammelbände*. Diese haben mindestens einen Herausgeber, der für die Gesamtkonzeption

Aufgabe

Recherchieren Sie, ob es für Ihr Studienfach wichtige *Preprint*-Server gibt oder wissenschaftliche Institutionen, die Arbeitspapiere veröffentlichen.

verantwortlich ist. Man bezeichnet sie deshalb auch als Herausgeberwerke, im Unterschied zu Monografien und Artikeln, die von einem oder zwei Autoren verfasst werden. Meist fertigt der Herausgeber auch eine Einführung an, in der die Themenstellung, die inhaltliche Gliederung und der Zusammenhang zwischen den einzelnen Beiträgen präsentiert wird. Die Beiträge selbst – man spricht auch von den Artikeln oder Aufsätzen in Sammelbänden – stammen von verschiedenen Autoren. Im Hinblick auf die Qualität der Sammelbände gibt es erhebliche Unterschiede. Für die Qualität eines Sammelbandes spricht, wenn seine Beiträge klar ersichtlich Teile eines systematischen Ganzen, bspw. Bausteine eines großen Forschungsprojekts bilden. Ein Sammelband kann auch ein Sammelsurium sein. Wenn Wissenschaftler/innen publizieren, so vorzugsweise in hochkarätigen Zeitschriften, da diese für die Bewertung ihrer wissenschaftlichen Leistung mehr Gewicht haben. Doch auch Wissenschaftler/innen bringen nicht immer beste Qualität: So kann es vorkommen, dass Beiträge, die bei Zeitschriften eingereicht, aber vom Herausgeberteam abgelehnt werden, ggf. in einem Sammelband veröffentlicht werden. Nicht selten entstehen Sammelbände auch dadurch, dass ein Wissenschaftler einen Kollegen einlädt, einen Beitrag zu verfassen, um selbst wieder eingeladen zu werden, in dessen Sammelband mitzuwirken.

Tipp

In deutschsprachigen Online-Katalogen finden Sie Sammelbände unter dem Formalschlagwort *Aufsatzsammlung*

Beispiele

- Plasser, Fritz; Ulram, Peter A. (Hrsg.) (2007): Wechselwahlen. Analysen zur Nationalratswahl 2006. Wien: Facultas. WUV (Schriftenreihe des Zentrums für Angewandte Politikforschung. 30)
  Dieser Sammelband enthält u. a. folgende Aufsätze:
  Plasser, Fritz; Ulram, Peter A.: Wählerbewegungen und Parteienkampagnen im Nationalratswahlkampf 2006, S. 19–38
  Lederer, Andreas: »It's advertising, stupid!« – Strategien und Praktiken politischer Werbung im Nationalratswahlkampf 2006, S. 39–80

Karlhofer, Ferdinand: Wahlkampf im Schatten des Skandals. Konzepte – Korrekturen – Verlauf, S. 81–102

Tagungsband. Eine Sonderform des Sammelbandes sind *Tagungsbände*, also Herausgeberwerke, in denen Vorträge, Präsentationen, Workshops, Diskussionsbeiträge auf wissenschaftlichen Tagungen, Symposien, Kongressen meist in überarbeiteter Form publiziert werden. Auch hier gibt es erhebliche Qualitätsunterschiede. Wissenschaftliche Tagungen können aber wirklich Orte der spannenden Diskussion unter renommierten Wissenschaftler/innen eines Faches sein. Die Publikation solcher Beiträge ist eine wertvolle Dokumentation, vor allem für Studierende, die so die aktuellen Innovationen eines Forschungsbereiches verfolgen und mögliche Anknüpfungspunkte für eigene Forschungsinteressen finden können.

Tipp

In deutschsprachigen Online-Katalogen finden Sie Tagungsbände unter dem Formalschlagwort *Kongress.*

Beispiele

- Pichler, Alois u.a. (Hrsg.) (2008): Wittgenstein and the philosophy of information. Proceedings of the 30. International Ludwig Wittgenstein Symposium, Kirchberg am Wechsel, Austria. Frankfurt a.M. u.a.: Ontos., 2008. (Publications of the Austrian Ludwig Wittgenstein Society. N.S. 6)
- Ingenhaeff, Wolfgang; Bair, Johannes (Hrsg.) (2009): Bergbau und Alltag. 7. Internationaler Montanhistorischer Kongress, Hall in Tirol 2008. Tagungsband. Hall in Tirol u.a.: Berenkamp.

Handbuch. Auch Handbücher, Nachschlagewerke oder Enzyklopädien sind Sammelbände, sie haben einen oder mehrere Herausgeber und bestehen aus Einzelbeiträgen von anerkannten Wissenschaftler/innen, die das Wissen einer Wissenschaftsdisziplin oder eines Forschungsbereiches systematisch und übersichtlich darstellen. Handbücher sind Tertiärquellen, → **Referenzwerke** (*reference works*), die besonders bei der Einstiegssuche und in der Phase der Konkretisierung einer Forschungsfrage wertvolle Hilfe leisten.

Tipp

In deutschsprachigen Online-Katalogen finden Sie Handbücher, Lexika, Nachschlagewerke, Enzyklopädien unter dem Formalschlagwort *Wörterbuch.*

Beispiele

- Gaugler, Eduard u.a. (Hrsg.) (2004): Handwörterbuch des Personalwesens (HWP). 3. Aufl. Stuttgart: Schäffer-Poeschel (Enzyklopädie der Betriebswirtschaftslehre. 5).
- Birch, Dinah (Hrsg.) (2009): The Oxford companion to English literature. 7. ed. Oxford u.a.: Oxford Univ. Press.
- Darai, Gholamreza u.a. (Hrsg.) (2009): Lexikon der Infektionskrankheiten des Menschen. Erreger, Symptome, Diagnose, Therapie und Prophylaxe. 3. Aufl. Heidelberg u.a.: Springer.

Steckbrief

Meine Handbücher

Recherchieren und dokumentieren Sie wichtige Handbücher Ihres Studienfachs, allgemeine und fachbezogene. Verwenden Sie die → Zitierregeln (S. 169)

Ein Spezialfall eines elektronischen Handbuches ist ***Wikipedia.*** Im Internet hast sich seit einigen Jahren der Trend zur Demokratisierung in der Produktion von Informationen erfolgreich durchgesetzt: die *Wiki*-Bewegung. Allgemein bekannt ist *Wikipedia* http://www.wikipedia.de, eine Online-Enzyklopädie, in der jeder eigene Beiträge verfassen und Beiträge anderer verändern kann – ein faszinierendes Projekt kooperativer Wissensproduktion, wenn man bedenkt, wie viele Autoren freiwillig daran mitarbeiten. *Wikipedia* ist zwar das bekannteste *Wiki*-Projekt, aber es gibt auch viele andere zu ganz unterschiedlichen Themen, man kann sogar sein eigenes *Wiki* installieren und aufbauen.

Wikipedia liegt in der Zielgerade der *quick and dirty* Internet-Recherche. Die Schiene von *Google* zu *Wikipedia* ist tatsächlich der *mainstream* im Suchverhalten vieler Internet-Benutzer: Nicht von ungefähr erscheinen *Wikipedia*-Beiträge unter den Top-Treffern einer *Google*-Suche meist an erster Stelle. Doch was bringt *Wikipedia* für die wissenschaftliche Informationsrecherche wirklich? Neben Vorteilen auch eine Reihe von Nachteilen. Viele Studierende geben sich mit den dort gefundenen Informationen zufrieden, sie hinterfragen und überprüfen diese Quelle nicht, sie billigen ihr Authentizität und Verlässlichkeit zu, und noch schlimmer: Es werden leider nicht selten ganze Textpassagen mit Copy and Paste in eigene schriftliche Arbeiten kopiert.

Doch *Wikipedia*-Beiträge können selbst schon Plagiate sein. Denn es gibt keine hinreichende Qualitätssicherung: Die Autoren sind nicht bekannt, es kann sich um Experten oder um Anfänger handeln; es ist nicht sicher, ob die in *Wikipedia*-Beiträgen zitierten Quellen vom Autor wirklich geprüft wurden; man kann nicht aus-

Literaturtipps

Weber, Stefan (2009): Das Google-Copy-Paste-Syndrom. Wie Netzplagiate Ausbildung und Wissen gefährden. 2. Aufl. Hannover: Heise

Weber, Stefan (2008): Die Medialisierungsfalle. Kritik des digitalen Zeitgeists. Wien u. a.: Ed. Va Bene

schließen, dass Informationen absichtlich verzerrt und manipuliert werden. Für die seriöse Informationsrecherche ist *Wikipedia* demnach nur geeignet, um sich einen schnellen Überblick über einen Themenbereich zu verschaffen.

Das Netz der Plagiate wird dichter

Als ich einmal Studierenden die → Phrasensuche erklärte, wollte ich zeigen, wenn man einen markanten Satz eines Dokumentes nimmt und mit ihm in *Google* sucht, dass voraussichtlich genau dieses Dokument als Treffer aufscheint. Als Beispiel wählte ich aus dem *Wikipedia*-Eintrag *Traumdeutung* den Satz »Freuds Theorie zufolge wohnt den Träumen weder ein prophetischer Gehalt inne...« Die Phrasensuche in *Google* ergab zwei Treffer, wie erwartet den *Wikipedia*-Eintrag, aber überraschenderweise auch die Web-Seite eines Heilers und Sehers.

Für diesen Tatbestand gibt es drei mögliche Erklärungen. Erstens: Der Heiler hat den Text aus *Wikipedia* übernommen. Zweitens: Der Verfasser des *Wikipedia*-Beitrages hat den Text des Heilers übernommen. Drittens: Es liegt kein Plagiat vor, da der Heiler auch den Beitrag in *Wikipedia* verfasst hat. Weitere Plagiatsprüfungen haben Indizien für die erste Vermutung ergeben. Auf dessen Seite gibt es nämlich ein Wörterbuch, in welchem unter anderem auch der Begriff »Astrologie« erklärt wird. Nimmt man daraus den Satz »Astronomie und Astrologie waren im Altertum aufs Engste miteinander verknüpft«, so ergibt eine Phrasensuche damit ca. 450 Treffer, selten mit Quellenangabe: Die meisten sind Web-Seiten von Heilern, Sehern und Astrologen.

Sonstige Primärquellen. Schließlich sind noch die vielen *Primärquellen* zu erwähnen, die außerhalb des wissenschaftlichen Publikationswesens in Printversion und zunehmend in elektronischer Form verfügbar sind: Archive von literarischen und wissenschaftlichen Texten, Gesetzestexte, Faktendatenbanken, Statistiken, Wirtschaftsdatenbanken, Jahresberichte von Institutionen, Organisationen und Ämtern, Pressedienste, Zeitungsarchive, Biografien.[8]

8 Im Kapitel IV (s. S. 125) werden Beispiele von Primärquellen angeführt.

Überblick

Quellen sind Dokumente

- Quellen sind Dokumente, großteils Texte (wissenschaftliche oder nicht wissenschaftliche), empirische Primärquellen können auch Kunstwerke, Ton-, Videoaufzeichnungen sein.
- Quellen in Textform können veröffentlicht sein.
- Veröffentlichte Quellen haben unterschiedliche Publikationsformen: Lehrbuch, Monografie, Zeitschriftenartikel, Arbeitspapier, Sammelband, Kongressbericht, Handbuch, Statistiken usw.
- Quellen sind Medien, Medientypen sind vorwiegend: Printmedien, elektronische Medien.
- Publikationsformen und Medientypen sind relevant für die Recherche, da sie jeweils in unterschiedlichen Referenzquellen erschlossen sind.

Die *inhaltliche* Auswahl, Sichtung und Bewertung von Quellen, die im Zuge der Recherche und vor allem im Anschluss daran erfolgt, wird auf S. 173 f. besprochen – hier noch ein paar Tipps für den …

Dass Quellen, auch wenn sie schwarz auf weiß gedruckt sind, nicht immer der Wahrheit entsprechen, sich aber dennoch lange Zeit als Dogma halten können, zeigt diese Geschichte.

Trau schau welcher Quelle oder: Die Legende vom eisenhaltigen Spinat
Vielleicht gehören auch Sie noch zu jenen Generationen, die als Kinder Spinat essen mussten. Mütter begründeten das damit, dass Spinat sehr eisenhaltig sei. Die gleiche *Begründung* wurde häufig in wissenschaftlichen Arbeiten zitiert. Aber vielleicht glaubten mehr Kinder an »Popeye the Sailor«, der auch Spinat aß und dann riesige Kräfte verspürte. Jedenfalls hätten Kinder wohl lieber Schokolade gegessen, und das mit Recht, denn Schokolade enthält dreimal mehr Eisen als Spinat. Doch erst 1981 wurde dieser Irrtum, der fast ein Jahrhundert lang die Ernährungskultur prägte, durch den englischen Onkologen T. J. Hamblin entdeckt. In seinem Artikel »Fake!« im *British Medical Journal* hat Hamblin auch zwei Vermutungen angeführt, welche die Entstehung dieser falschen Lehrmeinung erklären. Ein amerikanischer Chemiker habe im 19. Jahrhundert den Spinat auf seine Inhaltsstoffe untersucht, aber bei der Dokumentation der Messwerte einen Kommafehler gemacht, indem er anstatt 2.9 mg Eisen pro 100 g Spinat 29 mg schrieb. Die zweite Hypothese besagt, dass ein Schweizer Physiologe namens Gustav von Bunge den Eisengehalt korrekt mit 35 mg pro 100 g ermittelt hat. Erst später stellte sich heraus, dass Bunge seine Analyse mit Spinatpulver durchgeführt hatte, in dem Inhaltsstoffe natürlich konzentrierter vorkommen.

Tipps

Umgang mit Quellen

- Trennen Sie zwischen Primär-, Sekundär- und Tertiärquellen.
- Letztlich hängt die Qualität Ihrer Arbeit auch von der Qualität Ihrer Quellen ab: Prüfen Sie Ihre Quellen sorgfältig.
- Wissenschaftliche Texte ohne Angabe des Autors sind keine wissenschaftlichen Quellen.
- Auch in der Wissenschaft gibt es Blendwerk, Fälschung und Plagiat. Besonders skeptisch sollten Sie sein bei auf Anhieb brauchbaren und handlichen Texten aus dem Netz.
- Gehen auch Sie selbst mit Quellen verantwortlich und korrekt um: Kein heimliches Copy and Paste aus Texten, ohne sie zu zitieren. Kein Plagiat!
- Führen Sie keine Quelle an, die Sie nicht selbst gelesen haben.
- Wenn Sie ein Zitat einer Quelle nur aus einer anderen kennen, führen Sie diese an. Aber vermeiden Sie im Allgemeinen solche Sekundärzitate, gehen Sie zur Originalquelle.
- Verwenden Sie nach Möglichkeit eine Quelle in ihrer Originalsprache: Jede Übersetzung ist eine Interpretation und demnach nicht authentisch.
- Zitieren Sie keine Tertiärquellen, diese dienen nur der vorläufigen Orientierung.

4 Welche Quellen sind gefragt

Entscheidend für die Frage *Was recherchieren* ist die **Forschungsfrage**. Sie ist zu Beginn eines Forschungsprojektes im Allgemeinen eher unklar und vage. Man versucht deshalb eine Konkretisierung, indem man recherchiert, ob es bereits Arbeiten zu diesem Themenbereich gibt, welche Forschungsfragen dort behandelt und welche Forschungsergebnisse erzielt werden. Wenn die Forschungsfrage im Zuge dieser → *Einstiegssuche* konkreter wird, sind auch die *Forschungsziele* so weit festgelegt, dass die Auswahl sinnvoller Quellen möglich wird. Eine Forschungsfrage bezieht sich primär auf einen Gegenstandsbereich: Damit ist das Feld möglicher *Primärquellen* abgesteckt. Eine Forschungsfrage impliziert auch Vorstellungen darüber, unter welchen theoretischen Voraussetzungen wir an den Gegenstandsbereich herangehen, von welchen Fragen und möglichen Hypothesen wir ausgehen, wie wir Forschungsergebnisse begründen und welche Methoden wir anwenden: Damit ist auch ungefähr festgelegt, welche *Sekundärquellen* in Frage kommen.

Ein Beispiel: Ich möchte die Berichterstattung der österreichischen Tageszeitung »Die Kronen-Zeitung« über den Wahlkampf zu den Nationalratswahlen 2006 untersuchen. Das ist mein Forschungsgegenstand, doch was will ich konkret wissen? Möglicherweise interessiert mich, welche Themen dabei eine Rolle spielen, in welcher Gewichtung sie auftreten, über welche politischen Akteure bevorzugt berichtet wird, wie diese charakterisiert und bewertet werden. Oder welche politische Einstellung die Redakteure dabei zeigen. Oder ich möchte Hypothesen über die Blattlinie dieser Tageszeitung finden. Es geht also um eine Konzeptualisierung und Kategorisierung von Datenmaterial. Mit diesem Forschungsziel lege ich auch fest, welche Quellen benötigt werden und mit welchen Methoden sie auszuwerten sind, damit ich sie für die Begründung meiner Überlegungen fruchtbar machen kann.

Im ersten Fall bietet sich eine quantitative Inhaltsanalyse an, mit der ich die Häufigkeit von Wörtern ermitteln kann, die bestimmten Themen und Personen zuordenbar sind. Dabei gehe ich von Kategorien aus, auf die hin ich das Datenmaterial untersuche. Das Archiv der Tageszeitung, insbesondere alle Beiträge zum Nationalratswahlkampf 2006, ist demnach meine *Primärquelle*, eine nicht wissenschaftliche Quelle, die ich mit Hilfe der quantitativen Inhaltsanalyse auswerte, um sie als empirische Begründung meiner Aussage verwenden zu können. Im zweiten Fall könnte ich das Datenmaterial qualitativ analysieren, wobei ich Kategorien oder Hypothesen erst finden möchte. Auch hier verwende ich das Archiv, werde mich allerdings auf ein paar Beiträge beschränken.

In beiden Fällen benötige ich auch *Sekundärquellen*: einerseits bereits durchgeführte Studien zu diesem Thema, andererseits auch politikwissenschaftliche Theorien über die Rolle der Medien in der Politik, die Mediatisierung der Politik, die Medienpolitik usw.

Hilfreiche *Tertiärquellen* wären Handbücher oder Übersichtsartikel, die mir einen Einstieg in den Themenbereich Politik und Medien allgemein ermöglichen und weiterführende Literaturhinweise anbieten, aber auch Referenzquellen, mit deren Hilfe ich sowohl Primärquellen (das Zeitungsarchiv) und Sekundärquellen (Bücher und Artikel zum Thema) recherchieren kann.

Das Beispiel soll zeigen: Welche Quellen in einer Forschungsarbeit in Frage kommen, hängt von der Forschungsfrage ab. Je konkreter die Forschungsfrage, umso genauer wissen wir auch, welche Quellen wir recherchieren müssen. Wie konkret eine Forschungsfrage ist, hängt primär davon ab, wie klar ihre Forschungsziele definiert sind. Insofern wird eine Forschungsfrage auch dadurch konkretisiert, dass man sich für *eine* oder *mehrere* wissenschaftliche Zielsetzungen entscheidet.

Welche Optionen **wissenschaftlicher Zielsetzung** stehen dabei zur Auswahl? Es gibt wie gesagt keine einheitliche Konzeption von Wissenschaft, es gibt mehrere Wissenschaften, mehrere Methoden, mehrere wissenschaftstheoretische Positionen. Mit dieser Situation waren wir schon konfrontiert, als wir im ersten Kapitel (S. 14) die Frage stellten, welche Merkmale Wissenschaft grundsätzlich hat. Trotz dieser Pluralität der Wissenschaft haben wir festgestellt, dass *jede* wissenschaftliche Arbeit eine theoretische Zielsetzung aufweist, allgemeingültig ist und begründet werden muss. Ähnlich wollen wir auch hier vereinfachend und plakativ theoretische *Zielsetzungen* der Wissenschaft unterscheiden, für welche man sich jeweils in einem Forschungsprojekt entscheiden kann.[9]

Darstellung und Diskussion von Theorien. Eine basale Form von wissenschaftlicher Arbeit ist die übersichtliche Darstellung und Diskussion einer oder mehrerer Theorien. Auch dies ist eine theoretische Leistung, da aus einer neuen Perspektive Schwerpunkte gesetzt und Verknüpfungen gefunden werden. Diesen Typ gibt es eigentlich in jeder wissenschaftlichen Arbeit, es muss immer der Stand der Forschung (*state of the art*) berücksichtigt und dargestellt werden. Der so entstehende *Literaturbericht* (*literature review*) schafft die Grundlage für die eigene theoretische Auseinandersetzung mit dem Forschungsthema. Hier wird der Forschungsstand im *Kontext* einer wissenschaftlichen Arbeit dargestellt, diese kann insofern auch als Tertiärquelle bei der → Einstiegssuche genutzt werden. Die eigentlichen Tertiärquellen hingegen, die → Referenzwerke wie Handbücher, Lehrbücher oder Übersichtsartikel (*review articles*), haben primär die Aufgabe, den Stand der Forschung und Theorien übersichtlich darzustellen.

Tipp

Sie werden sich als Studierende vielleicht schon gefragt haben, welche Art von wissenschaftlicher Arbeit – neben dem vielen Lesen und Lernen – von Ihnen erwartet wird. Seminararbeiten oder auch Abschlussarbeiten können im Allgemeinen, sofern es sich nicht auch um empirische Arbeiten handelt, in die Rubrik übersichtliche Darstellung und Diskussion von Theorien eingeordnet werden. Zwar erfüllen solche schriftlichen Arbeiten zunächst einen didaktischen Zweck, sie fungieren als Nachweis Ihrer Leistung im Studium, gleichzeitig lernen Sie damit, wissenschaftliche Literatur übersichtlich und korrekt wiederzugeben.

9 Diese Typologie beruht zum Teil auf Grix (2008, S. 18 f.) und Dolowitz (2008, S. 20 f.).

Konzeptualisierung. Eine weitere Zielsetzung wissenschaftlicher Forschung kann darin bestehen, einen Einzelfall, eine Person, ein Kunstwerk, einen Gegenstand zu untersuchen und mithilfe von Konzepten *theoretisch* zu *beschreiben.* Auch die Konzeptualisierung ist in wissenschaftlicher Hinsicht noch eher bescheiden. Trotzdem sind eingehende Recherchen und Kenntnisse des Forschungsgegenstandes erforderlich, um Fakten und Prozesse, Situationen, Individuen und Gruppen in ihren Beziehungen untereinander theoretisch beschreiben zu können.

Beispiel Angenommen wir untersuchen das *Kommunikationsverhalten von Studierenden in unserem Studienfach.* Das Forschungsziel wäre, das Kommunikationsverhalten mit Hilfe von Konzepten (Kommunikation face to face, Handy, E-Mail, SMS, Blogs, Facebook, Twitter) theoretisch zu beschreiben. Dabei können auch Veränderungen, Tendenzen und Trends im Kommunikationsverhalten analysiert werden. Die Beschreibung wird empirisch anhand von erhobenem Datenmaterial begründet und theoretisch mit Konzepten bspw. aus der Medienwissenschaft oder Theorien über die Mediensozialisation und das Medienverhalten.

Gegenstand der Recherche sind demnach einerseits die Theorien, die für die Konzeptualisierung erforderlich sind, andererseits auch das empirische Datenmaterial, auf das sich die Studie bezieht, z.B. Interviews mit Studierenden unseres Studienfaches.

Kategorisierung. Etwas anspruchsvoller ist die Kategorisierung. Ihr Ziel besteht darin, Kategorien zu finden, um Sachverhalte, Prozesse, Situationen und Konzepte, die in der Stufe vorher entwickelt wurden, mit Hilfe von Kategorien oder Typen in die systematische und theoretische Ordnung eines Kategoriensystems oder einer Typologie zu bringen.

Beispiel So könnten Typen von kommunizierenden Studenten gebildet werden, etwa der männliche Student im Alter von 20 bis 25 Jahren, der u.U. primär über SMS oder Twitter kommuniziert oder ältere Studierende, die eher zum Telefon greifen.

Auch hier benötigen wir empirische und theoretische Quellen, um die Kategorien zu begründen.

Erklärung durch Hypothesen. Ein noch anspruchsvolleres Ziel von Wissenschaft ist die *Erklärung* eines Sachverhalts mit Hilfe einer Hypothese. Die Hypothese kann aus bereits bestehenden Theorien stammen, d.h. sie ist durch theoretische Quellen begründet. Oder sie kann als neue Hypothese formuliert werden. Aus dieser Hypothese wird dann deduktiv eine mögliche Erklärung für den fraglichen Sachverhalt abgeleitet und überprüft. Damit wir die Überprüfung vornehmen können, werden empirische Daten über den Sachverhalt erhoben und ausgewertet, bspw. durch einen Fragebogen mit einer hinreichend repräsentativen Anzahl von Probanden.

Beispiel Wir wollen den Sachverhalt erklären, dass für die E-Mail-Kommunikation die üblichen Regeln der Briefkommunikation großteils nicht verwendet werden. Diesen Sachverhalt, den wir empirisch begründet haben, könnten wir dann bspw. mit Hilfe der Hypothese erklären, dass sich E-Mail-Kommunikation generell an der informellen mündlichen Kommunikation orientiert.

Auch hier bedarf es der Recherche, sowohl was die für das Forschungsthema relevanten theoretischen Quellen betrifft, als auch im Hinblick auf die zu erhebenden Daten.

Theoriebildung. Die höchste Stufe wissenschaftlicher Zielsetzungen schließlich ist die Theoriebildung im engeren Sinn. Eine Theorie besteht aus einer oder mehreren Hypothesen, die für einen Gegenstandsbereich allgemeine Gültigkeit haben. Man kann selbst eine neue Theorie entwickeln oder eine bestehende Theorie daraufhin untersuchen, ob sie auch für den Gegenstandsbereich der Forschungsfrage gültig ist, und sie ggf. modifizieren.

Beispiel Wir könnten bspw. die Kommunikationstheorie von Friedrich von Schulz-Thun (1981) überprüfen, ob sie auch im Hinblick auf die E-Mail-Kommunikation zwischen Studierenden Gültigkeit besitzt. Nach Schulz-Thun weist der Kommunikationsbeitrag eines Senders vier Aspekte auf: Er beinhaltet erstens Daten und Fakten, zweitens Informationen über die Beziehung zwischen Sender und Empfänger, drittens den Appell an den Empfänger und viertens die Selbstoffenbarung des Senders. Man könnte nun vermuten, dass in der E-Mail-Kommunikation, ähnlich wie in der informellen mündlichen Kommunikation, der Beziehungsaspekt überwiegt.

Recherchiert wird die Kommunikationstheorie von Schulz-Thun, zudem empirische Daten, um die Hypothesen zu testen bzw. neue zu bilden.

Übungen

1. Überlegen Sie, welche theoretische oder empirische Primärquellen in ihrem Studienfach vorkommen können.
2. Suchen Sie im Online-Katalog Ihrer Bibliothek nach Diplomarbeiten Ihres Studienfaches. Aus dem Titel können Sie im Allgemeinen gut erkennen, um welche Forschungsfrage es geht. Nehmen Sie eine Diplomarbeit, die Sie inhaltlich interessiert. Wenn Sie selbst diese Arbeit schreiben sollten, nach welchen Primär- und Sekundärquellen würden Sie dann suchen? Welche Tertiärquellen würden Sie dabei – für die Recherche und inhaltliche Orientierung – konsultieren?

Die angeführten Formen wissenschaftlicher Forschung unterscheiden sich im Hinblick auf den Grad ihrer Allgemeingültigkeit. Je allgemeingültiger eine Theorie ist, desto größer ist auch der Aufwand, sie zu begründen. Wenn eine Theorie ein Phänomen oder einen Sachverhalt beschreibt (wie bei der Konzeptualisierung oder bei der Kategorisierung), ist der Aufwand an Begründung noch nicht so groß: Dabei sind die verwendeten Konzepte und Kategorien zu begründen, indem auf die einschlägigen Theorien rekurriert wird. Anders aber, wenn ich eine neue Hypothese oder eine neue Theorie bilde: Wie groß dann der Aufwand an Begründung und Recherche ist, richtet sich danach, welchen Anspruch auf Allgemeingültigkeit meine Behauptungen erheben. Je mehr ich behaupte, je allgemeingültiger meine Hypothesen sind, desto mehr muss ich begründen – und *recherchieren.*

Überblick

Zielsetzungen einer wissenschaftlichen Arbeit

In einer wissenschaftliche Arbeit kann man:

- Theorien *übersichtlich darstellen* und *vergleichen.*
- Sachverhalte theoretisch *beschreiben* mit Hilfe von begründeten *Konzepten,*
- Sachverhalte in einen theoretisch begründeten *Zusammenhang* bringen mit Hilfe von *Kategorien* und *Typologien,*
- Sachverhalte *erklären*, indem eine Hypothese getestet oder neu gebildet wird,
- eine *Theorie bilden,* die für einen Gegenstandsbereich allgemeine Gültigkeit hat.

Für jede wissenschaftliche Arbeit benötigt man theoretische und empirische Begründungen.
Die Forschungsfrage und die Zielsetzung der wissenschaftlichen Arbeit legen fest, welche Quellen für die Begründung in Frage kommen und zu recherchieren sind.

Nachdem ich die Forschungsfrage einer wissenschaftlichen Arbeit konkretisiert und mich für eine oder mehrere dieser Zielsetzungen entschieden habe, wird klar, welche Quellen gefragt sind. Einerseits welche *Arten* von Quellen: Primär-, Sekundärquellen, theoretische oder auch empirische. Andererseits auch welche *spezifischen* Quellen: Anhand der Forschungsfrage kann man → Suchbegriffe für die Recherche definieren, doch dazu genauer im Zusammenhang mit der → gezielten thematischen Recherche (S. 137)

Checklist

Was recherchieren

Überlegen Sie, *was* Sie recherchieren:

- ☐ Wie lautet die Forschungsfrage?
- ☐ Was ist Ihre Zielsetzung: Darstellung von Theorien, Konzeptualisierung, Kategorisierung, Erklärung, Theoriebildung?
- ☐ Welche Quellen sind gefragt: Primär-, Sekundär-, Tertiärquellen? Empirische, theoretische?
- ☐ Mit welchen Suchbegriffen können Sie Ihre Forschungsfrage beschreiben?
- ☐ Nach welchen Publikationsformen wollen Sie suchen?
- ☐ Welchem Fachbereich sind diese zuordenbar?
- ☐ In welcher Sprache können die Quellen verfasst sein?
- ☐ Welcher Erscheinungszeitraum ist relevant?

Wichtige Begriffe

Primärquelle, Sekundärquelle, Tertiärquelle, Empirische Quelle, Theoretische Quelle, → Referenzwerk, → Referenzquelle, → Medientyp, Gedruckte Medien, Elektronische Medien, → Publikationsform, Lehrbuch, Monografie, → Artikel, Arbeitspapier, Sammelband, Tagungsband, Handbuch, Zielsetzungen wissenschaftlicher Forschung.

III Wo recherchieren

The next best thing to knowing something, is knowing where to find it.
Samuel Johnson

In diesem Kapitel geht es um die → Referenzquellen: *Dort* recherchieren wir Quellen, die wir für unsere Lern- und Forschungsinteressen benötigen. Zuerst werden wir einige Stationen der wissenschaftlichen Recherche durchspielen, um die Funktionsweise von Referenzquellen kennen zu lernen. Dann betrachten wir den Kreislauf des wissenschaftlichen Wissens: Wissenschaftler/innen produzieren es, Verlage publizieren es, Bibliotheken und Datenbankanbieter dokumentieren es in Referenzquellen – dort recherchieren Wissenschaftler/innen, dokumentieren es in ihrer persönlichen Referenzquelle und produzieren wieder Wissen. Anschließend behandeln wir die Frage, wie Referenzquellen aufgebaut sind, und machen uns mit den Strategien der → Wissensorganisation vertraut: die → Volltextindizierung, die → formale und → inhaltliche Beschreibung. Diesen Strategien ordnen wir die gedruckten und die elektronischen Referenzquellen zu und bekommen so eine Typologie der Referenzquellen. Abschließend werden alle Typen der Referenzquellen anhand von Beispielen vorgestellt.

1 Referenzquellen im wissenschaftlichen Arbeiten

Rufen wir uns zuerst in Erinnerung, welche Arten von Quellen in der wissenschaftlichen Arbeit eine Rolle spielen. Jedes wissenschaftliche Projekt – wie bescheiden es auch sein mag – geht von einer Forschungsfrage aus. Bezogen auf diese Forschungsfrage gibt es erstens Primärquellen, theoretische oder auch empirische, diese sind unser Forschungsgegenstand. Mit ihnen belegen und begründen wir primär – entweder theoretisch oder empirisch – unsere Ausführungen. Das ist die erste Stufe. Im Allgemeinen existieren bereits andere Theorien, die sich direkt oder indirekt mit dem Forschungsgegenstand befassen, die wir auch als Beleg und Begründung in unserer Argumentation verwenden und zitieren können: Diese Theorien finden wir in Sekundärquellen, die zweite Stufe. Auf einer dritten Stufe schließlich gibt es noch die Tertiärquellen, deren Aufgabe darin besteht, Primär- und Sekundärquellen zu erschließen, wobei es zwei Gruppen gibt. Tertiärquellen der ersten Gruppe *informieren* uns über den Inhalt von Primär- und Sekundärquellen, bieten uns einen Überblick und einen ersten Einstieg in den Themenbereich. Tertiärquellen der zweiten Gruppe sind Hilfsmittel für die Recherche von Primär- und Sekundärquellen, wir haben sie als → **Referenzquellen** bezeichnet.

Referenzquellen beinhalten → **Referenzen**, diese beschreiben Quellen nach ihren formalen und inhaltlichen Merkmalen, und sie geben meistens auch an, wo die Quellen verfügbar sind. Referenzquellen sind Informationen *über* Informationen, also → **Metainformationen.** Wo wir überall mit Referenzquellen im wissenschaftlichen Arbeiten zu tun haben, lässt sich am Besten anhand von Beispielen zeigen. Dabei werden wir Unterschiede zwischen diesen Referenzquellen erkennen, einmal im Hinblick auf die Frage, wer die *Akteure am wissenschaftlichen Informationsmarkt* sind, also *wer* für *wen* Referenzquellen produziert, und dann im Hinblick auf Art und Weise, *wie* Referenzquellen Quellen beschreiben und welche *Strategien der Wissensorganisation* dabei implementiert werden.

Nehmen wir an, Sie recherchieren Literatur für eine schriftliche Arbeit, gezielt und thematisch – diese anlassbezogene zielorientierte Form der Recherche ist die *formelle* im Unterschied zur *informellen.* Sie werden in dieser Situation primär den → **Online-Katalog** Ihrer Bibliothek zu Rate ziehen: Dies ist eine Referenzquelle, die Metainformationen enthält, sie informiert uns *über* den Bestand der Bibliothek, sie weist nach, welche Quellen – hauptsächlich Bücher und Zeitschriften – in der Bibliothek vorhanden sind.

Auf ähnliche Weise beinhaltet ein **Buchhandelskatalog** Metainformationen über jene Bücher, die im Buchhandel erhältlich sind. Diese Referenzquelle werden Sie dann konsultieren, wenn Sie ein Buch kaufen wollen und zu diesem Zweck recherchieren, ob das Buch noch im Buchhandel erhältlich ist. Früher gab es dafür das gedruckte »Verzeichnis der lieferbaren Bücher« (VLB), heute gibt es elektronische Buchhandelskataloge, z. B. http://www.buchhandel.de oder http://www.amazon.de.

Weiters werden Sie auch Artikel zu Ihrer Forschungsfrage recherchieren und auf → **Bibliografien**, → **Referenzdatenbanken** oder → **Volltextdatenbanken** zurückgreifen. Auch in diesen Referenzquellen finden Sie Metainformationen: Sie verzeichnen Publikationen zu einem Forschungsbereich, wobei sie im Allgemeinen den Text der Publikation nicht bereitstellen und auch nicht angeben, wo die Publikation zu finden ist. Mit einer Ausnahme: Die Volltextdatenbank bietet Ihnen – wie der Name schon sagt – den vollen Text des Artikels, im Unterschied zur Referenzdatenbank beinhaltet die Volltextdatenbank nicht nur Metainformationen, sondern auch Informationen.

Eine weitere Möglichkeit zu recherchieren ist die → **Klassifikation**: Wenn z. B. in Ihrer Bibliothek Bücher und Zeitschriften in einem Freihandbereich verfügbar sind, können Sie für die Suche die Aufstellungssystematik verwenden, das ist das Klassifikationssystem, nach dem die Bücher thematisch geordnet sind. Auch die Klassifikation ist in diesem Fall eine Referenzquelle, eine Form der Metainformation, um in den Regalen gezielt nach Büchern zu einem Thema zu suchen. Man findet übrigens auf diese Weise *en passant* oft Bücher, auf die man mit anderen Recherchestrategien nie gekommen wäre. Das ist ähnlich wie im Internet, wo Sie über *Hyperlinks* interessanten Verweisungen nachgehen und im → Mitnahmeeffekt (*serendipity-effect*) Zufallsfunde machen: Genauso gut können Sie auch in den Regalen der Bibliothek *browsen*.

Doch bevor Sie alle diese Referenzquellen befragen, werden Sie Ihre → Suchbegriffe schon in eine → **Suchmaschine** eingetippt haben. *Google* z. B. ist oft die erste Adresse für eine schnelle Orientierung und auch eine Ziel führende. Allerdings soll eine Suchmaschine nicht die einzige Referenzquelle bei einer Recherche bleiben! Wichtig ist hier: Auch Suchmaschinen liefern Ihnen Metainformationen in Form einer mehr oder weniger langen Trefferliste von Dokumenten, welche die Suchbegriffe *irgendwo* im Text enthalten.

In Ihrem Studium werden Sie erkennen, dass es auch sinnvoll ist, sich zu bestimmten Themen- und Forschungsbereichen auf dem Laufenden zu halten. Es gibt mehrere Möglichkeiten der **informellen Recherche**, auch hier werden Metainformationen benutzt. So könnte man etwa Neuerscheinungen prüfen, hilfreich dazu sind *Verlagsprospekte*, oder Sie können die *Newsletter* von Verlagen subskribieren, über die Sie regelmäßig Informationen über neue Titel erhalten. Auch das *Alert-Service* von Zeitschriftenverlagen informiert Sie über die Artikel in einem gerade erschienenen Zeitschriftenheft.

Metainformationen begleiten Sie weiter in Ihrer Arbeit: Nachdem Sie recherchiert haben, werden Sie die Ergebnisse Ihrer Recherche in einer → **Leseliste** (Lektüreliste, Bücherliste) dokumentieren, die alle Literaturhinweise enthält, die Sie für eine wissenschaftliche Arbeit lesen und auswerten. Sie speichern und ordnen die für Sie relevanten Quellen. Eine ähnliche Aufgabe erfüllt eine Linkliste, die Sie in einem Internet-Browser anlegen, damit merken Sie sich Internet-Seiten, die Sie für wichtig befunden haben. Dies sind erste Schritte des wissenschaftlichen Dokumentierens, in denen Metainformationen für den persönlichen Gebrauch geschaffen werden.

Doch gehen wir einen Schritt weiter und betrachten den Schreibprozess. Die Leseliste werden Sie in Ihrer schriftlichen Arbeit zum Großteil auch als **Literaturverzeichnis** verwenden können. Zu diesem Zweck muss die wissenschaftliche Literatur, auf die Ihre Arbeit Bezug nimmt, natürlich so zitiert sein, dass der Leser die Möglichkeit hat, die Quelle selbst zu finden und zu überprüfen. Leseliste und Literaturverzeichnis enthalten Metainformationen, jeweils mit unterschiedlicher Zielsetzung: Im ersten Fall sind sie ein Hilfsmittel, um Ihren Arbeitsprozess zu organisieren, im zweiten Fall sind sie eine Bedingung der Nachprüfbarkeit Ihrer Aussagen und deren Begründungen. Ihre Arbeit wird auch ein *Inhaltsverzeichnis* enthalten: Es informiert darüber, um welche Themen (Informationen) es in den einzelnen Kapiteln geht. Ein **Sachregister** werden Sie wahrscheinlich in Ihrer Arbeit nicht vorsehen, aber Sie finden es in vielen wissenschaftlichen Büchern: Es gibt Hinweise über jene Seiten, wo ein bestimmtes Thema besprochen wird. Das sind Metainformationen, genauso auch, wenn Sie *im* Text Ihrer Arbeit auf eine andere Stelle *verweisen.*

Anhand dieser Beispiele kann man definieren: Ein Dokument, ein Medium enthält dann **Metainformationen**, wenn es darüber informiert, *welche* Informationen es gibt und – in den meisten Fällen auch – *wo* sie *wie* zu finden sind. Dokumente können Metainformationen über sich *selbst* oder über *andere* Quellen enthalten.

Zur ersten Gruppe gehört bspw. das Buch. Es führt selbst einen Titel, einen Autor, einen Verlag und ein Erscheinungsjahr an, es enthält ein Inhaltsverzeichnis oder ein Sachregister. Dies sind Metainformationen: Sie beschreiben das Buch oder einzelne seiner Textpassagen nach formalen und inhaltlichen Kriterien, sie geben dem Buch eine Identität, unter der es gefunden, zitiert oder gekauft werden kann;

oder sie bieten Möglichkeiten der Orientierung und Navigation im Buch. Diese Metainformationen gehören zur Publikationsform *Buch*. Ähnliches gilt auch für die anderen Publikationsformen: Bei einem *Zeitschriftenartikel* z. B. ist es üblich, dass der Autor selbst dessen Inhalt beschreibt, indem er ein → Abstract verfasst und → Schlagwörter (*keywords*) angibt. Dies sind jeweilige Standards, die für eine Publikationsform typisch sind und die beim Schreiben wissenschaftlicher Arbeiten zu beachten sind.

Zur zweiten Gruppe gehören jene Dokumente, die über *andere* Quellen informieren. Das sind einerseits die → *Referenzwerke* (Handbücher, Nachschlagewerke), die Theorien übersichtlich darstellen und auf die entsprechenden Quellen verweisen. Dazu zählen andererseits auch die Hilfsmittel der Recherche, z. B. der Online-Katalog, die Referenzdatenbank, die Klassifikation: Das sind die *Referenzquellen*.

Frage 7

Ist ein Link auf einer Web-Seite eine Metainformation?

Frage 8

Finden Sie in einem Branchenverzeichnis auch Metainformationen?

2 Akteure auf dem Informationsmarkt

Die angeführten Beispiele von Referenzquellen lassen sich weiters unterscheiden im Hinblick auf die Frage, *wer* für *wen* unter welchen Bedingungen Informationen und Metainformationen produziert und anbietet. Tatsächlich gibt es verschiedene Akteure auf dem wissenschaftlichen Informationsmarkt: Studierende und Wissenschaftler/innen, Bibliotheken und Dokumentationsstellen, Verlage, Datenbankanbieter und Suchmaschinenbetreiber – jeweils mit unterschiedlichen Interessen.

Wenn hier der Begriff **Informationsmarkt** verwendet wird, dann bloß um den *Status quo* zu beschreiben, der durch eine massive Ökonomisierung der Information gekennzeichnet ist. Besser passt die *kontrafaktische* Sicht der **Informationsethik**, welche die Interessen *aller* Akteure der Informationsgesellschaft reflektiert, vor allem jene der Wissenschaftler/innen und Studierenden, nicht nur der großen Unternehmen. Das Ziel ist ein emanzipatorisches Konzept von Informationsgesellschaft, nicht nur ein technologisches oder ökonomisches.

Zitat

Informationsgesellschaft

»Unter einer Informationsgesellschaft soll eine informierte Gesellschaft verstanden werden, also eine nicht zuletzt durch die Verfügung über Information mündige Gesellschaft, in der die einzelnen Mitglieder nicht durch Zufälle bestimmt oder fremdbestimmt werden, sondern sich im Rahmen ihrer Verantwortung für das Ganze durch gewollte Entscheidungen selbst bestimmen können und in der politische, administrative und ökonomische Handlungen (wissenschaftlich-technische ohnehin) informationell abgesichert sind bzw. sich durch Informationen auf Nachfrage legitimieren müssen oder können.« (Kuhlen 1995, S. 48)

Literaturtipps

Kuhlen, Rainer (1995): Informationsmarkt. Chancen und Risiken der Kommerzialisierung von Wissen. Konstanz : UVK (Schriften zur Informationswissenschaft. 20).

Kuhlen, Rainer (2004): Informationsethik. Umgang mit Wissen und Information in elektronischen Räumen. Konstanz: UVK (UTB. 2454, Medien- und Kommunikationswissenschaft).

Bibliotheken und Dokumentationsstellen

Eine besondere Rolle in der Informationsgesellschaft spielen die Bibliotheken. Sie haben die Aufgabe, die Öffentlichkeit mit Informationen und Metainformationen zu versorgen.

Eine Bibliothek ist meist auf eine besondere Zielgruppe hin orientiert, es gibt bspw. die Schulbibliothek, die Stadtbibliothek, die Universitäts- oder Fachhochschulbibliothek, die Firmenbibliothek. Von der Zielgruppe hängt es ab, welche Bestände und Sammelschwerpunkte Bibliotheken aufweisen, wissenschaftliche Bibliotheken sammeln vorwiegend wissenschaftliche Literatur aus bestimmten Disziplinen. Zudem unterscheiden sich auch ihre Referenzquellen, ein Online-Katalog einer Schulbibliothek z.B. ist im Allgemeinen nicht so differenziert wie jener einer Universitätsbibliothek.

Bibliotheken bieten eine Fülle von Informationen in Büchern, Zeitschriften und anderen Medien und machen diese mit Hilfe von Metainformationen in unterschiedlichen Referenzquellen – Online-Katalogen, Bibliografien, Fachportalen usw. – zugänglich. Beides – **Quellen** und **Referenzquellen** – stellen Bibliotheken im Allgemeinen unentgeltlich zur Verfügung.

Wissenschaftliche Bibliotheken am Studienort haben weitgehend ihr Angebot auf die dort angebotenen Studienfächer ausgerichtet, sie verfügen über einen repräsentativen Querschnitt der einschlägigen wissenschaftlichen Literatur, über einen Online-Katalog, der die Bestände nachweist, und über die wichtigsten Referenz- und Volltextdatenbanken, natürlich nach Maßgabe der budgetären Möglichkeiten. Sollten Quellen nicht vorhanden sein, können sie über Fernleihe oder Dokumentenlieferdienste beschafft werden.

Bibliotheken sind demnach für die wissenschaftliche Arbeit die Quelle *par excellence.* »I have always imagined that Paradise will be a kind of library.« Man muss nicht einer Meinung sein mit dem argentinischen Dichter, Erzähler und Bibliothekar *Jorge Luis Borges*, aber für Studierende gehört es gleich zu Beginn des Studiums zum Pflichtprogramm, sich mit *ihrer* Bibliothek und *ihrem* Angebot vertraut zu machen. Besuchen Sie die Bibliothek virtuell, ihre Web-Seite, besuchen Sie aber

Steckbrief

Meine Bibliothek

- Name
- Adresse
- Web-Seite
- E-Mail-Adresse
- Öffnungszeiten
- Benutzungsgebühr
- Ansprechpartner
- Führungen, Kurse
- Sammelschwerpunkte
- Standorte der Bücher
- Systematik im Freihandbereich
- Entlehnbarkeit der Bestände
- Entlehnfristen
- Vorgehen bei Fernleihe
- Referenzquellen für Bücher
- Standorte der Zeitschriften
- Referenzquellen für relevante Artikel
- Referenzquellen für relevante E-Journals

auch die reale Bibliothek, informieren Sie sich über Führungen, Kurse und Schulungen, nehmen Sie daran teil, halten Sie wichtige Informationen und Hinweise fest – im Steckbrief.

Die öffentliche Bibliothek, die *bibliotheca publica*, ist eine Institution, die der informationellen Grundversorgung der Bevölkerung verpflichtet ist, sie wird deshalb in der Regel von der öffentlichen Hand finanziert. Da die Bibliothek nicht auf Gewinnmaximierung orientiert ist, kann sie prinzipiell Informationen sammeln und erschließen, unabhängig von marktwirtschaftlichen Überlegungen, kundenorientiert, sachlich und wertneutral. Ähnliches gilt auch für andere Institutionen des öffentlichen Informationswesens: Die *Archive* sammeln und erschließen Akten und Urkunden von Behörden und Regierungsstellen (unter Umständen wichtige Primärquellen für historische und politikwissenschaftliche Forschungsfragen); die *Dokumentationseinrichtungen* erschließen wissenschaftliche Informationen aus einzelnen Fachbereichen.

Doch wie andere öffentliche Bereiche – Gesundheit, Verkehr, Bildung – ist auch der Informationsbereich durch eine zunehmende Kommerzialisierung und Privatisierung gekennzeichnet. Zwar hat es in der Buchgeschichte neben den Klöstern, in denen Handschriften um Gottes Lohn kopiert wurden, schon immer Verleger gegeben, die Handel mit Büchern betrieben und mit in Fässern gelagerten Büchern durch die Lande zogen. Doch die Aufgabe, für die Öffentlichkeit Informationen bereit zu stellen und durch Metainformationen zu erschließen, war bis zur Hälfte des vorherigen Jahrhunderts Aufgabe der Bibliotheken. Sie stellten Kataloge und Bibliografien zur Verfügung, mit deren Hilfe die wissenschaftliche Literatur recherchiert werden konnte.

Kommerzielle Informations- und Metainformationsanbieter

In der Informationsgesellschaft sind Information *und* Metainformation zu einem wichtigen, wenn nicht zum wichtigsten Produktionsfaktor geworden und zu einer kostspieligen Ware, wie bspw. ein Blick auf die Preise für Zeitschriften und Referenz- und Volltextdatenbanken zeigt, an deren Produktion, Vermarktung und Distribution eine ganze Branche beteiligt ist. Es hat bereits ein weit reichendes *Outsourcing* des Informationsbereiches aus dem öffentlichen Sektor stattgefunden, eine Entwicklung, die sich bspw. auf Universitätsbibliotheken fatal auswirkt. Wissenschaftler/innen schaffen, finanziert durch öffentliche Geldmittel, Forschungsergebnisse, die sie in Buchform oder als Zeitschriftenartikel publizieren. Durch die Publikation treten sie die Verwertungsrechte an Verlage ab, diese übernehmen die

Herstellung und den Vertrieb der Publikationen. Zeitschriftenverlage wenden sich dabei zunehmend direkt an Wissenschaftler/innen und Studierende, im *Pay-per-view*-Verfahren über das Internet müssen z. B. für einen Zeitschriftenartikel mindestens 20 EUR bezahlt werden. Mit im Geschäft sind auch Datenbankanbieter, welche für die Erschließung der Publikationen mit Hilfe von Referenz- und Volltextdatenbanken sorgen. Den Bibliotheken bleibt, um ihre Aufgaben zu erfüllen, nichts anders übrig, als alle diese Produkte – Bücher und Zeitschriften einerseits, die Referenz- und Volltextdatenbanken andererseits – teuer zu erwerben, *wieder* mit öffentlichen Geldmitteln. Dass die Grundversorgung mit Information sehr kostenintensiv geworden ist und viel mehr wie früher betriebswirtschaftlicher Planung bedarf, ist *eine* Facette der **Ökonomisierung** der Bildung. Ökonomisierung bedeutet aber vor allem, dass Investitionen im Bildungsbereich immer mehr auf eine marktwirtschaftliche Logik orientiert sind. Und eine Konsequenz davon ist, dass vornehmlich in Studienpläne investiert wird, welche die *employability* der AbsolventInnen zum Ziel haben, dass mithin Ausbildung mehr zählt als Bildung – eine weitere Facette der Ökonomisierung.

Literaturtipp

Liessmann, Konrad Paul (2009): Theorie der Unbildung. Die Irrtümer der Wissensgesellschaft. 3. Aufl. München u. a.: Piper.

Open Access

Zu Beginn der 1990er Jahre eskalierte die Situation zusehends: Einerseits stiegen die Preise für wissenschaftliche Publikationen und besonders für Zeitschriften, andererseits blieben die Budgets der Bibliotheken gleich bzw. wurden sogar gekürzt. In Wissenschaftskreisen setzte sich die Forderung durch, dass die Ergebnisse der wissenschaftlichen Forschung, die durch die Öffentlichkeit finanziert werden, wieder der Öffentlichkeit unentgeltlich zur Verfügung zu stellen sind. So entstand die *Open-Access*-Bewegung – vgl. http://www.open-access.net. Man suchte nach Möglichkeiten, die Produktion, Qualitätssicherung und Distribution von Publikationen unabhängig von Verlagen direkt vom produzierenden zum konsumierenden Wissenschaftler zu realisieren. Tatsächlich war das noch nie leichter umzusetzen: Mit der weltweiten Vernetzung durch das Internet ist es möglich, Informationen mit geringem technischem und finanziellem Aufwand zu verbreiten. *Open-Access* wird in zweierlei Hinsicht verwirklicht: entweder als Primär-Veröffentlichung in einer *Open-Access*-Zeitschrift (das ist der goldene Weg) oder als parallele Archivierung von Artikeln aus kostenpflichtigen Zeitschriften auf einem *Open-Access*-Dokumentenserver (der grüne Weg). Wissenschaftler/innen, vor allem jene, die in Ländern und Organisationen mit geringeren Forschungsbudgets tätig sind, sollten die Chance bekommen, wissenschaftliche Dokumente unentgeltlich zu nutzen, um an der wissenschaftlichen Diskussion teilnehmen zu können.

Die Entwicklung hat allerdings gezeigt, dass das Prinzip des *Open Access* wissenschaftlicher Publikationen mit einigen Schwierigkeiten konfrontiert ist und am bestehenden System scheitert. Für die Karriere von Wissenschaftler/innen ist es nach wie vor unumgänglich, Beiträge in wissenschaftlichen Journalen zu publizieren, die aufgrund ihrer Verbreitung einen hohen *Impact Factor* aufweisen, und das sind die klassischen, von Verlagen produzierten und vertriebenen Zeitschriften. Viele Wissenschaftler/innen sind von der Idee des *Open Access* überzeugt, aber die Forschungspolitik hat es noch nicht geschafft, entsprechende Anreize für Veränderungen zu schaffen. Der *mainstream* im wissenschaftlichen Publikationswesen bleibt nach wie vor kommerziell orientiert. Und ähnlich wie die Produktion und Distribution von Informationen bleiben auch Produktion und Distribution von Metainformationen in fester Hand, da *Open-Access*-Angebote aus verständlichen Gründen im Allgemeinen nicht in den gängigen Referenz- und Volltextdatenbanken erschlossen werden.

Anbieter von Suchmaschinen: gratis?

Relativ neue Akteure sind die Anbieter von Suchmaschinen, welche den wissenschaftlichen Informationsmarkt grundlegend verändert haben, obwohl sie primär nicht für die wissenschaftliche Recherche geschaffen wurden. Die offensichtlich erfolgreiche Geschäftsidee der Suchmaschinenbetreiber zielt darauf ab, die Suchmaschine zu etablieren, ihre Benutzungsfrequenz zu steigern, ihr eine Monopolstellung zu sichern und die Aufmerksamkeit der Kunden zu binden: *Wozu* aber? Wenn wir eine Suchmaschine benutzen, zahlen wir nichts: Doch wie finanziert ein riesiges Unternehmen wie *Google Inc.* seine aufwändigen Technologien, die *Crawler* und *Robots*, mit denen das Internet abgegrast wird, und die *Server*, auf denen es abgebildet wird? Dass sich ein solches Unternehmen rechnet, zeigen die Umsätze:[10] Wenn man bedenkt, dass *Google* »nur« eine Referenzquelle ist, muss man feststellen, dass mit Metainformationen mittlerweile das größere Geschäft zu machen ist

10 Umsatz von *Google Inc.* für 2008: 21,8 Milliarden Dollar, 97 % davon Werbeeinnahmen.

als mit Informationen. Alle Zeitungsherausgeber und Verlage, die ihre Informationen frei verfügbar machen, um im Online-Geschäft präsent und konkurrenzfähig zu sein, haben in Wirklichkeit für Profit auf Seite der Suchmaschinen gesorgt: Den Kunden interessiert weniger, wer eine Information ins Netz gestellt hat, wichtiger ist ihm, wie er sie finden kann. *Google* präsentiert sich als unentgeltlich zu benutzende, komfortable Suchmaschine, aber *Google Inc.* ist auch ein gigantisches Marketingunternehmen. Jeder *Google*-Benutzer finanziert indirekt das Unternehmen mit: Wer in *Google* sucht, gehört zum willkommenen Publikum für Werbeeinschaltungen, für die *Google Inc.* von Unternehmen viel Geld kassiert, und liefert unfreiwillig Daten für Benutzer- und Konsumentenprofile, die für Marktstudien verwendet werden.

Suchmaschinen bringen große Vorteile für die wissenschaftliche Recherche. So gibt es Suchmaschinen, die nur wissenschaftliche Texte erschließen, z.B. *Scirus* http://www.scirus.org, *Q-Sensei* http://www.qsensei.com und *Google Scholar* http://scholar.google.com. Aber *Google Inc.* interessiert sich noch viel mehr für den wissenschaftlichen Informationsmarkt. Im Oktober 2004 präsentierte *Google Inc.* auf der Frankfurter Buchmesse sein gigantisches Digitalisierungsprojekt *Google Book Search* http://books.google.com. Innerhalb eines Jahrzehnts sollten in Kooperation mit Verlagen und Bibliotheken 15 Millionen Bücher eingescannt und über das Internet verfügbar gemacht werden. Für die Verlage ein attraktives Angebot angesichts der zu erwartenden Werbeeffekte für die eigene Verlagsproduktion. Je nach Vereinbarung mit einzelnen Verlagen und abhängig von urheberrechtlichen Bestimmungen wird der Volltext von Büchern überhaupt nicht, teilweise oder komplett angezeigt. Auch große Bibliotheken sind auf den Zug in Richtung digitale *Google*-Bibliothek aufgesprungen, ältere und urheberrechtsfreie Bücher werden massenweise gescannt und zugänglich gemacht. Das Projekt bringt zweifelsfrei große Vorteile für die Kunden, weniger für Autoren, da sich *Google Inc.* in seiner expansiven Unternehmenspolitik nicht immer an die gesetzlichen Bestimmungen hält. So werden mittlerweile auch viele urheberrechtlich geschützte Publikationen angeboten, *Google Inc.* beschränkt die Nutzung allerdings auf die Anzeige der Texte, Ausdrucken und Downloaden ist nicht möglich.

Ursprünglich lief das Projekt unter dem Titel *Google Books,* mittlerweile ist es zu *Google Book Search* mutiert, die Zielsetzung ist nicht mehr ausschließlich, gedruckte Bücher im Volltext anzubieten, sondern sie recherchierbar zu machen. Der Benutzer soll primär so viel als möglich relevante Treffer finden. Wie sie dann verfügbar sind, ist sekundär und hängt von der urheberrechtlichen Situation ab. Die Recherchemöglichkeiten sind einerseits auf Kategorien der formalen Beschreibung orientiert (auch da kann *Google Inc.* nicht mehr als die klassischen Bibliotheken), andererseits steht eine mächtige Volltextsuche in einem riesigen Datenpool zur Verfügung. Eine Suche in *Google Book Search* lohnt sich auf jeden Fall, man findet überraschend viel, unter anderem ist es möglich, Zitate zu überprüfen oder zu verfolgen, ob ein Buch in anderen Büchern zitiert wird – allerdings nicht vollständig, da ja nicht alle Bücher digitalisiert sind.

Auf dem wissenschaftlichen Informationsmarkt gibt also es eine Reihe von Akteuren, die einerseits Informationen anbieten und bereitstellen, die andererseits auch Metainformationen produzieren, indem sie wissenschaftliche Dokumente *professionell dokumentieren* und das Ergebnis als Referenzquelle anbieten. Das geschieht mit ganz unterschiedlichen Motiven: Die Bibliothek und die *Open-Access*-Bewegung sind dem Ideal des freien und unentgeltlichen Zugangs zu Informationen für alle verpflichtet, Verlage, Datenbankanbieter und Suchmaschinenbetreiber hingegen agieren marktwirtschaftlich, mit der Konsequenz, dass Informationen und Metainformationen aufgrund steigender Nachfrage hohe Teuerungsraten aufweisen.

Sie sind im Zentrum: Sie recherchieren, dokumentieren und produzieren

Und schließlich ist noch die wichtigste Gruppe am wissenschaftlichen Informationsmarkt zu erwähnen: nämlich die »*Kunden*«, die Wissenschaftler/innen, Lehrenden, Studierenden. Sie stehen im Zentrum des wissenschaftlichen Informationsmarktes. Einerseits schaffen sie ein Angebot: Sie *produzieren* die wissenschaftlichen Informationen und versorgen so den Informationsmarkt mit Rohstoff. Andererseits stellen sie eine Nachfrage: Sie *konsumieren* die wissenschaftlichen Informationen und sind interessiert an einem kostengünstigen und effizienten Zugang zu Informationen. Beide Male arbeiten sie mit Metainformationen. Als Konsumenten: Informationen zu *recherchieren* ist nur möglich mit Hilfe der Metainformationen in Referenzquellen.

Aber auch als Produzenten von neuer Information arbeiten Studierende und Wissenschaftler/innen mit Metainformationen. In einer wissenschaftlichen Arbeit müssen zitierte Quellen in einem *Literaturverzeichnis* angeführt werden. Ein Literaturverzeichnis ist eine → *formale* Beschreibung der verwendeten Quellen: Diese Metainformationen sind nicht so differenziert wie jene der Bibliotheken, aber sie erfordern einheitliche → Zitierregeln.

Studierende und Forscher/innen machen formale und inhaltliche Beschreibungen von Publikationen auch zu einem anderen Zweck: wenn sie die Ergebnisse ihrer Recherche im Hinblick auf ihre eigenen Lern- und Forschungsinteressen *dokumentieren.* Sie lesen Quellen und werten sie aus, sie beschreiben formal die Quelle und halten den Inhalt in relevanten Teilen und Aspekten fest, sie legen Metainformationen an. Die persönliche Dokumentation ist mit dem professionellen Dokumentieren z. B. von Bibliothekar/innen vergleichbar. Diese dokumentieren *alle* Bücher und Zeitschriften, die eine Bibliothek besitzt, in einer öffentlich zugänglichen → Referenzquelle (z. B. im Online-Katalog). Studierende und Forscher/innen hingegen schaffen mit ihrer Dokumentation – mit Aufzeichnungen auf Karteikarten oder in einem Literaturverwaltungsprogramm – eine *personalisierte* Referenzquelle der für sie relevanten Primär- und Sekundärquellen, *ihrer Bibliothek.*

Kreislauf der wissenschaftlichen Information

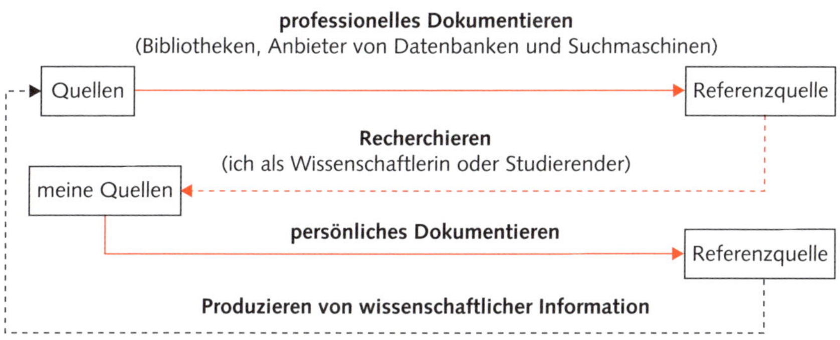

Hier schließt sich der Kreis: Wenn Sie recherchieren, verwenden Sie Referenzquellen. Diese sind das Ergebnis einer **professionellen Dokumentation**, in der *Quellen* durch formale und inhaltliche Beschreibung sowie durch Volltextindizierung – die Strategien der Wissensorganisation – erschlossen werden. Der Zweck der Erschließung ist, dass Quellen wieder gefunden werden können. Wenn Sie nun die in einer *Recherche* gefundenen relevanten Quellen persönlich dokumentieren (auch nach den Strategien der Wissensorganisation), schaffen Sie sich ihre eigene personalisierte Referenzquelle. Auf der Basis Ihrer **persönlichen Dokumentation** schaffen Sie dann selbst eine schriftliche Arbeit, die wieder zu einer *Quelle* werden kann.

3 Strategien der Wissensorganisation

Referenzquellen sollen brauchbare Hilfsmittel für die Recherche sein: Zu diesem Zweck müssen sie Wissen so dokumentieren, dass es in unterschiedlichen Situationen der Informationsnachfrage wieder gefunden werden kann. In der professionellen Dokumentation kommen deshalb standardisierte *Strategien der Wissensorganisation* zum Einsatz. Bereits die oben angeführten Beispiele lassen vermuten, dass die Metainformationen, mit deren Hilfe Wissen in Referenzquellen dokumentiert wird, unterschiedlich *organisiert* sein können. Wer diese Strategien der Wissensorganisation in der professionellen Dokumentation versteht, findet sich leichter mit den Funktionalitäten und den Benutzeroberflächen von Referenzquellen zurecht. Das gilt auch für das Internet – mittlerweile *die* Plattform für Informationen und Metainformationen.

Spätestens in den 1990er Jahren wurde für das Internet die Übersichtlichkeit zum Problem: *Wo* und *wie* kann man *welche* Informationen finden? Wie können Dokumente im Internet erschlossen und zugänglich gemacht werden? In der kurzen Zeit bis heute wurden zwar vielfältige und innovative Möglichkeiten erprobt, dennoch beruhen sie im Wesentlichen nur auf drei Strategien der Wissensorganisation, einerseits zwei alt bewährten: der → *formalen* und der → *inhaltlichen Beschreibung* von Dokumenten. Diese Strategien haben bereits eine lange Tradition in der Wissenschafts- und Bibliotheksgeschichte, sie wurden über zwei Jahrtausende hinweg erfolgreich für die Erschließung der »alten« Medien – der Codices, Handschriften und Bücher – verwendet, sie wurden nun auch auf elektronische Medien und das Internet angewandt, natürlich mit den neuen technischen Voraussetzungen in einer erheblich optimierten Form. Eine dritte Strategie ist allerdings erst mit diesen neuen Technologien möglich geworden: die *Indizierung* der Volltexte von Dokumenten.

Volltextindizierung

Wenn sie mit *Google* suchen, ist Ihnen vielleicht der Mechanismus dahinter nicht bewusst. Suchmaschinen sind schon zur alltäglichen Selbstverständlichkeit geworden. Sie antworten wirklich auf unsere Fragen, wir können *anytime anywhere* Informationen suchen und auf sie zugreifen. Vor allem die Interaktivität der Suchmaschinen – dass der Benutzer entsprechend seinem Informationsbedürfnis eine *individuelle* Suchanfrage im System absetzen kann und dass das System sofort Antworten liefert – ist wirklich außergewöhnlich, diese Technologie bietet spektakuläre Möglichkeiten.

Suchmaschinen beruhen auf der Strategie der → *Volltextindizierung*: Das Wortmaterial unzähliger Web-Seiten und Dokumente weltweit wird ausgelesen, indiziert und in Indexdateien gespeichert und steht als Referenzquelle, als riesiger Pool von Metainformationen, für die Abfrage bereit. Die Tatsache, dass Suchmaschinen die Möglichkeiten der Informationsrecherche revolutioniert haben, ist nicht zu bestreiten, da so eine gigantische Menge an Informationen verfügbar wird. Ob jedoch mit dieser Quantität an Informationen gleichzeitig auch ihre Qualität gesichert ist, bleibt fraglich. Denn wie mächtig auch immer eine Volltextsuche mit Suchmaschinen ist, vom Standpunkt der Wissensorganisation aus betrachtet, kommt sie nicht annähernd an die Möglichkeiten einer *qualifizierten* Suche heran, welche z. B. Bibliothekskataloge oder Referenzdatenbanken bieten. Diese Referenzquellen beruhen, was die Strategien der Wissensorganisation betrifft, primär auf einer sehr aufwändigen formalen und inhaltlichen Beschreibung der Dokumente. Die Treffer, die eine Suchmaschine bringt, sind hingegen nicht das Ergebnis einer *intellektuellen* Leistung.

Sie ergeben sich vielmehr auf Grund eines *maschinellen* Kriteriums: Die eingegebenen Suchbegriffe werden mit allen Wörtern eines Dokumentes verglichen, und jedes Dokument ist genau dann ein Treffer, wenn dieses *Matching* positiv ist, abgesehen vom problematischen *Relevance Ranking*. Es heißt deswegen auch richtigerweise *Suchmaschine* – umgekehrt sollte man einen Online-Katalog oder eine Referenzdatenbank keinesfalls als Suchmaschinen bezeichnen! Natürlich muss auch bei den Treffern in einem Online-Katalog oder in einer Referenzdatenbank eine nachträgliche Selektion erfolgen, doch der Aufwand dabei ist viel geringer als bei den langen Trefferlisten einer Suchmaschine. Die fehlende intellektuelle Leistung in der Wissensorganisation *vorher* muss offensichtlich bei Suchmaschinen durch eine erhöhte intellektuelle Leistung in der anschließenden Selektion der Treffer kompensiert werden: Das sollte man nicht übersehen.

Wirklich effektive, weil auf intellektueller Leistung beruhende Formen von Metainformation im Internet hingegen rekurrieren wie gesagt auf die bewährten, herkömmlichen Strategien der Wissensorganisation: die *formale* und *inhaltliche* Beschreibung von Dokumenten. So war es Mitte der 1990er Jahre auch unter den Internet-Veteranen gang und gäbe, quasi aus der Begeisterung heraus, so viel im Netz gefunden zu haben, persönliche Linklisten zu erstellen, aufbauend auf einer differenzierten Klassifikation, durchaus mit dem Anspruch, damit eine für einen ganzen Forschungsbereich repräsentative Sammlung von Informationen anbieten zu können und diese Metainformationen auch im Netz öffentlich zugänglich zu machen. Recht schnell erkannte man, dass dies ein Sisyphos-Unterfangen ist und unmöglich im Alleingang zu bewältigen, besonders wegen der Schnelllebigkeit des Internet, dem mitunter kurzen *lifecycle* von Dokumenten und der hohen Zuwachsrate immer neuer Dokumente.

Auch sehr früh in der Geschichte des *World Wide Web* wurde als Alternative zu den Suchmaschinen versucht, dem Chaos dadurch entgegenzuwirken, dass relevante Web-Seiten inhaltlich *klassifiziert* werden, um sie über eine hierarchisch organisierte Liste von Kategorien zugänglich zu machen – ein *Klassiker* der so genannten → *Directories* ist http://www.yahoo.com. Dass ein solcher Zugang Vorteile hat, beweist die Tatsache, dass *Google Inc.*, obwohl sein bestes und schnellstes Pferd die Suchmaschine ist, auch in die Entwicklung eines solchen Systems investiert. Das gleiche Prinzip wird auch mit Erfolg bei Fachportalen und Virtuellen Bibliotheken für wissenschaftliche Dokumente implementiert. Die Schwächen solcher Systeme sind die gleichen wie bei den herkömmlichen Medien: der hohe Aufwand, die Metainformationen aktuell zu halten, und die Einseitigkeit von Klassifikationssystemen.

Von einem weiteren, innovativen Versuch, das Internet mit Hilfe von Metainformationen zu erschließen, wird noch die Rede sein: Mit dem Konzept der *Metadaten* wird versucht, die Vorteile der formalen und inhaltlichen Erschließung einerseits mit jenen der Suchmaschinentechnologie andererseits zu verbinden und gleichzeitig die Nachteile beider zu kompensieren. Doch vorerst zu den alt bewährten Strategien der formalen und inhaltlichen Beschreibung.

Formale Beschreibung

In der Geschichte der Wissenschaft haben die formale und die inhaltliche Beschreibung von wissenschaftlichen Werken als Strategien der Wissensorganisation eine lange Tradition. Ursprünglich waren Wissenschaftler in Personalunion auch Bibliothekare, sie versuchten, eine Ordnung des Wissens und der Wissenschaft zu finden, die Quellen des Wissens zu erschließen und zu dokumentieren.

Berühmte Bibliothekare

Gottfried Wilhelm Leibniz (1646–1716) war 40 Jahre lang Bibliothekar, zuerst in Hannover, dann an der Herzog-August-Bibliothek in Wolfenbüttel. Er hat die Dezimalklassifikation entwickelt, eine universelle Klassifikation zur Einteilung und Beschreibung von Wissen, die auch heute noch verwendet wird. Bibliothekare waren übrigens unter anderem auch: der antike Dichter Kallimachos von Kyrene in der Bibliothek von Alexandria, Gotthold Ephraim Lessing, Immanuel Kant, Johann Wolfgang von Goethe, Friedrich Engels, J. Edgar Hoover, Jorge Luis Borges, und auch: Giacomo Casanova.

Die → formale Beschreibung betrifft formale Merkmale von Publikationen, insbesondere Autor, Herausgeber, Titel, Erscheinungsjahr, Reihe usw. Sie erfordert Kenntnisse der einschlägigen Normen und Standards, die in so genannten Regelwerken zusammengefasst sind. Obwohl sie für Laien mitunter kompliziert und unverständlich scheinen, sind sie keineswegs Selbstzweck, sondern wichtige Voraussetzungen für eine effiziente Recherche. Dabei ist es zweifellos eine Schwäche der derzeit verwendeten Standards, dass sie für die herkömmlichen Medien, bspw. für Zettelkataloge, entwickelt wurden und erst langsam den Möglichkeiten der elektronischen Medien angepasst werden.

Tatsächlich wurde die formale Beschreibung bis vor kurzem (bis Ende der 1980er Jahre) auf einer Karteikarte, dem **Katalogzettel**, erfasst, der dann in alphabetischer Reihenfolge in den Katalog eingeordnet wurde. Naturgemäß waren die Sucheinstiege bei einem herkömmlichen Zettelkatalog beschränkt: Es musste deshalb genau und für jeden nachvollziehbar festgelegt werden, unter welcher Haupteintragung ein Buch im Katalog zu finden ist und unter welchen Voraussetzungen auch eine Nebeneintragung vorgesehen war. Z. B. konnte ein Buch, welches von zwei Autoren verfasst wurde, sowohl unter dem Namen des ersten als auch des zweiten Autors gefunden werden, es waren also zwei Katalogzettel erforderlich. Für einen Sammelband hingegen musste ein Katalogzettel mit dem Sachtitel und ein zweiter mit dem Herausgeber geschrieben werden: Für einen zweiten Herausgeber war im Katalog kein eigener Eintrag vorgesehen.

Im deutschsprachigen Raum waren bis in die 1980er Jahre die 1899 entwickelten so genannten *Preußischen Instruktionen (PI)* in Verwendung. Diese regelten vor allem die Einsortierung des Zettels in den Katalog: Verfasserschriften waren unter dem Nachnamen des Verfassers eingeordnet, Herausgeberwerke hingegen unter dem ersten unabhängigen Hauptwort, dem so genannten Substantivum regens – so war für die »Abhandlungen zur theoretischen Physik« bspw. die Wortfolge »Abhandlungen Physik theoretische« das Sortierkriterium.

In den 1970er Jahren wurden die *Regeln für die Alphabetische Katalogisierung* (RAK) eingeführt. Obwohl auch diese unter den technologischen Voraussetzungen des Zettelkataloges konzipiert wurden, werden sie noch heute in den meisten Bibliothekskatalogen des deutschsprachigen Raumes verwendet. Entscheidend für das Ordnungswort ist die mechanische Wortfolge, wobei Artikel und Präpositionen als Stoppwörter vernachlässigt und zwischen die Nichtsortierzeichen ¬ gesetzt werden – ein Herausgeberwerk mit dem Titel »Die Bibliothek und ihre Kataloge« steht so z. B. unter dem Ordnungswort »¬Die¬ Bibliothek und ihre Kataloge« eingeordnet im Buchstaben B.

Zur bibliografischen Beschreibung in den RAK gehören unter anderem folgende **Kategorien**: Verfasserangabe, Hauptsachtitel, Zusätze zum Sachtitel (Untertitel), Ausgabebezeichnung, Ausgabe, Erscheinungsvermerk, Erscheinungsort, Verleger, Erscheinungsjahr, Umfangsangabe, Illustrationsangabe, Formatangabe, Angabe von Begleitmaterial, Gesamttitelangabe (Titel des Gesamtwerks), Fußnoten, ISBN / ISSN, ggf. Stücktitel. Ein Beispiel finden Sie auf der Rückseite des Haupttitelblattes der meisten Bücher.

In den angelsächsischen Ländern sind die *Anglo-American Cataloguing Rules* (AACR) in Verwendung. Die Unterschiede zwischen RAK und AACR betreffen unter anderem die Sammelwerke. In den RAK sind mehrschichtige Hierarchien vorgesehen: Für einen Band in einem mehrbändigen Werk werden z.B. zwei Datensätze (Katalogzettel) aufgenommen, einer für das mehrbändige Werk, einer für den Band, wobei die Datensätze hierarchisch verlinkt werden. Ähnlich wird für ein Buch, das in einer gezählten Reihe erscheint, der Stücktitel selbst und die Reihe verzeichnet, beide auch verlinkt. Bei so genannten Abteilungswerken kann dies zu ziemlich verschachtelten Hierarchien führen, welche die Benutzbarkeit des Kataloges erschweren. Die AACR sind in diesem Fall ökonomischer, *eine* Publikation wird mit *einem* Datensatz beschrieben.

Seit der Einführung der Online-Kataloge hat sich die Situation stark verändert. Zwar haben die alten Regelwerke noch immer Sinn, insbesondere was die formalen Merkmale und ihre Normierung betrifft, die nunmehr als Datenfelder eines Datensatzes gespeichert werden. Doch durch die Möglichkeit, in mehreren Datenfeldern zu suchen, also viele Sucheinstiege wählen zu können, ist die Notwendigkeit, für einen Datensatz Haupteintragungen und Nebeneintragungen für gezielte Sucheinstiege im Katalog zu definieren, weggefallen – die entsprechenden Normen werden aber aus puristischen Gründen noch weiter verwendet.

Früher musste jede Bibliothek alle ihre Bestände selbst formal erfassen (katalogisieren). Heute ist es gängige Praxis, dass Datensätze aus fremden Katalogen kopiert werden. Zu diesem Zweck sind so genannte Austauschformate definiert worden, für die RAK ist dies das MAB-Format, für die AACR das MARC-Format. Das Prinzip der kooperativen Katalogisierung hat seit den 1980er Jahren auch zur Entwicklung von *Verbundsystemen* geführt: Dabei werden die bibliografischen Datensätze in einer zentralen Datenbank gespeichert, die einzelnen Bibliotheken nutzen diese Datensätze und ergänzen sie mit den bibliotheksspezifischen Daten ihrer Exemplare, insbesondere Standort und Signatur, aber auch Verwaltungsdaten für die Entlehnung und die Bestellung.

Überblick

Was bringt die formale Beschreibung?

- Durch die formale Beschreibung werden formale Kriterien einer Publikation, z. B. Titel, Autor, Erscheinungsort, Verlag, Erscheinungsjahr, nach festgelegten Standards als → Referenz dokumentiert und in einer → Referenzquelle für die Recherche zugänglich gemacht. Dadurch ist es möglich, eine Publikation aufgrund von Angaben, z. B. aus einem Literaturverzeichnis, zu finden (→ bibliografische Suche).
- Die formale Beschreibung liefert meistens auch Informationen über die Zugänglichkeit (*accessability*) einer Quelle. So gibt uns ein Bibliothekskatalog mit dem Standort, der Signatur und den Entlehnbedingungen einer Publikation Hinweise, wo und wie die Quelle in der Bibliothek benutzt und ggf. außer Haus entlehnt werden kann. Ähnlich wird die Verfügbarkeit von Internet-Quellen mit der Angabe eines URL (*Uniform Resource Locator*) und ggf. der Zugangsbedingungen (Kennung, Passwort) beschrieben.
- In der Recherche kann anhand formaler Merkmale eine Klasse von Publikationen gebildet und als Liste ausgegeben werden, bspw. die Publikationen eines Autors oder die verschiedenen Ausgaben (Auflagen) einer Publikation, die Publikationen eines Verlages usw.
- Elektronische Referenzquellen machen es möglich, ein Bündel von formalen Suchkategorien für die Selektion von Publikationen zu verwenden, bspw. können einfach und schnell die deutschsprachigen Publikationen eines Autors mit einem bestimmten Erscheinungsjahr recherchiert werden.
- Elektronische Referenzquellen erlauben auch die assoziative Suche, d. h. es kann vom Merkmal eines Datensatzes – etwa von einem Autor – zu Datensätzen, die dasselbe Merkmal, z. B. denselben Autor aufweisen, über clickable links navigiert werden.

Inhaltliche Beschreibung

Die → inhaltliche Beschreibung ist das Ergebnis einer Inhaltsanalyse von Dokumenten. Sie beruht demnach auf einer *intellektuellen* Leistung, was für Verfahren, bei denen Stichwörter aus Dokumenten *automatisch* extrahiert werden, nicht gilt. Ähnlich wie bei der maschinellen Volltextindizierung durch Suchmaschinen muss das nicht bedeuten, dass diese Stichwörter auch *relevant* sind. An dieser prinzipiellen Schwäche der automatischen Indexierung ändert auch eine auf Quantifizierung begründete Relevanz nichts, denn es kann, aber muss nicht sein, dass die

Häufigkeit eines Stichwortes in einem Dokument ein brauchbarer Indikator für die Relevanz eines Stichwortes im Hinblick auf den Inhalt des Dokumentes ist.

Die inhaltliche Beschreibung kann auf zweifache Weise erfolgen: als **verbale Sacherschließung** und durch **Klassifikation.** In der verbalen Sacherschließung können → **Stichwörter** verwendet werden, die entweder frei gewählt oder aus dem Titel bzw. aus dem Text des Dokumentes entnommen werden. Auch kann der Inhalt eines Dokumentes in einem → **Abstract** zusammengefasst oder in einer Rezension zusätzlich kritisch bewertet werden. Dies sind Formen der Sacherschließung, die mit einem freien Vokabular arbeiten.

Überblick

Was bringt die inhaltliche Beschreibung?

- Der Inhalt des Dokuments wird sachlich und wertneutral durch Schlagwörter beschrieben. Titel, die von Autor/innen gewählt werden, können hingegen auch irreführend sein.
- Mit ein und demselben Schlagwort wird immer dasselbe Thema bezeichnet.
- Für die Recherche können auch → synonyme und → verwandte Begriffe, → Unterbegriffe und → Oberbegriffe verwendet werden, einige Kataloge bieten zusätzlich die Möglichkeit der → hierarchischen Recherche durch *Browsing* innerhalb des Begriffsnetzwerkes.
- Schlagwörter sind hilfreich, um die Recherche im Hinblick auf Primär-, Sekundär- oder Tertiärquellen zu differenzieren. So kann man im Unterschied zur formalen Beschreibung mit Schlagwörtern gezielt Publikationen recherchieren, die eine bestimmte Primärquelle behandeln: Wenn Sie z. B. die Schlagwörter *Tacitus, Cornelius; Annales* als Suchbegriffe verwenden, finden Sie Sekundärquellen über dieses Werk. Nota bene: Zur Primärquelle selbst kommen Sie, wenn Sie in das Titelfeld *Tacitus Annalen* oder *Annales* eingeben.
- Auch Formschlagwörter können hilfreich sein: Eine Publikation, welche z. B. die Rezeption des Werkes von Robert Musil in Österreich nach 1945 untersucht, sollte mit der Schlagwortkette *Musil, Robert; Rezeption; Österreich; Geschichte 1945* inhaltlich erschlossen sein. Sie finden demnach eine Tertiärquelle, die Ihnen einen geschichtlichen Überblick über die Sekundärliteratur zum Werk Robert Musils gibt.
- Schlagwörter eigenen sich für die Recherche von empirischen Primärquellen: Wenn sie etwa Datenreihen zur Einkommenssteuer in Österreich benötigen, werden Sie mit der Kette *Österreich; Einkommensteuer; Statistik* fündig.

Im Allgemeinen greift man in der verbalen Sacherschließung jedoch auf ein *kontrolliertes* bzw. *normiertes* Vokabular zurück. Diese Form wird auch als Indexierung oder Beschlagwortung bezeichnet. Dabei werden → **Schlagwörter**, so genannte Deskriptoren, aus Schlagwortlisten, Schlagwortnormdateien oder aus → Thesauren gewählt und ggf. zu einer Schlagwortkette verbunden. In den meisten deutschsprachigen wissenschaftlichen Bibliotheken werden seit Anfang der 1980er Jahre die *Regeln für den Schlagwortkatalog* (RSWK) verwendet. Als kontrolliertes Vokabular dient die Schlagwortnormdatei (SWD). In den Schlagwortketten werden die Schlagwörter nach den folgenden Kategorien geordnet: Person, Sache, Ort, Zeit, Form.

Bei der zweiten wichtigen Form der Inhaltserschließung, der → **Klassifikation**, wird jede Publikation einer Klasse und damit einem ganzen Klassifikationssystem zugeordnet, mit dem die Wissenschaften geordnet und eingeteilt werden. Publikationen über das gleiche Thema sind dann über dieselbe Notation zu finden. Diese Strategie der Wissensorganisation bietet viele Möglichkeiten bei der Recherche, besonders wenn man *top-down*, vom Allgemeinen zum Besonderen, von Klassen zu Unterklassen vorgeht – die → *Recherchemethode* der *hierarchischen Suche*. Bis in die 1990er Jahre war die Klassifikation im so genannten Systematischen Katalog implementiert, ein mächtiges und anspruchsvolles Suchinstrumentarium, das die Bestände einer Bibliothek systematisch nachweist; heute hingegen wird die Klassifikation auch als thematische Suchkategorie in Online-Katalogen und Referenzdatenbanken verwendet. Die Klassifikation dient zweitens auch als **Aufstellungssystematik** für den Freihandbereich in Bibliotheken.

Tipp

Machen Sie sich mit der Aufstellungssystematik Ihrer Bibliothek vertraut. Suchen Sie in der Systematik die Notation eines interessanten Themenbereiches, gehen Sie ins Regal und prüfen Sie die Bestände. Vielleicht finden Sie im Sinne des → Mitnahmeeffektes ein Buch – und nehmen es mit …

Eine international verbreitete Systematik ist die **Dezimalklassifikation**, die wie bereits erwähnt ursprünglich von Gottfried Wilhelm Leibniz konzipiert und später von Melvil Dewey weiterentwickelt wurde. Die Dewey Decimal Classification (DDC) ist in den USA und vielen anderen Ländern in Verwendung, im deutschsprachigen hat sich die Universelle Dezimalklassifikation (UDK) etabliert. Das Prinzip in diesen Systematiken beruht darauf, dass das Wissen in 10 Klassen geteilt wird (0 bis 9), jede dieser Klassen kann wieder 10 Unterklassen aufweisen usw.

Beispiel Mit der Notation 531 wird die Klasse »Allgemeine Mechanik« bezeichnet, die der Klasse 53 »Physik« zugeordnet ist, 53 gehört wiederum zur Klasse 5 »Mathematik, Nachbarwissenschaften«.

Die Länge der Notation bezeichnet den Spezifikationsgrad einer Klasse. Im deutschsprachigen Raum wird die DDC von der Deutschen Nationalbibliothek verwendet, seit 2006 werden alle Neuerscheinungen nach der DDC erschlossen. In Europa kommt sie selten zum Einsatz, da sie ursprünglich für die Publikationen in den USA entwickelt wurde.

Tipp

Unter http://melvil.d-nb.de/melvilsearch können Sie die Bestände einiger Bibliotheken Deutschlands mit Hilfe der DDC recherchieren. Man kann in der Systematik navigieren und sich die Treffer einer Notation anzeigen lassen.

In den wissenschaftlichen Bibliotheken des deutschsprachigen Raums hat sich die etwas komplexere **Regensburger Verbundklassifikation** (RVK) durchgesetzt, hauptsächlich als Aufstellungssystematik des Freihandbestandes in Bibliotheken. Die Welt des Wissens wird hier in 34 Hauptgruppen geteilt, die jeweils durch ein oder zwei Buchstaben bezeichnet werden.

Beispiel N bspw. bezeichnet die Gruppe Geschichte, NH bezeichnet die Griechisch-römische Geschichte, anschließend wird mit 3-5stelligen Zahlen spezifiziert, 7000 bis 8600 umfasst die Römische Geschichte, 7150 bis 7260 die Römische Republik (510–31), 7250 die Ära von Pompeius bis zu Caesar und Oktavian (78–31).
Der Notation NH 7250 kann das Buch »Baltrusch, Ernst (2008): Caesar und Pompeius, 2. Aufl., Darmstadt: Wiss. Buchgesellschaft« zugeordnet werden – und unter derselben Notation finden sich weitere Bücher zum selben Themenbereich.

Wird die RVK als Aufstellungssystematik verwendet, so wird die Signatur eines Buches noch näher spezifiziert durch den Nachnamen des Autors, der nach einer Tabelle verschlüsselt wird.

Beispiel Baltrusch wird als B197 notiert, dazu kommen noch die Auflage und Bandzählung. Signaturen können in dieser Notation lang und unübersichtlich werden, wie man an der Signatur NH 7250 B197(2) für das Buch von Baltrusch in der 2. Auflage sehen kann.

Tipp

Auf der Seite http://www.bibliothek.uni-regensburg.de/rvko_neu/ können Sie in der RVK von Hauptgruppen zu Untergruppen und den jeweiligen Systemstellen navigieren und anschließend eine Suche im Bayerischen Verbundkatalog, im Südwestdeutschen Katalog und im Österreichischen Verbundkatalog durchführen.
Unter http://titan.bsz-bw.de/bibscout/ können Sie die Bestände des Südwestdeutschen Bibliotheksverbundes (SWB) nach der RVK recherchieren.

Ist das Internet wirklich revolutionär in der Organisation von Wissen?

Die Volltextindizierung ist wie gesagt eine neue Technologie der elektronischen Medien, Informationen maschinell so zu erschließen, dass sie punktgenau gefunden werden können. Aber bietet das Internet noch andere neuartige Möglichkeiten, Wissen zu organisieren und für eine effiziente Recherche zugänglich zu machen?

Jene medientechnische Funktionalität, die dem Medium Internet zum wirklichen Durchbruch verholfen hat, die Möglichkeit, via **Hyperlinks** zu navigieren, ist vom Standpunkt der Wissensorganisation keine Innovation. *Links*, also Verweisungen im Sinne des »Siehe auch«, gab es schon immer. Die Schnelligkeit, mit welcher im Internet über *Hyperlinks* navigiert werden kann, ist ohne Zweifel komfortabel und animiert zum *Browsing* und *Surfing*, was für die → Einstiegssuche hilfreich sein kann, weniger für die → gezielte thematische Suche.

Tipp

Im Internet surfen bedeutet, die Hyperlinks in einem Internet-Dokument verfolgen, aufs Geratewohl und auf die Vermutung hin, irgendetwas Brauchbares zu finden. Im Internet recherchieren hingegen ist zielgerichtet.

Beim Surfen finden wir durch Zufall: Zufällig sind die jeweils brauchbaren Informationen über *Hyperlinks* »verdrahtet« *und* zufällig folgt der Surfer auch den Links. Natürlich ist nicht ausgeschlossen, dass auf diese Weise im Sinne des Mitnahmeeffektes (→ *serendipity-effect*) auch wertvolle Informationen gefunden werden, entscheidend bleibt jedoch das Prinzip des Zufalls – und nicht der strategischen Suche. Die Navigation mit *Hyperlinks* ist zweifellos ein Mehrwert für die

Usability von elektronischen Referenzquellen: Die Möglichkeit, in einem → Directory, in einem → Online-Katalog oder in einer → Referenzdatenbank von einem Eintrag zu weiteren zu verzweigen, ist in dieser Form ein Novum der elektronischen Medien. Aber es gibt dafür auch das Risiko, sich im Geflecht der Hyperlinks zu verlieren und zu vergessen, was man eigentlich suchen wollte: das Syndrom des *lost in hyperspace*.

Tipp

Web of Science

Wirklich innovativ wurde das Prinzip der Verweisungen vom Informationsspezialisten *Eugene Garfield* fruchtbar gemacht, und zwar lange vor dem Internet noch im Zeitalter der gedruckten Bibliografien, obwohl sich sein Konzept erst unter den Voraussetzungen der Navigation mit Hyperlinks wirklich durchgesetzt hat. *Eugene Garfield* hatte die bahnbrechende Idee, Zeitschriftenartikel nicht nur wie sonst üblich formal und inhaltlich zu erschließen, sondern auch im Hinblick auf ihre Vernetzung im wissenschaftlichen Diskurs, indem sowohl die in einem Artikel zitierten Artikel (die *cited articles*) als auch die diesen Artikel zitierenden Artikel (die *citing articles*) angeführt werden. Das Ergebnis ist ein Netzwerk von Artikeln: Die → Referenzdatenbanken, die nach diesem Prinzip aufgebaut werden, werden vom *ISI Institute of Information* als *Web of Science* angeboten, und zwar für alle Wissenschaftsdisziplinen, allerdings beinhalten sie nur englischsprachige Zeitschriftenartikel. Die zugrunde liegende Strategie der Wissensorganisation unterstützt die → assoziative Recherchestrategie, die so genannte Schneeballsuche.

Ein weiteres Schlagwort ist **Web 2.0**. Wir haben bereits den Trend der Demokratisierung in der Produktion von Information im Zusammenhang mit der *Wiki*-Bewegung erwähnt. Einen ähnlichen Trend gibt es auch im Hinblick auf die Produktion von Metainformationen, und zwar die freie, für alle und jeden offene, demokratische Form der verbalen Sacherschließung: das *social* oder *collaborative tagging* – ein Angebot, das von der Internet-Gemeinschaft mit Enthusiasmus aufgegriffen wurde. Jeder Internet-Benutzer kann für ein Dokument freie Schlagwörter vergeben, jeder kann Dateien, Bilder, Videos *taggen*. Einen Vorteil könnte man einerseits darin sehen, dass ein Dokument aus verschiedenen Perspektiven und Interessen erschlossen wird. Fraglich bleibt aber, ob durch die pluralistische Anreicherung eines Dokumentes mit einer Unmenge von subjektiven und teilweise willkürlichen Metainformationen auch ein effektives Instrumentarium für die Recherche geschaffen wird.

Auch ein neues und für die Recherche von Information an sich viel versprechendes Konzept sind die → **Metadaten**, die Metainformationen des Internet. Das Prinzip der Erschließung von Informationen mit Hilfe von Metadaten beruht auf der Kombination der drei Strategien der Wissensorganisation, der formalen und inhaltlichen Beschreibung und der Volltextindizierung. Die Synergieeffekte sind offensichtlich: Mit Metadaten werden die formalen und inhaltlichen Merkmale eines Internet-Dokumentes beschrieben (bspw. Autor, Titel, Zusammenfassung, Schlagworte, Redaktionsdatum usw.) und durch spezielle Metadaten-Suchmaschinen maschinell indiziert und suchbar gemacht.

Tipp

Wenn Sie in einem Internet-Browser (Mozilla, Internet Explorer) die Funktion Quelltext aktivieren, sehen Sie den in der Programmiersprache HTML (Hypertext markup language) geschriebenen Sourcecode des Dokumentes: Neben den vielen HTML-Tags (das sind Steuerzeichen für die Bildschirmanzeige usw.) erkennen Sie im so genannten Header auch die Metadaten in Form von Meta-Tags. Ein Beispiel:

```
<HEAD>
<TITLE>Recherchieren und Dokumentieren</TITLE>
<META http-equiv=«author« content =«Klaus Niedermair«>
<META http-equiv=«keywords« content=«Wissenschaftliches Arbeiten; Informationsrecherche; Wissensmanagement; Literaturverwaltung; Recherchieren; Dokumentieren »>
</HEAD>
```

Metadaten sind im Dokument selbst enthalten, allerdings versteckt, da sie im Internet-Browser nicht angezeigt werden. Sie werden von speziellen Suchmaschinen mit Hilfe so genannter *Harvester* oder *Crawler* ausgelesen, in Indexdateien abgelegt und können so für eine differenzierte Suche verwendet werden. Wenn wir mit einer Metadaten-Suchmaschine recherchieren, finden wir nur jene Dokumente, deren Metadaten unseren Suchbegriff enthalten – und diese Metadaten sind bewusst spezifiziert worden. Verwenden wir für unsere Suche aber eine übliche Suchmaschine wie etwa *Google*, so erhalten wir in der Trefferliste alle Dokumente, die irgendwo im Text – nicht ausschließlich in den Metadaten – den Suchbegriff enthalten. Zudem können wir mit der Metadaten-Suchmaschine gezielt einzelne Metadatenfelder ansprechen, wir können z.B. nach Dokumenten suchen, die der Autor *Bauer* verfasst hat. Wenn wir in *Google* den Suchbegriff *Bauer* verwenden, werden wir auch Dokumente angezeigt bekommen, die etwa über den Beruf oder die Arbeits- und Lebensbedingungen von Bauern handeln.

Für die formale und inhaltliche Beschreibung eines Internet-Dokumentes ist ein Metadaten-Standard entwickelt worden, der so genannte **Dublin Core**, in dem Datenfelder und deren Syntax normiert werden – übrigens in Anlehnung an Standards der formalen und inhaltlichen Beschreibung, wie sie in Bibliotheken üblich sind: Metadaten leisten im Prinzip dasselbe wie bibliografische Datensätze, der Begriff *Metadaten* wird deshalb auch zunehmend für die Bezeichnung von Metainformationen verwendet. Im Internet werden Metadaten übrigens auch verwendet, um rechtliche Merkmale (Copyright, Zugriffsbeschränkungen) von Dokumenten oder auch didaktische Merkmale von Lernmaterialien festzuhalten.

Es ist ein *schöner Traum*, dass die Milliarden von Internet-Dokumenten mit Metadaten formal und inhaltlich beschrieben werden und auf diese Weise für eine qualifizierte Suche zugänglich wären. Die Realität sieht anders aus. Grundsätzlich könnte jeder die Dokumente, die er ins Netz stellt, mit Metadaten versehen. Aber diese Möglichkeit wird relativ selten genutzt. Ein zweites Problem ist die Uneinheitlichkeit der Syntax z. B. bei der Ansetzung von Personennamen und das unkontrollierte Vokabular der *keywords* – würde das jeder mit derselben Verantwortung

Überblick

Was sind Referenzquellen?

- Referenzquellen sind Tertiärquellen. Sie informieren darüber, *welche* Quellen es gibt und – in den meisten Fällen auch – wo und *wie* sie zu finden sind. Referenzquellen beinhalten Referenzen (Literaturhinweise), also Informationen *über* Informationen, Metainformationen.
- Auf dem wissenschaftlichen Informationsmarkt gibt es unterschiedliche Institutionen, die Informationen und Metainformationen anbieten: die Bibliotheken, Verlage, Datenbankanbieter, die *Open-Access*-Bewegung, Suchmaschinenbetreiber.
- Diese Institutionen produzieren Referenzquellen durch *professionelle Dokumentation* von Quellen.
- Auch Studierende und Wissenschaftler/innen dokumentieren und schaffen ihre personalisierten Referenzquellen.
- Referenzquellen implementieren *Strategien der Wissensorganisation*, dazu zählen die formale und die inhaltliche Beschreibung sowie die Volltextindizierung von Quellen.

machen, mit der die Bibliothekar/innen bei der formalen und inhaltlichen Beschreibung vorgehen, wäre es um die Metadaten zweifellos besser bestellt. Zudem wurden Metadaten bedauerlicherweise auch missbräuchlich verwendet: Nachdem einige Suchmaschinen ursprünglich Metadaten für das Ranking von Dokumenten ausgewertet haben, wurde immer wieder versucht, dieses Ranking auszutricksen, indem bewusst falsche Begriffe als Metadaten eingegeben wurden. Die Antwort der großen Suchmaschinen blieb nicht aus: Keine von ihnen indiziert mehr die *keywords* aus den Metadaten. Metadaten-Suchmaschinen haben jedoch im Bereich der wissenschaftlichen Information überlebt – wir kommen darauf zurück.

4 Typen von Referenzquellen

Referenzquellen sind Medien und wie andere Medien können auch sie *gedruckt* oder *elektronisch* verfügbar sein – in der langen Geschichte der Referenzquellen gab es natürlich auch handschriftliche Formate, die Pinakes der antiken Bibliothek von Alexandria, die mittelalterlichen Indices, Bandkataloge, und es ist nicht so lange her, dass Katalogzettel noch mit Hand geschrieben wurden. Während Bücher vorwiegend im Druck erscheinen, werden Referenzquellen nur noch selten gedruckt, sie sind den elektronischen im Hinblick auf → Recherchetechniken und → -methoden weit unterlegen. Die Kataloge sind bereits in den Untergeschossen der Bibliotheken verschwunden und für die Recherche im »Altbestand« in digitalisierter Form als Imagekataloge zugänglich. Auch Bibliografien werden nur in Ausnahmen in Buchform publiziert, etwa wenn eine Universität die Publikationen ihrer Mitarbeiter/innen der Öffentlichkeit präsentiert.

In der folgenden Typologie werden Referenzquellen nach den **Strategien der Wissensorganisationen**, welche sie implementieren, und nach ihrem **Medientyp**, dem medientechnischen Format, unterschieden. Dass dabei auch noch die alten Formate berücksichtigt werden, geschieht nicht aus Pietät oder Nostalgie, sondern aus zwei Gründen. Erstens sind noch nicht 20 Jahren vergangen seit der Zeit, als die Recherche in Katalogschränken und Bibliografien noch zum Handwerk des wissenschaftlichen Arbeitens gehörte – dass Sie also in Ihrer Karriere als Studierender oder als Wissenschaftlerin doch einmal einem Katalog begegnen und in einer Bibliografie nachschlagen sollten, ist nicht auszuschließen. Und zweitens waren die alten Formate, was ihre *Funktionalität* betrifft, transparenter und ehrlicher: Es ist leichter zu durchschauen, was man tut, wenn man in einem Zettelkatalog sucht, nicht zu durchschauen ist, was passiert, wenn man in *Google* einen Suchbegriff eingibt. Daran ändert auch die narrensichere *usability* der Benutzeroberfläche von *Google* wenig.

Autor, Titel, Verlag

<table>
<tr><th colspan="2" rowspan="2">Typologie der Referenzquellen</th><th colspan="3">Strategie der Wissensorganisation</th></tr>
<tr><th>Formale Beschreibung</th><th>Inhaltliche Beschreibung</th><th>Volltextindizierung</th></tr>
<tr><td rowspan="10">Medientechnisches Format</td><td rowspan="4">gedruckt</td><td>Alphabetischer Katalog</td><td></td><td></td></tr>
<tr><td></td><td>Schlagwortkatalog</td><td></td></tr>
<tr><td></td><td>Systematischer Katalog</td><td></td></tr>
<tr><td colspan="2">Bibliografie</td><td></td></tr>
<tr><td rowspan="6">elektronisch</td><td colspan="2">Online-Katalog</td><td></td></tr>
<tr><td colspan="2">Referenzdatenbank</td><td></td></tr>
<tr><td colspan="3">Volltextdatenbank</td></tr>
<tr><td colspan="2">Directory, Virtuelle Bibliothek, Fachportal</td><td></td></tr>
<tr><td colspan="2"></td><td>Suchmaschine</td></tr>
<tr><td colspan="3">Metadaten-Suchmaschine</td></tr>
</table>

KVK, Primo, Metalib
Base Bielefeld Academic

yahoo
Fachportal-pädagogik.c

Alphabetischer Katalog

Die herkömmliche Form des → Bibliothekskataloges – der heute weitgehend durch den → Online-Katalog abgelöst wurde – ist der Alphabetische Katalog (Zettelkatalog). Der Alphabetische Katalog (AK) beinhaltet Metainformationen über Bücher und Zeitschriften, er beruht auf den Prinzipien der **formalen Beschreibung**, die in einem Regelwerk (bspw. RAK: den Regeln für den Alphabetischen Katalog) festgelegt sind. Diese Referenzquelle eignet sich demnach für die → Recherchemethode der → formalen Suche.

Herkömmliche Zettelkataloge sind in Katalogschränken verwahrt und bestehen aus Katalogzetteln, die nach dem so genannten Ordnungswort alphabetisch geordnet sind, meist nach dem ersten Autor oder bei Herausgeberwerken nach dem Titel, wobei weitere Autoren und Herausgeber unter einem Nebeneintrag (auf einem separaten Katalogzettel) aufscheinen.

Alphabetische Kataloge in der herkömmlichen Form sind inzwischen nicht mehr im Einsatz, teilweise sind die Bestände einer Bibliothek in den Online-Katalog überführt worden, teilweise sind Alphabetische Kataloge auch als Mikrofiche-Ausgabe oder als Imagekatalog von eingescannten Katalogzetteln verfügbar.

Beispiel Katalogzettel in einem Alphabetischen Katalog
Eco, Umberto: Wie man eine wissenschaftliche Abschlußarbeit schreibt : Doktor-, Diplom- und Magisterarbeit in den Geistes- und Sozialwissenschaften / Umberto Eco. – 12., unveränd. Aufl. der dt. Ausg. – Heidelberg : Müller, 2007. – XVII, 270 S. – (UTB; 1512 : Interdisziplinär)
EST: Come si fa una tesi di laurea <dt.>. – Literaturangaben.
ISBN 978-3-8252-1512-5
SW.: Wissenschaftliches Arbeiten / Wissenschaftliches Manuskript

Schlagwortkatalog

Das Ergebnis der inhaltlichen Beschreibung von Publikationen war früher der Schlagwortkatalog. Er enthält in alphabetischer Reihenfolge die normierten Schlagwörter und jeweils die Publikationen, die mit dem betreffenden Schlagwort versehen sind.

Beispiel
Digitalisierter Schlagwortkatalog der Universitätsbibliothek Wien 1972–1989: http://www.univie.ac.at/ubwdb/cgi-bin/katzoom.cgi?katalog=3

Systematischer Katalog

Ähnlich wie der Schlagwortkatalog werden im Systematischen Katalog Bücher und Zeitschriften nach einer Klassifikation zugänglich gemacht.

Beispiel
Digitalisierter Systematischer Katalog der Württembergischen Landesbibliothek bis 1995: http://www.wlb-stuttgart.de/sonstiges/digisyk/

Bibliografie

Eine in Buchform publizierte → Referenzquelle ist die → Bibliografie, die im Unterschied zur Referenzdatenbank – ihrem elektronischen Nachfolger – auch Bücher und Zeitschriften verzeichnen kann. Die Bibliografie weist nach, welche Quellen es zu einem Thema überhaupt gibt; der Katalog weist nach, ob es eine bestimmte Quelle in einer Bibliothek gibt. In der Bibliografie werden Dokumente formal, inhaltlich und klassifizierend beschrieben. Bibliografien waren früher die wichtigsten Referenzquellen für die Literaturrecherche.

Man kann unterscheiden zwischen *Allgemeinbibliografien* und *Fachbibliografien*, je nach thematischer Ausrichtung. Die *Nationalbibliografie* verzeichnet die gesamten Publikationen eines Landes, die als Pflichtexemplare an die Nationalbibliothek abgeliefert werden (z. B. die Deutsche Nationalbibliografie oder die Österreichische Nationalbibliografie). Die *kommentierte* Bibliografie verzeichnet nicht nur Publikationen, sondern kommentiert und bewertet auch deren Inhalt. *Versteckte* Bibliografien sind als Literaturverzeichnis in wissenschaftlichen Publikationen enthalten.

Die Bibliografie enthält bibliografische Einträge, die nach sachlichen Kriterien geordnet bzw. alphabetisch sortiert sind und über Autoren-, Titel- oder Schlagwortregister erschlossen werden.

Frage 9

Wie unterscheiden sich Katalog und Bibliografie?

Beispiele

- Eppelsheimer, Hanns W.; Schmidt, Wilhelm R.; Köttelwelsch, Clemens (1970–): Bibliographie der deutschen Sprach- und Literaturwissenschaft. Frankfurt a. M.: Klostermann, 1970
- Michel Foucault. Bibliographie der deutschsprachigen Veröffentlichungen in chronologischer Folge, geordnet nach den französischen Erstpublikationen, von 1945 bis 1988. Bielefeld: Aisthesis-Verl.
- Lube, Manfred (2005): Karl R. Popper. Bibliographie 1925–2004: Wissenschaftstheorie, Sozialphilosophie, Logik, Wahrscheinlichkeitstheorie, Naturwissenschaften. Frankfurt a. M. u. a.: Peter Lang, 2005. (Schriftenreihe der Karl Popper Foundation Klagenfurt)

Online-Katalog

Der elektronische Nachfolger sowohl des Alphabetischen Kataloges als auch des Schlagwort- und Systematischen Kataloges ist – alles in einem – der Online-Katalog. Er erschließt den Bestand an Büchern und Zeitschriften einer Bibliothek nach formalen, inhaltlichen und systematischen Kriterien und weist den Bestand und die Verfügbarkeit der Exemplare nach. Online-Kataloge ermöglichen im Vergleich zum Alphabetischen Katalog einerseits mehrere → Recherchetechniken, unter anderem die → Trunkierung, die Verwendung von → logischen Operatoren, andererseits auch vielfältigere → Recherchemethoden (→ formale, → inhaltliche, → hierarchische Suche, → Berrypicking). Online-Kataloge sind über Internet weltweit zugänglich, Bücher können online bestellt, vorgemerkt und verlängert werden.

Der Online-Katalog enthält Referenzen, bibliografische Datensätze (*bibliografic references*), in denen formale und inhaltliche Merkmale der Publikationen beschrieben sind:

Beispiel Datensatz in einem Online-Katalog

Autor:	Eco, Umberto
Titel:	Wie man eine wissenschaftliche Abschlußarbeit schreibt
Zusatz:	Doktor-, Diplom- und Magisterarbeit in den Geistes- und Sozialwissenschaften
Verfasserang.:	Umberto Eco.
Auflage:	12., unveränd. Aufl. der dt. Ausg. –
Ort:	Heidelberg : Müller
Jahr:	2007
Seitenvermerk:	XVII, 270 S. –
Reihe:	UTB; 1512 : Interdisziplinär
Einheitssacht.:	Come si fa una tesi di laurea <dt.>
Fußnoten:	Literaturangaben. – ISBN 978-3-8252-1512-5
Schlagworte:	Wissenschaftliches Arbeiten / Wissenschaftliches Manuskript
Bestand:	…

Frage 10

Was sind die Vorteile des Online-Katalogs im Unterschied zum Zettelkatalog?

Neben den vielen Online-Katalogen, die den Bestand einzelner Bibliotheken nachweisen, gibt es → *Verbundkataloge*, welche die Bestände mehrerer Bibliotheken bzw. eines regionalen Bibliotheksverbundes in einer Datenbank nachweisen. Eine noch mächtigere Referenzquelle sind → *Virtuelle Kataloge*, die grundsätzlich ähnlich funktionieren wie die Meta-Suchmaschinen im Internet. Mit einer einzigen Suchanfrage wird dabei in einer Reihe von einzelnen Katalogen und Datenbanken gesucht, die Trefferlisten werden kumuliert ausgegeben.

Beispiele

Online-Katalog der Universitäts- und Landesbibliothek *Tirol*
URL: http://aleph.uibk.ac.at/F/
Inhalt: Bücher und Zeitschriften ab Zugangsjahr 1989, teilweise auch früher.

Öst*erreichischer Verbundkatalog*
URL: http://meteor.bibvb.ac.at
Inhalt: 7,3 Mio. Publikationsnachweise, 13,8 Mio. Exemplare aus über 70 Bibliotheken

Bibliotheksverbund Bayern (BVB) Verbundkatalog (Gateway Bayern):
URL: http://opac.bib-bvb.de/
Inhalt: 17 Mio. Publikationsnachweise von Titeln aus mehr als 150 Bibliotheken
Karlsruher Virtueller Katalog (KVK)
URL: http://www.karlsruher.de
Worldcat
URL: http://www.worldcat.com
Zeitschriftendatenbank (ZDB)
URL: http://zdb-opac.de/
Inhalt: Die ZDB ist die weltweit größte Datenbank von Zeitschriften, Zeitungen, Jahrbücher usw. (keine Artikel!) mit Bestandsnachweisen von ca. 4.300 deutschen Bibliotheken.

Tipp

Online-Kataloge sind auch wertvolle Referenzquellen für Notfälle: Wenn Sie vor der Fertigstellung Ihrer schriftlichen Arbeit entdecken, dass ein Literaturhinweis unvollständig ist (das passiert, wenn nicht dokumentiert wird) und Sie das Buch selbst nicht mehr verfügbar haben, können Sie die fehlenden Angaben durch eine Recherche in Ihrem Online-Katalog oder im Karlsruher Virtuellen Katalog (KVK) ergänzen. Natürlich sollten Sie auch prüfen, ob es sich um die Quelle in derselben Ausgabe handelt!

Steckbrief

Meine Online-Kataloge

Legen Sie sich eine Sammlung der für Sie relevanten Online-Kataloge an, jenen Ihrer Bibliothek und wichtige Verbund- und Metakataloge, und beschreiben Sie diese nach folgenden Kriterien:

- Titel
- URL
- Inhalt, Zeitraum

Referenzdatenbank

Der elektronische Nachfolger der Bibliografie ist die → Referenzdatenbank (*reference database*), welche Zeitschriftenartikel und Artikel in Sammelbänden zu einem Forschungs- oder Themenbereich nach formalen und inhaltlichen Merkmalen erschließt. Referenzdatenbanken beinhalten nicht die → *Volltexte* von Publikationen, sondern ihre → **Referenzen**, also bibliografische Datensätze (*bibliografic references*).

Beispiel Datensatz in der Referenzdatenbank ISI Web of Science (gekürzt)

AU Park, KJ
Soslow, RA
AF Park, Kay J.
Soslow, Robert A.
TI Current Concepts in Cervical Pathology
SO Archives of Pathology & Laboratory Medicine
LA English
DT Proceedings Paper
CT Course on the Surgical Pathology of Neoplastic Diseases
CY MAY 12-16, 2008
CL New York, NY
SP Mem Sloan Kettering Canc Ctr
ID ADENOCARCINOMA IN-SITU; GYNECOLOGIC-ONCOLOGY-GROUP; SQUAMOUS-CELL CARCINOMA; MINICHROMOSOME MAINTENANCE PROTEIN-2; HUMAN-PAPILLOMAVIRUS DETECTION; EARLY INVASIVE ADENOCARCINOMA; IMMATURE METAPLASIA AIM; TOPOISOMERASE-II-ALPHA; CONE BIOPSY MARGINS; HPV DNA DETECTION
AB Context: The correct diagnosis and reporting of cervical in situ and invasive carcinoma are essential for the appropriate clinical management of patients with human papillomavirus-associated disease.– Objectives:To review common mistakes made in the diagnosis of cervical dysplasia and invasive carcinoma, describe variants and benign mimics of high-grade squamous intraepithelial lesion and adenocarcinoma in situ, and discuss available ancillary studies that can be useful in making the distinctions as well as to review important factors related to prognosis that should be included in the pathology report. – Data Sources: Review of current literature. – Conclusions: There are many mimics and variants of cervical squamous and glandular lesions that can be resolved with ancillary studies and careful histologic examination. Prognostically important features, such as tumor size, presence of vascular invasion, and margin status, should always be included in the pathology report.
PD MAY
PY 2009
VL 133
IS 5
SC Medical Laboratory Technology; Medicine, Research & Experimental; Pathology

Beispiele (vgl. Datenbank-Infosystem DBIS)

Web of Science:

URL http://isiknowledge.com/wos – ggf. campusweit verfügbar über Lizenz

Inhalt: fachübergreifend, ca. 9.200 wissenschaftliche Zeitschriften mit ca. 37 Millionen Artikeln.

Nota bene: Über die »Cited Reference Search« lässt sich die Forschungsentwicklung über zitierte und zitierende Artikel verfolgen. Über die Suche verwandter Artikel, die die gleiche Literatur zitieren, können thematisch relevante Aufsätze (»Find Related Records«) ermittelt werden.

Periodicals Index Online (PIO, Periodicals Contents Index, PCI)

URL: http://pio.chadwyck.co.uk/ – ggf. campusweit verfügbar über Lizenz

Inhalt: Geistes- und Sozialwissenschaften, 5.500 Zeitschriften in über 60 Sprachen, 18 Millionen Literaturhinweise, Zeitraum 1665-1995

Nota bene: Links zu Volltexten des »Periodicals Archive Online« oder JSTOR

PubMed (Medline, National Library of Medicine – NLM, Index Medicus)

URL: http://www.ncbi.nlm.nih.gov/pubmed/ – frei verfügbar, Volltexte kostenpflichtig

Inhalt: Medizin, Zahnmedizin, Tiermedizin, Gesundheitswesen, Biologie usw., mehr als 5.200 biomedizinische Zeitschriften

Nota bene: Links zu verwandten Artikeln und zu Artikeln im Volltext

PsycINFO (PsycLit)

URL: http://ovidsp.ovid.com/ – ggf. campusweit verfügbar über Lizenz

Inhalt: Zeitschriftenartikel, Bücher, Buchkapitel, Buchbesprechungen, Monografien, Forschungsberichte, Fallstudien etc. zur Psychologie und Randgebieten, ca. 2.000 Zeitschriften, ca. 60.000 Neueintragungen jährlich. Herausgeber: American Psychological Association (APA)

PSYNDEXplus

URL: http://ovidsp.ovid.com/ – ggf. campusweit verfügbar über Lizenz

Inhalt: psychologische Publikationen von Autoren aus deutschsprachigen Ländern ab dem Erscheinungsjahr 1977; derzeitiger Stand ca. 220.000 Datensätze, jährlicher Neuzugang ca. 8.000; ca. 350 Zeitschriften. Herausgeber: Zentralstelle für Psychologische Information & Dokumentation (ZDIP), Trier

Volltextdatenbank

Eine Sonderform der Referenzdatenbank ist die → Volltextdatenbank, die wie die Referenzdatenbank Artikel formal und inhaltlich beschreibt, aber auch deren → **Volltexte** enthält, meistens im pdf-Format, teilweise auch im html-Format. In Referenzdatenbanken erhält man bloß Metainformationen über relevante Treffer, die Texte selbst muss man sich anschließend beschaffen, Treffer in einer Volltextdatenbank sind Volltreffer.

Beispiele (vgl. Datenbank-Infosystem DBIS)

JSTOR (Journal storage)
URL: http://www.jstor.org/ – ggf. campusweit verfügbar über Lizenz
Inhalt: fachübergreifendes Zeitschriftenarchiv, nicht verfügbar sind die aktuellen Jahrgänge (2–5 Jahre vor dem aktuellen Jahrgang)

Academic Search Premier
URL: http://search.ebscohost.com– ggf. campusweit verfügbar über Lizenz
Inhalt: interdisziplinär, ca. 8.300 wissenschaftliche Zeitschriften, ca. 4.700 dieser Zeitschriften sind im Volltext zugänglich

Steckbrief

Meine Referenz- und Volltextdatenbanken

Ihre Universitätsbibliothek bietet eine Reihe von Referenz- und Volltextdatenbanken, einige davon sind für Sie von Interesse. Das Angebot finden Sie auf der Web-Seite Ihrer Bibliothek, ggf. im Datenbank-Infosystem DBIS. Recherchieren Sie relevante Datenbanken und dokumentieren Sie diese nach den folgenden Merkmalen:

- Titel
- URL
- Verfügbarkeit
- Inhalt, Publikationsformen, Sprache, Zeitraum

Suchmaschine

Haben Sie heute schon *gegoogelt*? *Google* ist aus dem Alltag nicht mehr wegzudenken. Suchmaschinen sind mächtige Referenzquellen für die Suche im Internet, sie liefern eine Unmenge von Treffern auf spezifische Anfragen. Suchmaschinen wie *Google* verführen damit zur Annahme, dass man mit ihnen alles finden kann, was im Netz vorhanden ist. Dies trifft jedoch aus mehreren Gründen nicht zu, genauso wenig, dass damit *qualifizierte* Treffer gefunden werden.

Eine Suchmaschine beruht wie erwähnt auf dem Prinzip der → **Volltextindizierung** von Dokumenten: Das ist keine intellektuelle Leistung, sondern eine maschinelle. Obwohl mit einer Suchmaschine viele Dokumente zugänglich sind, ist die Treffermenge im Grunde zufällig, weil jede Suchmaschine mit spezifischen Programmen und Algorithmen vorgeht. *Crawlers* (*Spiders*) durchstöbern das Netz, indem sie von Web-Seite zu Web-Seite wandern mit Hilfe der Hyperlinks, die sie in einem Dokument finden. Die gefundenen Dokumente werden nach internen

Mechanismen ausgewertet und in den Volltextindex aufgenommen. Das bedeutet, dass eine Suchmaschine nur einen geringen Teil der Dokumente im Netz auswertet. Abgesehen davon gibt es Suchmaschinen, die nur das erste Dokument einer Web-Seite berücksichtigen. Vor allem aber wird ein großer Bereich des Internet, der besonders für wissenschaftliche Anliegen wichtig ist, ausgeblendet: das so genannte *hidden web* oder → *deep internet.* Sehr viele Informationen sind in Datenbanken gespeichert, deren Zugang beschränkt ist, das gilt vor allem für die Referenz- und Volltextdatenbanken und viele andere Primärquellen (wie statistische Daten, Patente usw.).

Im Internet suchen bedeutet keinesfalls, dass auf *allen* Servern im Netz weltweit gesucht wird: Gesucht wird auf dem Server der Suchmaschine, in einer **Indexdatei**, in der Wörter und ihre Fundstellen gespeichert sind. Gibt man bspw. die Suchbegriffe *Flughafen Wien* in das Interface der Suchmaschine ein, so wird in dieser Indexdatei nach allen Fundstellen gesucht, die sowohl den Begriff *Flughafen* als auch *Wien* enthalten. Als Treffer erhält man die → Kurzanzeige der gefundenen Dokumente, die meist aus dem Titel des Dokumentes und Textfragmenten bestehen, in denen die Suchbegriffe im Kontext dargestellt sind. Diese Metainformationen sind noch auf der Suchmaschine gespeichert: Erst durch Klick auf den Titel gelangt man zum Server, auf dem das Dokument liegt.

Beispiel

1. Flughafen Wien – Startseite – Offen für neue Horizonte

Flughafen Wien: Die rumänische Fluglinie Blue Air startet eine neue Verbindung nach Bukarest-Baneasa | 21.09.2009 | > weiter...

Erster Treffer einer *Google*-Suche mit *Flughafen Wien* [2009/09/24]

Nicht nur die Willkür in der Auswahl der berücksichtigen Web-Seiten ist ein Problem, sondern auch ihr **Ranking.** Warum werden aber in einer Trefferliste – wie in unserem Beispiel – meistens die auch aus unserer subjektiven Sicht relevanten Dokumente an erster Stelle angeführt? Das so genannte *Relevance Ranking* der Dokumente ist ein gut gehütetes Geheimnis der Suchmaschinen, das auf komplizierten Algorithmen beruht. Suchmaschinen sind deswegen so erfolgreich, weil sie für die meisten alltäglichen Suchanliegen effizient funktionieren, weniger gut für wissenschaftliche Zwecke. Ein nahe liegendes Kriterium für die Relevanz von Dokumenten ist z. B. die *Häufigkeit* der *Suchbegriffe* in einem Dokument, jedoch lässt sich dieses Kriterium bei der Erstellung eines Web-Dokuments leicht unterlaufen, indem entsprechend viele Suchbegriffe im nicht sichtbaren Quelltext versteckt werden. Auch die *Häufigkeit* der *Zugriffe* auf ein Dokument wird als Merkmal von Relevanz verwendet: Dies ist jedoch nicht ganz unproblematisch, da so Dokumente, die unter Umständen relevant sind, aber nicht aufgerufen werden, immer unter »ferner liefen« bleiben, während häufig aufgerufene in diesem Sinne noch *mehr* »Relevanz« gewinnen. *Google* verwendet zudem einen sehr raffinierten Algorithmus, nämlich die *Anzahl* von *Hyperlinks*, die von anderen Web-Seiten auf die betreffende Seite verweisen, wobei auch die Relevanz dieser Seiten selbst im *Ranking* berücksichtigt wird. Sehr kritisch zu beurteilen ist jedenfalls, dass sich Unternehmen einen Platz unter den *Top Ten* einer Kurzanzeige kaufen können. Für die wissenschaftliche Recherche ergibt sich das Manko, dass ein relevanter Treffer erst hinter hunderttausend anderen Einträgen aufscheinen kann. Diesen findet man nur aus Zufall, abgesehen davon zeigen Studien, dass der durchschnittliche Benutzer sich nur auf ein bis zwei Trefferseiten konzentriert.

Übung

Google http://www.google.com hat seit Mitte 2009 einen neuen Konkurrenten: *Bing* http://www.bing.com von *Microsoft Corporation*. Geben Sie in beide Suchmaschinen dieselben Suchbegriffe ein und vergleichen Sie die Treffer. Es gibt übrigens eine sehr hilfreiche Web-Seite, auf der man in beiden Suchmaschinen gleichzeitig suchen kann: http://www.bing-vs-google.com/.

Es gibt neben *Google* natürlich noch andere Suchmaschinen, diese unterscheiden sich im Hinblick auf die Erfassung von Sprachen, Regionen, Anzahl der indizierten Dokumente, die → Recherchetechniken (→ Trunkierung, → Maskierung, → logische Operatoren, → Phrasensuche), das Ranking der Treffer. Neben allgemeinen Suchmaschinen gibt es auch *Meta-Suchmaschinen*: Diese haben keine eigene Datenbank im Hintergrund, sondern erlauben es, mit einer einzigen Eingabe in mehreren anderen Suchmaschinen gleichzeitig zu suchen, wobei die Suchanfrage in die jeweilige → Abfragesprache übersetzt wird. Ein Beispiel ist der *MetaCrawler* http://www.metacrawler.com/

Beispiele

Google
URL: http://www.google.com

Google Scholar
URL: http://scholar.google.com

Google Book Search
URL: http://books.google.com

AllTheWeb
URL: http://alltheweb.com

AltaVista
URL: http://www.altavista.com

Lycos
URL: http://www.lycos.com

Excite
URL: http://www.excite.com

Ask
URL: http://www.ask.com

MetaCrawler
URL: http://www.metacrawler.com

Bing
URL: http://www.bing.com

Steckbrief

Meine Suchmaschinen

Dokumentieren Sie Ihre Suchmaschinen nach folgenden Kategorien:

- Titel
- URL
- Inhalt: Sprachen, Regionen, Anzahl der Dokumente
- Recherchetechniken (Trunkierung, Maskierung, logische Operatoren, Phrasensuche usw.)

Directory, Fachportal, virtuelle Bibliothek

Im Unterschied zur Suchmaschine bieten → *Directories*, → **Fachportale** und → **virtuelle Bibliotheken** qualifizierte Metainformationen, die auf intellektueller Arbeit basieren: Experten eines Faches suchen nach Dokumenten, beschreiben sie formal und inhaltlich und ordnen sie einer Systematik zu. Insofern eignen sich *Directories* auch besser als Startpunkt einer Recherche. Die gängige Suchpraxis sieht allerdings anders aus: Wer sucht, ruft üblicherweise seine Lieblings-Suchmaschine auf, auch bei wissenschaftlichen Fragestellungen. Das ist zwar einfacher, als sich durch die Hierarchie eines *Directory* zu bewegen, aber weniger effektiv. *Directories*, Fachportale und virtuelle Bibliotheken bieten Vorteile, vor allem dann, wenn man sich über einen Forschungsbereich und seine Terminologie informieren möchte.

Der Klassiker unter den *Directories* ist *Yahoo* http://www.yahoo.com. Auf der ersten Seite findet man dort die Hauptkategorien der Klassifikation, die mit Hyperlinks unterlegt sind, über welche zu weiteren Sub- und Subsubkategorien verzweigt werden kann. *Yahoo* und ähnliche *Directories* wie bspw. *Web.de* http://www.web.de sind für allgemeine Informationen konzipiert, für wissenschaftliche Anliegen und für die professionelle Recherche gibt es andere.

Dazu zählen z.B. die **Virtuellen Bibliotheken,** die im Gegensatz zu einer realen Bibliothek ausschließlich Referenzquellen sind: Der Klassiker ist die WWW Virtual Library http://vlib.org/. Virtuelle Bibliotheken erschließen die Dokumente – sowohl aus dem Netz als auch Bücher, Zeitschriften und Artikel, die sich in unterschiedlichen Bibliotheken befinden – durch formale und inhaltliche Beschreibung. Die **Fachportale**, herausgegeben von akademischen Institutionen und *Clearinghouses*, erschließen die elektronischen Ressourcen bestimmter Fachbereiche. Auch → **Document Delivery Services** sind **Fachportale**, in ihnen können Dokumente recherchiert und direkt bestellt werden. Prominente Beispiele sind *Subito*, http://www.subito-doc.de, wo Artikel fächerübergreifend nachgewiesen sind, und *Get-Info* https://getinfo.de mit Schwerpunkt auf technischen Fächern.

Beispiele (vgl. Datenbank-Infosystem DBIS)

WWW Virtual Library
URL http://vlib.org/ frei verfügbar
Inhalt: »The WWW Virtual Library (VL) is the oldest catalogue of the Web, started by Tim Berners-Lee, the creator of HTML and of the Web itself, in 1991 at CERN in Geneva. Unlike commercial catalogues, it is run by a loose confederation of volunteers, who compile pages of key links for particular areas in which they are expert; even though it isn't the biggest index of the Web, the VL pages are widely recognised as being amongst the highest-quality guides to particular sections of the Web.« (ebd.)

Open Directory Project (ODP)
URL http://www.dmoz.org/ – frei verfügbar
Inhalt: Das ODP ist der größte Webkatalog, er verzeichnet 5 Millionen Dokumente, eingeteilt in 16 Hauptklassen, aktiv sind weltweit ca. 75.000 Redakteure beschäftigt, unter dem Motto: *Humans do it better*, natürlich besser als die Suchmaschine.

Vascoda
URL http://www.vascoda.de/ – frei verfügbar

Inhalt: »*vascoda* bietet Ihnen als Einstiegsportal für die wissenschaftliche Literaturrecherche interdisziplinäre und fachspezifische Suchmöglichkeiten und leitet Sie für vertiefende Recherchen in spezialisierte Fachangebote der beteiligten Bibliotheken und Informationsanbieter.« (Web-Seite)

Virtuelle Fachbibliothek Musikwissenschaft

URL http://www.vifamusik.de/ – frei verfügbar

Inhalt: Das zentrale Informationsportal für Musik und Musikwissenschaft bietet einen umfassenden und schnellen Zugang zu wissenschaftlicher Recherche sowie zu einem reichhaltigen Angebot an Fachinformationen und Internetressourcen. Die ViFaMusik ermöglicht eine Recherche in mehreren Datenbanken, diese beinhalten bibliografische Daten, Angaben über Wissenschaftler, Forschungsprojekte und aktuelle Termine.

MedPilot

URL: http://www.medpilot.de – frei verfügbar

Inhalt: MedPolit ist ein medizinisches Informationsportal für Ärzte, Wissenschaftler und Studierende. MedPilot bietet die Möglichkeit, mit nur einer Suchanfrage gleichzeitig in verschiedenen medizinischen Datenbanken zu recherchieren (unter anderem Medline, Kataloge von Medizinischen Bibliotheken, Faktendatenbanken) und gleichzeitig die Dokumente direkt zu bestellen.

Metadaten-Suchmaschine

Das → Metadaten-Prinzip ist ein viel versprechendes Konzept für die Erschließung von Internet-Dokumenten, bei dem die *Synergieeffekte* der formalen und inhaltlichen Beschreibung und der Volltextindizierung zur Geltung kommen. Aber es hat sich nur im Wissenschaftsbereich etabliert: Metadaten-Suchmaschinen werten einschlägige, mit Metadaten versehene Dokumente aus und stellen sie für gezielte Recherchen zur Verfügung. Die Metadaten selbst werden teils von Bibliothekar/innen und Dokumentar/innen, aber auch von den Autoren selbst eingegeben.

In *Repositorien* (*repositories*) – das sind Dokumentenserver – werden wissenschaftliche Publikationen, aber auch Lernmaterialien mit Metadaten erschlossen und im Sinne der *Open-Access*-Bewegung frei zugänglich gemacht. Eine Liste weltweit vorhandener Repositorien findet man im *Directory of Open Access Repositories* unter http://www.opendoar.org.

Beispiele

Social Science Open Access Repository (SSOAR)

URL: http://www.ssoar.info/de.html – frei verfügbar

Inhalt: SSOAR mit dem Themenschwerpunkt Qualitative Sozialforschung, wird von der Freien Universität Berlin – dem Center für Digitale Systeme und dem Institut für Qualitative Forschung in der Internationalen Akademie – gemeinsam mit dem GESIS-Leibniz Institut für Sozialwissenschaften betrieben.

BASE (Bielefeld Academic Search Engine)

URL: http://www.base-search.net – frei verfügbar

Inhalt: BASE ist eine Suchmaschine der Universitätsbibliothek Bielefeld für im Sinne des Open Access frei zugängliche wissenschaftliche Dokumente, deren Metadaten weltweit von Dokumentenservern bereitgestellt werden. BASE ermöglicht den Zugriff auf rund 19,3 Mio. Dokumente, z. B. Hochschulschriften, Preprints, Zeitschriftenartikel u. a., von über 1.200 Dokumentenservern.

Steckbrief

Meine Virtuellen Bibliotheken, Fachportale usw.

Erfassen Sie Ihre Virtuellen Bibliotheken, Fachportale, Directories, Repositories, Meta-Datensuchmaschinen usw. nach folgenden Kriterien:

- Titel
- URL
- Verfügbarkeit
- Inhalt

Überblick

Typen von Referenzquellen

- Referenzquellen unterscheiden sich im Hinblick auf die *Strategien der Wissensorganisation* (formale, inhaltliche Beschreibung, Volltextindizierung) und im Hinblick auf das Medienformat (gedruckt oder elektronisch).
- Aufgrund dieser Merkmale kann man Typen von Referenzquellen unterscheiden.
- Gedruckte: Alphabetischer Katalog, Schlagwortkatalog, Systematischer Katalog, Bibliografie;
- Elektronische: Online-Katalog, Referenzdatenbank, Volltextdatenbank, Directory, Portal, Suchmaschine, Metadaten-Suchmaschine.
- Zu welchem Typ eine Referenzquelle gehört, ist dafür entscheidend, mit welchen → Recherchetechniken und → -methoden recherchiert werden kann.

5 In welcher Referenzquelle suchen

Mit der Entscheidung, welche Referenzquellen man verwendet, steht und fällt die Qualität der Recherche. Sich klar zu werden, **wo** man recherchieren soll, ist ein wichtiges Prinzip der strategischen Planung einer Recherche. Die Landschaft ist allerdings *unübersichtlich*, denn Referenzquellen erschließen unterschiedliche Quellen: Online-Kataloge weisen z.B. den Buch- und Zeitschriftenbestand einer Bibliothek nach (allerdings nur in den seltensten Fällen den Gesamtbestand); Referenz- und Volltextdatenbanken sind meist auf bestimmte Wissenschaftsdisziplinen und auf bestimmte Erscheinungsjahre beschränkt; Suchmaschinen weisen zwar eine große Quantität an Dokumenten nach, welche Dokumente, hängt jedoch davon ab, welche Web-Seiten durch die *Crawler* erreicht werden.

Schon allein bei *Zeitschriften* ist es mitunter schwierig zu überblicken, in welchen Referenzdatenbanken sie nachgewiesen und in welchen Volltextdatenbanken sie online verfügbar sind. Jeder größere Zeitschriftenverlag bietet eine eigene Suchmaschine an, Artikel sind zudem in Referenzdatenbanken nachgewiesen, teilweise mehrfach und mit Überschneidungen. Eine Ursache dafür ist die Kommerzialisierung der wissenschaftlichen Information: Verlage verkaufen die Rechte von Zeitschriften an verschiedene Datenbankanbieter, das führt dazu, dass etwa in einer Volltextdatenbank der aktuelle Jahrgang gesperrt ist, ältere Jahrgänge bis zu einem bestimmten Erscheinungsjahr in der einen Datenbank, noch ältere in einer anderen verzeichnet und zugänglich sind. Lücken und Überschneidungen erschweren die Recherche.

Beispiel Die Zeitschrift Psychological Science erscheint als Printausgabe seit 1990, zuerst bei Blackwell, anschließend bei Wiley-Blackwell und ab 2010 bei Sage. Einschlägige Bibliotheken verfügen über die aktuellen Hefte und teilweise über die älteren Jahrgänge dieser Zeitschriften.

Wenn eine Bibliothek die Zeitschrift im Abonnement führt, verfügt sie auch über den Zugang zur elektronischen Ausgabe aller Jahrgänge, die von Wiley-Blackwell bzw. ab 2010 von Sage angeboten werden.

Zusätzlich gibt es die elektronische Ausgabe ab 2000 in den Volltextdatenbanken Academic Search Premier und Business Source, mit Ausnahme des laufenden Jahrganges, ab 2001 auch in der Volltextdatenbank WISO, und ab 1990 mit Ausnahme der letzten 5 Jahre wird diese Zeitschrift auch in der Volltextdatenbank JSTOR angeboten.

Neben diesen Volltextdatenbanken, die ja auch als Referenzquellen für die Recherche verwendet werden können, ist die Zeitschrift Psychological Science in Referenzdatenbanken nachgewiesen: in PsychINFO vollständig ab 1990, in PsynDEXPlus aber erst ab 1999.

Es ist utopisch, dass alle Quellen jemals an *einem* Ort gespeichert vorliegen werden, und es ist auch utopisch, dass alle Quellen durch *eine* Referenzquelle erschlossen werden. Technisch wäre dies vielleicht realisierbar, jedoch die Ökonomisierung der Information führt dazu, dass Zugangsbeschränkungen geschaffen werden, um den Preis der Ware Information zu steigern. Informationen bleiben weltweit verstreut, Metainformationen auch. Es gibt zwar *Meta-Kataloge*, z.B. den Karlsruher Virtuellen Katalog, oder *Meta-Suchmaschinen*, mit denen in mehreren Online-Katalogen, Referenzdatenbanken und Suchmaschinen gleichzeitig recherchiert werden kann, und es gibt *Google* und *Google Book Search*, doch keine Referenzquelle, wie *global* und *universal* sie auch immer dargestellt wird, deckt das gesamte Wissen ab.

Tipp

Es gibt keine Referenzquelle, die *alle Quellen* erschließt.
Lassen Sie sich nicht täuschen vom *Google*-Schlitz, der Sie glauben machen will, alles zu finden, und Ihnen auch noch Treffer serviert, wenn Sie sich vertippt haben (»Meinten Sie vielleicht:..?«); der Ihnen suggeriert, dass Recherchieren ein Kinderspiel ist und dass man sich um Techniken, Methoden und Strategien der Recherche nicht zu kümmern braucht. Wer etwas sucht, soll es ganz einfach finden können: Das ist die Philosophie von *Google Inc.* Wird *Google* eines Tages vielleicht besser wissen, was wir suchen?
Die *Googleisierung* hat inzwischen auch in den Bibliotheken Eingang gefunden. Oft wird die Meinung vertreten, dass elektronische Referenzquellen »just like *Google*« funktionieren sollen: Über *eine* Suchoberfläche soll mit *einer* Suchanfrage in einem *One stop shopping* alles gefunden werden. In welchen Referenzquellen dabei wirklich gesucht wird, bleibt unklar. Dass sich die wissenschaftliche Informationslandschaft zunehmend diversifiziert und unübersichtlich wird, ist eine Tatsache: Sich orientieren zu können, gehört zur Informationskompetenz der Wissenschaftler/innen und Studierenden, Informationskompetenz zu fördern und zu schulen, soll deshalb auch ein Ziel der Bibliotheken sein.

Welche Referenzquellen für eine Recherche in Frage kommen, lässt sich mit folgenden **Auswahlkriterien** entscheiden. Mit diesen kann entschieden werden, ob die Quellen, die man benötigt, wirklich in einer Referenzquelle nachgewiesen sind.

Publikationsform. Kriterium 1 ist die Publikationsform der Quellen, die durch eine Referenzquelle erschlossen werden. Dies verrät schon der Typ der Referenzquelle: Bücher z.B. recherchiert man in Online-Katalogen oder Buchhandelskatalogen,

Zeitschriftenartikel in Referenz- und Volltextdatenbanken usw. Welche Publikationsformen man recherchieren will, ist primär dafür entscheidend, wo man recherchieren sollte. Es gibt z.B. Forschungsbereiche, zu denen vorwiegend in Zeitschriften publiziert wird. In solchen Disziplinen vermitteln Bücher vorwiegend Lehrbuchwissen, weniger den aktuellen Stand der Forschung, und sind insofern als Tertiärquellen sinnvoll, um sich einen Überblick zu verschaffen. In anderen Wissenschaftsdisziplinen hingegen sind Bücher primär relevant, vor allem in den Geisteswissenschaften – diese werden nicht ohne Grund als Bücher-Wissenschaften bezeichnet.

Wissenschaftsdisziplin. Kriterium 2 für die Auswahl einer Referenzquelle ist, welche Wissenschaftsdisziplinen in einer Referenzquelle nachgewiesen sind. Vorher ist also zu klären, zu welcher Wissenschaftsdisziplin bzw. zu welchem Fachbereich die *Forschungsfrage* gehört. Eine eindeutige Zuordnung von Referenzquellen zu Fachbereichen gibt es nur in wenigen Fällen, hauptsächlich bei Referenzdatenbanken. Online-Kataloge hingegen decken meistens mehrere Wissenschaftsdisziplinen ab, je nachdem welche Sammelschwerpunkte eine Bibliothek verfolgt. Wenn Sie entscheiden, welche Referenz- oder Volltextdatenbank Sie verwenden, sollten Sie ein entsprechendes Verzeichnis Ihrer Bibliothek nutzen. Seit einigen Jahren bieten viele Bibliotheken das von der Universitätsbibliothek Regensburg entwickelte *Datenbank-Infosystem (DBIS)* an.

Tipp

Gehen Sie, was die Auswahl von Referenzquellen betrifft, immer redundant vor. Wenn Sie z.B. Quellen zum Thema Anorexia nervosa benötigen (also ein Thema, das im Schnittbereich Psychologie und Medizin angesiedelt ist), sollten Sie sowohl in den fachspezifischen Referenzdatenbanken der Psychologie PsycINFO und PSYNDEXplus als auch in jenen der Medizin Medline und PubMed recherchieren und zudem auch fachübergreifende Referenzquellen wie Web of Science und Academic Search Premier berücksichtigen.

Zugänglichkeit. Kriterium 3 ist die Zugänglichkeit der Referenzquelle *und* der Quellen, die jene erschließt. Es bringt Ihnen wenig, wenn Sie eine Referenzquelle kennen, von der Sie vermuten, dass sie für Ihre Forschungsfrage interessant sein könnte, diese aber für Sie nicht zugänglich ist. Genauso wenig hilft es Ihnen, wenn Sie in einer Referenzdatenbank Hinweise auf relevante Artikel finden, die Artikel selbst jedoch nicht vor Ort verfügbar haben oder nur zeitaufwändig oder teuer beschaffen könnten. Einige Referenzquellen und Quellen gibt es zwar frei zugänglich im Netz, viele jedoch sind nur über *Bibliotheken* verfügbar. Primär sollte man deshalb auch aus Kostengründen das Angebot der lokalen Bibliothek ausschöpfen, und meistens verfügen Bibliotheken für die Studienfächer, die vor Ort angeboten werden, über eine repräsentative Sammlung von Quellen und Referenzquellen.

Erscheinungszeit. Kriterium 4 ist der Erscheinungszeitraum der Publikationen, die in der Referenzquelle nachgewiesen sind. Dabei ist entscheidend, ob für ein Forschungsanliegen auch ältere oder vorwiegend aktuelle Quellen relevant sind. Forschungsbereiche unterscheiden sich erheblich, was die so genannte Halbwertszeit der Forschungsergebnisse betrifft, in einigen ist sie dramatisch gering, die Aufmerksamkeit der Forschung gilt dann nur der aktuellen Literatur, in anderen Disziplinen hat der wissenschaftliche Diskurs noch einen längeren Atem.

Sprache. Kriterium 5 ist die Sprache der Publikationen, die eine Referenzquelle nachweist. Man muss sich entscheiden, ob man sich in der Recherche auf deutschsprachige Publikationen beschränken will oder ob auch englischsprachige mit zu berücksichtigen sind. In der *scientific community* wird – ob oberflächliche Mode oder notwendige Internationalisierung, sei dahin gestellt – zunehmend englisch publiziert und kommuniziert, in einigen Wissenschaftsdisziplinen sogar ausschließlich.

Geografische Zuordnung. Kriterium 6 schließlich ist die geografische Zuordnung der Quellen, die eine Referenzquelle nachweist. Für Forschungsvorhaben kann es wichtig sein, nur jene Quellen zu berücksichtigen, die sich auf lokale oder regionale Gegebenheiten beziehen: So wird man, wenn es bspw. um die Wirtschaftsentwicklung eines Landes geht, ausschließlich Wirtschaftsdaten dieses Landes und themenrelevante Studien recherchieren.

Die folgende Checklist soll Ihnen helfen, in einer Recherche die geeigneten Referenzquellen auszuwählen.

Checklist

Wo recherchieren

Kriterium 1: Publikationsform

Ich suche nach **Büchern** (Monografien, Sammelbände, Handbücher):

- ☐ aus dem Bestand meiner Bibliothek: im Online-Katalog oder mit Hilfe der Aufstellungssystematik oder direkt im Regal,
- ☐ weltweit für den Fall einer Fernleihe: in Metakatalogen, z. B. im *Karlsruher Virtuellen Katalog (KVK)*, *Google Book Search*,
- ☐ falls ich sie kaufen möchte: in Buchhandelskatalogen, z. B. in *Buchhandel.de*, oder in Antiquariatskatalogen, z. B. im *ZVAB*.

Ich suche nach **Zeitschriftenartikeln** und **Artikeln in Sammelbänden**:

- ☐ wenn ich Referenzen suche: in Referenzdatenbanken, Suchmaschinen, Bibliografien,
- ☐ wenn ich Volltexte suche: in Volltextdatenbanken, Suchmaschinen.

Ich suche nach (frei zugänglichen) **Internet-Dokumenten**:

- ☐ allgemeine Dokumente, Tertiärquellen: in Suchmaschinen, *Wikipedia*,
- ☐ Diskussionspapiere: in Portalen, Suchmaschinen,
- ☐ wissenschaftliche Texte: in Suchmaschinen, *Google Scholar, Scirus, Google Book Search*

Ich suche nach **Primärquellen:**

- ☐ literarische Texte, Zeitungsbeiträge: in elektronischen Archiven,
- ☐ Gesetzestexte: in Archiven, Suchmaschinen,
- ☐ statistische Daten: in Portalen, Archiven, Suchmaschinen,
- ☐ biografische Daten: in biografischen Archiven.

Kriterien 2–6: Wissenschaftsdisziplin, Zugänglichkeit, Sprache, Erscheinungszeitraum, geografische Zuordnung:

- ☐ Bücher: entscheidend sind Sammelschwerpunkte meiner Bibliothek, Entlehnbarkeit der Bestände, Fernleihe.
- ☐ Zeitschriftenartikel, Artikel in Sammelbänden: siehe detaillierte Angaben zu Referenz- und Volltextdatenbanken im Datenbank-Infosystem (DBIS)
- ☐ Primärquellen: siehe detaillierte Angaben zu Archiven, Portalen usw. im Datenbank-Infosystem (DBIS)

Wichtige Begriffe

→ Referenzquelle, → Referenz, → Metainformation, → Leseliste, Literaturverzeichnis, professionelle Dokumentation, persönliche Dokumentation, → formale Beschreibung, → inhaltliche Beschreibug, → Volltextindizierung, → Alphabetischer Katalog, → Online-Katalog, → Bibliografie, → Referenzdatenbank, → Volltextdatenbank, → Suchmaschine, Referenzquelle: Auswahlkriterien.

IV Wie recherchieren

Ans Ziel kommt nur, der eines hat.
Martin Luther

In diesem Abschnitt geht es um die Praxis der Recherche. Wir machen uns mit → Recherchetechniken vertraut, die mit dem Aufbau und der Abfrage einer Datenbank zu tun haben: Dazu werfen wir einen Blick in die technischen Geheimnisse einer Datenbank. Der Aufbau von Referenzquellen beruht auf unterschiedlichen Strategien der Wissensorganisation: Jede erlaubt uns eine bestimmte → Recherchemethode. Schließlich besprechen wir noch die → Rechercheprinzipien und die → Recherchestrategien, die in bestimmten Rechercheszenarien zur Anwendung kommen. Und zuletzt finden Sie Praxisbeispiele, anhand derer Sie nachvollziehen können, *wie* man recherchiert.

1 Techniken und Methoden

Eine Recherche sollte effizient und effektiv gleichzeitig sein.

Die Effizienz der Recherche – also wie *schnell* man zu einem Ergebnis kommt – beruht darauf, wie gut man über den Aufbau von Referenzquellen Bescheid weiß und wie sicher und souverän man in der Nutzung und Abfrage einer Datenbank vorzugehen vermag, ob man also die entsprechenden → **Recherchetechniken** und → **Recherchemethoden** beherrscht. Doch gut recherchieren zu können, bedeutet nicht nur technisch und methodisch kompetent suchen. Dies ist eine notwendige Bedingung, aber keine hinreichende – bestenfalls nur bei einer einfachen und klaren Informationsnachfrage.

Die Effektivität einer Recherche – ob man dabei auch zu einem wirklich *relevanten* Ergebnis kommt – hängt noch von weiteren Faktoren ab: 1. wie angemessen man die Informationsnachfrage einschätzt, *warum* man recherchiert, und 2. wie sehr man zu konkretisieren vermag, *was* man eigentlich sucht, 3. ob man die richtigen Referenzquellen, *wo* man suchen soll, auswählt und 4. natürlich auch davon, ob man sie effizient nutzt, nämlich, *wie* man sucht. Das sind → **Rechercheprinzipien**, die in einer erfolgreichen → **Recherchestrategie** zur Anwendung kommen.[11]

Referenzquellen können medientechnisch unterschiedliche Formate aufweisen. Wir werden uns primär mit den *elektronischen* Referenzquellen befassen. Denn die gedruckten Referenzquellen (Zettelkataloge, Bibliografien) werden nur noch in Ausnahmefällen verwendet, sie sind im Allgemeinen einfacher zu benutzen und zudem teilweise auch elektronisch verfügbar (z. B. die digitale Version eines Zettelkataloges).

Recherchetechniken sind im Prinzip Techniken der Abfrage von **Datenbanken** – und insofern auch von *elektronischen* Referenzquellen. Sie beruhen auf den Möglichkeiten einer → Abfragesprache. Es gibt einige Techniken, die mehr oder weniger bei jeder Datenbankabfrage Ziel führend sind, egal ob Sie in einem Online-Katalog, in einer Adress- oder in einer Kochrezeptdatenbank recherchieren. Recherchetechniken hängen mit der datentechnischen Architektur einer Daten-

---

11 Im Allgemeinen werden die Begriffe *Recherchetechnik, -methode und -strategie* synonym gebraucht. Die Unterscheidung, die hier vorgenommen wird, ist sachlich gerechtfertigt, vor allem ist der Unterschied zwischen Techniken und Methoden besonders bei elektronischen Referenzquellen relevant, da diese im Unterschied zu den herkömmlichen technisch aufwändiger zu benutzen sind.

bank und den entsprechenden Möglichkeiten der Datenbankabfrage zusammen – wir werden uns deshalb zuerst mit dem Aufbau der Datenbank beschäftigen.

Recherchemethoden hingegen unterscheiden sich, je nachdem, wie – und d.h.: nach welchen **Strategien der Wissensorganisation** – Referenzquellen strukturiert sind. So sind z.B. Adressdaten anders strukturiert als bibliografische Datensätze. Wir haben drei Strategien der Wissensorganisation, nach welchen Referenzquellen strukturiert sein können, kennen gelernt: die Volltextindizierung, die formale und inhaltliche Beschreibung von Dokumenten. Diesen entsprechen jeweilige Recherchemethoden.

Elektronische Referenzquellen werden in der Regel als *relationale* **Datenbank** (*database*) gespeichert. Aus der Sicht des Datenmanagements ist eine relationale Datenbank nichts anderes als eine Menge von **Tabellen** (*tables*). Eine Tabelle – auch *Relation* bezeichnet – besteht aus Zeilen und Spalten, in den Zeilen sind die → Datensätze (*records*) abgelegt, in den Spalten die → Datenfelder (*data fields*). Die erste Zeile einer Tabelle enthält Bezeichnungen der Datenfelder, die intern als Typen mit einer bestimmten Speichergröße definiert werden (bspw. *integer*, *varchar*, *text* usw.). Die erste Spalte eines Datensatzes enthält eine Datensatznummer, die den Datensatz eindeutig identifiziert. Relational heißt eine solche Datenbank, weil eine Tabelle als Relation ihrer Datenfelder definiert wird und weil mehrere Tabellen über Identifikationsnummern verknüpft werden können, was den Vorteil hat, dass keine Redundanzen entstehen, da ein und dieselbe Information nicht mehrmals gespeichert werden muss.

Als Beispiel entwickeln wir eine *Literaturverwaltung*, mit der eine persönliche Dokumentation durchgeführt werden könnte. Die Datenbank selbst wird im Datenbankmanagementsystem *MySQL* eingerichtet, dieses stellt auch die Basisfunktionen zur Verfügung, um Daten eingeben, speichern, ändern, löschen und vor allem *abfragen* zu können. Die Datenbank soll im Netz über einen Internet-Browser zugänglich sein. Wir benötigen dazu eine Benutzeroberfläche, die wir in *Perl* programmieren. Damit kann eine Reihe von Funktionalitäten implementiert werden: 1. bibliografisches Management (formale und inhaltliche Beschreibung von Quellen); 2. Wissensmanagement (Verwalten von Exzerpten, Notizen, Ideen); 3. Projektmanagement (Verwalten von Aufgaben und To-do's).[12]

12 Damit Sie sehen, wie diese Datenbank im Echtbetrieb funktioniert, finden Sie einen Prototyp auf der Web-Seite unter *Meine kleine Literaturverwaltung*.

Diese Datenbank könnte aus mehreren Tabellen bestehen:
Die Tabelle »Quellen« enthält bibliografische Datensätze (wir beschränken uns auf die Publikationsform *Buch*), die in folgenden Datenfeldern spezifiziert werden: *QID* als Identifikationsnummer der Quelle, *Autor, Titel, Ort, Verlag, Jahr, Schlagwort.*

Quellen

QID	Autor	Titel	Ort	Verlag	Jahr	Schlagwort
1	Eco, Umberto	Wie man eine wissenschaftliche Abschlussarbeit schreibt	Heidelberg	Müller	2007	Wissenschaftliches Arbeiten; Schreiben
2	Sesink, Werner	Einführung in das wissenschaftliche Arbeiten, 7. Aufl.	München	Oldenbourg	2009	Wissenschaftliches Arbeiten
3	Eco, Umberto	Der Name der Rose	München	Hanser	1983	Belletristische Darstellung
4	…	…				

Eine zweite Tabelle »Zitate« enthält die Zitate, also Passagen aus den Quellen, die in der Dokumentation festgehalten und mit einer Kategorie beschlagwortet werden. Sie besteht aus den Datenfeldern: *ZID, QID, Zitat, Seiten, Kategorie.* Über das Datenfeld QID ist diese Tabelle mit der Tabelle »Quelle« verbunden.

Zitate

ZID	QID	Zitat	Seiten	Kategorie
1	1	»An jedem Ort der Welt sind die Regeln, wie man vernünftig wissenschaftlich arbeitet, insgesamt gesehen dieselben, gleichgültig, auf welchem Niveau man arbeitet oder wie kompliziert die Angelegenheit ist.«	IX	Regeln des wissenschaftlichen Arbeitens
2	…	…		

Ähnlich ist die dritte Tabelle »Notizen« aufgebaut: *NID, QID, Notiz, Seiten, Kategorie.* Hier werden Notizen und Ideen festgehalten und beschlagwortet, die sich ggf. auf eine Publikation und auf eine bestimmte Textstelle beziehen.

Notizen

NID	QID	Notiz	Seiten	Kategorie
1	1	Die Regeln des wissenschaftlichen Arbeitens sind demnach nicht nur Konventionen, sondern hängen mit den Prinzipien der Wissenschaftlichkeit zusammen: Argumentation, intersubjektive Nachprüfbarkeit, Verständlichkeit usw.	IX	Regeln des wissenschaftlichen Arbeitens
2		Warum muss überhaupt recherchiert werden? Um Aussagen zu begründen.		Recherchieren; Begründen
3	…	…		

Schließlich gibt es noch eine dritte Tabelle »Aufgabe«, in der To-do's festgehalten werden, die während der Auswertung und Dokumentation zu erledigen sind:

Aufgabe

AID	QID	Aufgabe	Frist	Kategorie
1	1	entlehnen	2010/07/31	
2	3	exzerpieren	2010/05/15	
3	…	…		

Frage 11

Versuchen Sie herauszufinden, aus welchem Buch das Zitat »An jedem Ort der Welt…« stammt.

Die Zugriffsgeschwindigkeit einer Datenbankabfrage wird erhöht, indem die Werte jener Datenfelder, auf die häufig zugegriffen wird, in einer so genannten **Indexdatei** abgelegt werden. Auch eine Indexdatei ist eine Tabelle und besteht aus mehreren Datenfeldern: die Identifikationsnummer des Datensatzes; die Werte des indizierten Datenfeldes der Primärtabelle in alphabetischer Reihenfolge, etwa alle Autorennamen der Primärtabelle; und schließlich die Identifikationsnummern jener Datensätze der indizierten Primärtabelle, welche die jeweiligen Autoren enthalten.

Index-Tabelle »Autoren«:
Indexdatei des Datenfeldes Autor der Primärtabelle »Quelle«

AID	Autor	QID
1	Eco, Umberto	1, 3
2	Kruse, Otto	2
3	...	...

Wird nach Büchern des Autors *Eco, Umberto* gesucht, so könnte die ganze Tabelle »Quellen« sequentiell, d.h. Datensatz für Datensatz, ausgelesen werden, was allerdings sehr zeitaufwändig wäre. Stattdessen wird in der Index-Tabelle »Autoren« inkrementell, d.h. in sukzessiven Annäherungsschritten, auf den entsprechenden Indexeintrag *Eco, Umberto* zugegriffen, anschließend werden mit Hilfe der Identifikationsnummern QID die Datensätze in der Tabelle »Quellen« ausgelesen und angezeigt.

Für die Abfrage einer Datenbank gibt es → **Abfragesprachen**, ein häufig verwendeter Standard ist SQL (*Standard Query Language*). Um z.B. in der Tabelle »Quellen« ein Buch von Umberto Eco, das entweder über wissenschaftliches Arbeiten oder über Schreiben oder beides handelt, zu finden, wird folgender SQL-Befehl verwendet:

select * from **Quellen** where **Autor** LIKE ›Eco%‹ AND (**Schlagwort** LIKE ›%wissenschaftliches Arbeiten%‹ OR **Schlagwort** LIKE ›%Schreib%‹)

Wenn Sie nun auf der Suchoberfläche einer elektronischen Referenzquelle eine → **Suchanfrage** eingeben, so muss diese in die interne Abfragesprache der Datenbank übersetzt werden. Aber grundsätzlich haben Sie »an der Oberfläche« mehr oder weniger die gleichen Möglichkeiten, die Datenbank abzufragen, wie das Datenbankmanagementsystem im Hintergrund. Die Abfrage einer Datenbank beruht auf ein paar grundlegenden Prinzipien:

- Die Suche funktioniert als Mustererkennung (*pattern search*): Das Wort, nach dem gesucht wird, wird mit den Inhalten der Datenfelder 1:1 verglichen (*matching*).
- Ein Suchbegriff (*search string*) kann in Klein- oder Großschreibung eingegeben werden: Die meisten Referenzquellen sind nicht *case-sensitive.*
- Die Suche kann sich nur auf ein Datenfeld beziehen (ich suche nur im Feld Autoren) oder auf mehrere (ich suche etwa im Feld Autoren, Titel oder gar im

Volltext). Oder ich kann in ein und demselben Feld nach mehreren Suchbegriffen suchen usw. Um auch für diese Fälle ein eindeutiges Ergebnis zu bekommen (wahr oder falsch), werden → logische Operatoren verwendet – im Suchbeispiel erkennen Sie die Operatoren AND und OR.

- Da der Inhalt eines Datenfeldes in Details vom Suchbegriff abweichen kann, er kann länger sein, kürzer oder anders geschrieben, gibt es die Möglichkeiten der → Trunkierung und → Maskierung. In der Suchanfrage von SQL wird dafür das Prozentzeichen verwendet: mit *%Schreib%* finden Sie Schreiben, Schreibprozess, Abschreiben usw.
- Das Ergebnis einer Datenbankabfrage ist im Sinne der Aussagenlogik entweder wahr oder falsch. Als Treffer qualifizieren sich jene Datensätze der Datenbank, für welche die Suchanfrage zutrifft, den Wert *wahr* ergibt.
- Ist die Suche in einer Referenzquelle erfolgreich, wird meist in einem ersten Schritt eine → Trefferliste angezeigt, in der die Treffer jeweils in einer → **Kurzanzeige** angeführt sind, die dann über *clickable links* zur jeweiligen → **Vollanzeige** führen. In der Kurzanzeige werden immer nur → Referenzen angeführt. Bei der Vollanzeige hängt es davon ab, wo Sie suchen. In einem Online-Katalog z. B. suchen Sie nur in den Datenfeldern, in denen die formale und inhaltliche Beschreibung des Dokumentes gespeichert ist – mehr bietet ein Online-Katalog nicht, die Vollanzeige enthält deshalb auch nur die Referenz auf ein Dokument, nicht dieses selbst. Wenn Sie in einer Suchmaschine oder in einer Volltextdatenbank suchen, kommen Sie entweder direkt oder indirekt über einen Link von der Vollanzeige zum → **Volltext.**

Suche in Referenzquellen

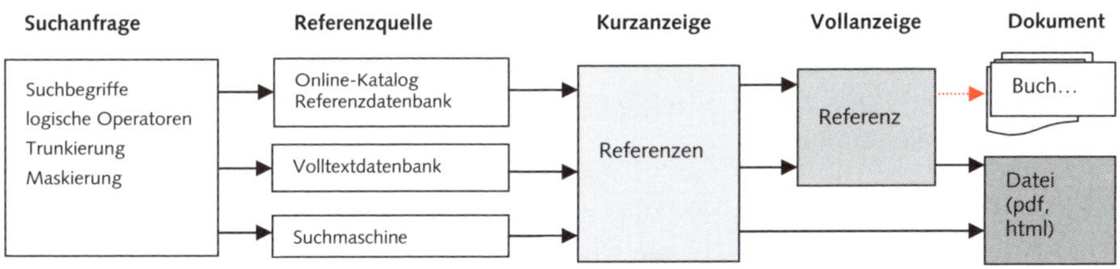

Auf diesen Möglichkeiten der Datenbankabfrage beruhen die **Recherchetechniken** für elektronische Referenzquellen, sie legen fest, wie die → **Suchanfrage** aussehen kann, nach welcher Syntax die → Suchbegriffe → trunkiert, → maskiert oder mit → logischen Operatoren kombiniert werden.

Logische Operatoren. Eine wichtige Recherchetechnik basiert auf den → *logischen Operatoren*, mit denen Suchbegriffe verknüpft werden können. Logische oder Boole'sche Operatoren – benannt nach dem Mathematiker *Georg Boole* – sind Ausdrücke, die eine logische Verknüpfung zwischen Suchbegriffen angeben. In vielen Referenzquellen, die als Datenbanken verfügbar sind, können die logischen Operatoren AND, OR, NOT verwendet werden, um eine Suche genauer zu spezifizieren, einzugrenzen oder zu erweitern.

Werden zwei Suchbegriffe *A* und *B* mit **AND** verbunden, so werden alle Dokumente angezeigt, die sowohl den Suchbegriff *A* als auch den Suchbegriff *B* enthalten. Die Trefferliste ist demnach die Schnittmenge der Menge, die den Suchbegriff *A* enthält, und der Menge, die den Suchbegriff *B* enthält. Eine Verknüpfung mit AND ist immer dann sinnvoll, wenn Sie nach mehreren Themen gleichzeitig suchen.

Der logische Operator AND

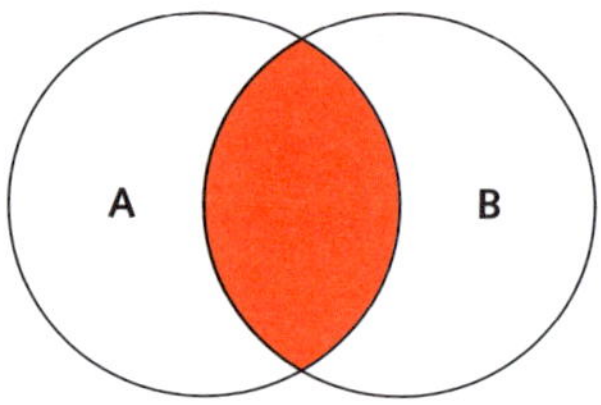

Hinweis: Im Allgemeinen werden mehrere Suchbegriffe, die nicht mit logischen Operatoren verknüpft sind, vom System automatisch als AND-Verknüpfung »interpretiert«, Sie brauchen demnach AND nicht einzugeben.

Beispiele Wenn Sie nach Dokumenten zum Frauenbild in Goethes Faust suchen, können Sie die Suchanfrage »Frauenbild AND Faust AND Goethe« verwenden oder auch nur »Frauenbild Goethe Faust«.

Suchen Sie nach Quellen von oder über Umberto Eco, können Sie »Eco AND Umberto« eingeben oder »Eco Umberto«.

Werden zwei Suchbegriffe *A* und *B* mit **OR** verknüpft, so werden alle Referenzen bzw. Dokumente angezeigt werden, in denen einer der Suchbegriffe oder beide vorkommen. Die Trefferliste ist die Vereinigungsmenge der Menge, die den Suchbegriff *A* enthält, und der Menge, die den Suchbegriff *B* enthält. OR wird verwendet, um bspw. verschiedene Schreibweisen eines Suchbegriffes, synonyme und verwandte Begriffe oder fremdsprachige Ausdrücke gleichzeitig zu berücksichtigen. Mit OR verbundene Suchbegriffe sind zwischen Klammern zu stellen.

Der logische Operator OR

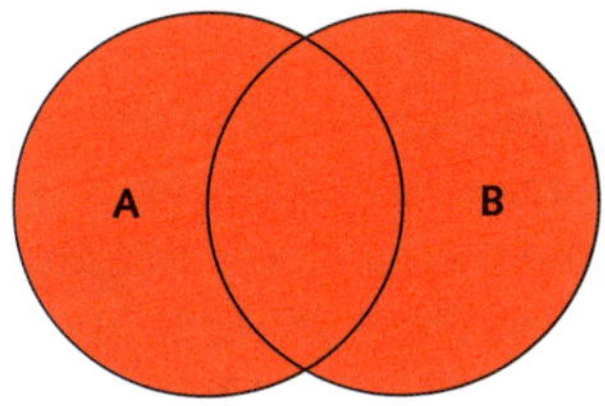

Beispiel Wenn Sie nach Dokumenten zum Frauenbild in Goethes Faust suchen und wissen, dass das Thema *Frauenbild* auch mit alternativen Suchbegriffen (synonymen oder verwandten Begriffen) bezeichnet werden kann, etwa mit *Geschlechterrolle*, können Sie die Suchanfrage »(Frauenbild OR Geschlechterrolle) AND Faust AND Goethe« verwenden.

Frage 12

Angenommen, Sie verknüpfen zwei Suchbegriffe einmal mit AND und einmal mit OR: Welche Verknüpfung bringt mehr Treffer – und warum?

Werden zwei Suchbegriffe *A* und *B* mit **NOT** verknüpft, so werden alle Dokumente angezeigt, in denen *A* vorkommt, aber nicht *B*. Die Trefferliste ist die Differenzmenge der Menge, die den Suchbegriff *A* enthält, und der Menge, die den Suchbegriff *B* enthält. NOT kann dann verwendet werden, wenn ein bestimmtes Thema, das nicht interessiert, aus dem Themenbereich ausgeschlossen werden soll.

Der logische Operator NOT

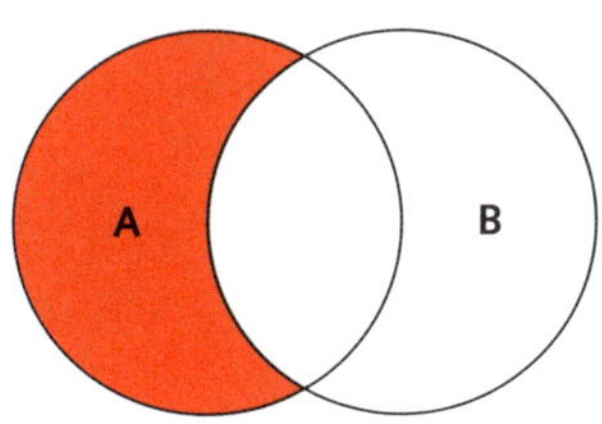

Hinweis: Die logischen Operatoren werden meistens englisch geschrieben, je nach Datenbank können auch die deutschen Ausdrücke UND, ODER, NICHT oder das Pluszeichen für AND und das Minuszeichen für NOT verwendet werden. Suchmaschinen wie *Google* verwenden auch sprachliche Umschreibungen: Für AND wird die Formel »Beide Ausdrücke müssen vorkommen«, für OR hingegen »Mindestens einer der beiden Ausdrücke muss vorkommen« verwendet. Für die zu Grunde liegende Datenbankabfrage werden solche Wendungen natürlich in die Syntax der logischen Operatoren übersetzt.

Trunkierung. Eine weitere Recherchetechnik beruht auf der Möglichkeit, *Platzhalter* zu verwenden. Die Suche in einer Datenbank vergleicht einen Suchbegriff mit allen Wörtern im Dokument (im Falle der Volltextsuche) oder mit bestimmten Datenfeldern (etwa Autor oder Titel) seiner Referenzinformationen. Da es verschiedene grammatikalische Formen eines Begriffes geben kann (z.B.: Lernprozess, Lernprozesses, Lernprozesse, Lernprozessen), müssten alle als Suchbegriffe mit OR verknüpft eingegeben werden. Hier hilft die *Trunkierung.* Mit den Trunkierungszeichen * oder ? werden grammatikalische Endungen abgeschnitten und für die Suche als variabel gekennzeichnet. Der Suchbegriff *Lernprozess** findet Wörter wie Lernprozesses, Lernprozessen usw.

Frage 13

Angenommen, Sie möchten nach Dokumenten suchen, deren Titel das Wort Lernprozess in mehreren grammatikalischen Formen enthält, und es gäbe *nicht* die Möglichkeit der Trunkierung: Welchen logischen Operator würden Sie verwenden, um die unterschiedlichen Schreibweisen zu verknüpfen?

Maskierung. Eine ähnliche Platzhalter-Funktion ist die Maskierung, durch die ein oder mehrere Zeichen in einem Suchbegriff als variabel gekennzeichnet werden: *Tos?ana* bspw. sucht gleichzeitig nach Toscana und Toskana.

Phrasensuche. Häufig kommt es vor, dass Suchbegriffe verwendet werden, die aus mehreren Wörtern bestehen, bspw. *anaphylaktischer Schock.* Will man die Suchbedingung stellen, dass eine Wortgruppe, eine Phrase oder ein Satz in derselben Kombination in der formalen oder inhaltlichen Beschreibung der Dokumente oder in ihrem Volltext vorkommt, wird die → Phrasensuche verwendet. Zu diesem Zweck wird die Wortgruppe in Anführungszeichen gesetzt.

Frage 14

Führen Sie in *AltaVista* die folgenden Suchanfragen durch und notieren Sie die dabei jeweils erzielte Trefferzahl: Geben Sie zuerst (1) die Suchbegriffe *anaphylaktischer Schock* ein, dann (2) *anaphylaktischer AND Schock*, (3) *anaphylaktischer NEAR Schock* und (4) *»anaphylaktischer Schock«*. Wie erklären Sie sich jeweils die Anzahl der Treffer?

Sparsamkeit der Suchbegriffe. Die Sucheingabe sollte so erfolgen, dass Sie mit einem Minimum an Suchbegriffen ein Maximum an Treffsicherheit erzielen. Wenn Sie bspw. die bibliografischen Angaben eines Buches kennen, dann sollten sie nicht alle Angaben oder etwa den Titel in ausgeschriebener Form eingeben, Sie laufen sonst Gefahr, das Buch wegen eines Tippfehlers nicht zu finden. Sollte die Treffermenge zu groß sein, können Sie anschließend mit zusätzlichen Suchbegriffen weiter einschränken. Ein Buch findet man am besten, wenn man den Nachnamen des Autors oder des Herausgebers und ein markantes Stichwort aus dem Titel eingibt. Führen Sie keine Artikel, Präpositionen, Pronomina an. Verwenden Sie auch nicht zu allgemeine Begriffe.

Frage 15

Sie suchen in Ihrem Online-Katalog nach dem Buch »Brown, Archie (2009): Aufstieg und Fall des Kommunismus. Berlin: Propyläen«: Mit welchen Suchbegriffen? Können Sie die Suchbegriffe auch klein schreiben?

Indexsuche. Oben wurde bereits erwähnt: Um die Abfrage zu optimieren, werden in Datenbanken Indextabellen angelegt, in denen die Werte eines bestimmten Datenfeldes aller Datensätze (z.B. alle Autorennamen) in alphabetischer Reihenfolge abgelegt werden. Diesen Umstand macht man sich in der Indexsuche zu Nutze: Für eine Suchkategorie kann man sich durch Eingabe eines Suchbegriffs den Index ab der gewünschten Stelle anzeigen lassen, vor- und zurückblättern und einen Indexeintrag für eine Suche auswählen. Hilfreich ist diese Technik, um z.B. den genauen Namen eines Autors ausfindig zu machen oder durch Nachschlagen im Schlagwortindex ein noch unbekanntes Schlagwort zu konkretisieren, auch kann man, sofern der genaue Titel bekannt ist, ausgehend vom Titelindex sich punktgenau den Datensatz anzeigen lassen.

Recherchetechniken gelten in der Regel für alle Datenbanken, nicht nur für die Referenzquellen: Mit ihnen optimieren wir die Datenbankabfrage im Hinblick auf die datenbanktechnische Architektur der gespeicherten Informationen. **Recherchemethoden** hingegen haben mit den spezifischen Strategien der Wissensorganisation zu tun, mit deren Hilfe in den Referenzquellen Quellen beschrieben und erschlossen werden.

Formale Suche. Immer dann, wenn Sie in einer Referenzquelle nach formalen, bibliografischen Kriterien suchen (etwa Autor, Titel, Jahr), verwenden sie die Recherchemethode der formalen Suche. Dazu müssen die Dokumente in der Referenzquelle mit Hilfe der → *formalen Beschreibung* – das ist die hier gefragte Strategie der Wissensorganisation – erschlossen sein. Die formale Suche kann auf eine → Suchkategorie eingeschränkt werden (z. B. wenn Sie nur nach Autoren suchen) oder auf alle Suchkategorien ausgedehnt werden (das ist dann die Freitextsuche). Formale Suchkategorien sind auch wertvolle Filtermöglichkeiten, um eine Treffermenge bspw. auf Publikationen einer Sprache oder eines Erscheinungszeitraumes einzuschränken.

Inhaltliche Suche. Analog dazu verwenden Sie die Recherchemethode der inhaltlichen (thematischen) Suche, wenn Sie in Suchkategorien recherchieren, die das Ergebnis einer → *inhaltlichen Beschreibung* sind, insbesondere → Schlagwort, → Klassifikation oder → Stichwörter.

Volltextsuche. Die Voraussetzung der Volltextsuche ist, dass Dokumente vollständig indexiert werden: Dabei wird jedes Wort – mit Ausnahme der Stoppwörter (etwa Artikel und Präpositionen) – in einer Indexdatei aufgenommen. Die Recherchemethode der Volltextsuche beruht demnach auf der → *Volltextindizierung*.

Bei einer Suche in Volltextdatenbanken oder mit Suchmaschinen stehen alle Recherchetechniken – logische Operatoren, Trunkierung, Maskierung, Phrasensuche – zur Verfügung. Manchmal kann es aber in der Volltextsuche wichtig sein, in welchem Abstand zueinander zwei Suchbegriffe stehen, denn bei der Verknüpfung mit AND können zwei Suchbegriffe ja irgendwo in einem Dokument stehen. Dafür gibt es die *Proximity-Operatoren* (Wortabstandsoperatoren): ADJACENT z. B. legt fest, dass zwei Wörter unmittelbar aufeinander folgen müssen, NEAR, dass sie nahe beieinander stehen. Details über diese Recherchetechniken findet man in den Hinweisen bei Suchmaschinen und Volltextdatenbanken.

Besonders die Technik der → *Phrasensuche* kann bei der Volltextsuche sehr effektiv eingesetzt werden. Sie bietet übrigens eine einfache Möglichkeit, um → *Plagiaten* auf die Spur zu kommen. Aus verdächtigen Textpassagen kann eine Phrase (ein Satz) entnommen und für eine Suche z. B. in *Google* verwendet werden – *Google* eignet sich auch deswegen gut, weil Studierende häufig über *Google* Dokumente finden, die sie in die »Versuchung« bringen, auf komfortable Art und Weise mit Copy and Paste Textmaterial zu klauen. Findet man so das Dokument, in dem der gesuchte Satz im gleichen Kontext vorkommt, ist der Plagiatsnachweis erbracht. Allerdings gilt der Umkehrschluss nicht: Der Plagiatsverdacht, der sich aufgrund von Indikatoren wie auffälliger Stilbruch, nicht zusammenhängende

Textpassagen usw. ergeben kann, ist durch ein negatives Suchergebnis natürlich nicht ausgeräumt, da das Dokument zwar online verfügbar, aber nicht über *Google* suchbar sein oder aus einer nur im Druck vorliegenden Quelle stammen kann.

Beispiel Die Technik der Phrasensuche ist auch gut geeignet, um aufzuspüren, in welchen Kontexten Zitate vorkommen. Versuchen Sie z. B. eine Phrasensuche in *Google Book Search* mit der Suchanfrage »Habe Mut, dich deines eigenen Verstandes zu bedienen!« Sie werden überrascht sein, in wie vielen Büchern dieser Satz aus Immanuel Kants Abhandlung »Beantwortung der Frage: Was ist Aufklärung?« zitiert wird.

Hierarchische Suche. Eine weitere Recherchemethode, die sich auch die Möglichkeiten der inhaltlichen Beschreibung von Dokumenten zu Nutze macht, ist die *hierarchische Suche.* Dabei wird vorausgesetzt, dass in der inhaltlichen Beschreibung der Dokumente eine → *Klassifikation* verwendet wird, in der die Begriffe hierarchisch definiert sind, wie z. B. in einem → Thesaurus. Die Suche kann nun auf Oberbegriffe ausgeweitet bzw. auf Unterbegriffe eingeschränkt werden.

Beispiel Angenommen, ein Thesaurus, mit dem Dokumente inhaltlich erschlossen werden, enthält die folgende Begriffshierarchie: Herz-Kreislaufsystem, Herz, Koronarien. Verwendet man nur den zweiten Suchbegriff, werden Dokumente, die mit dem ersten und dritten Begriff indexiert sind, nicht gefunden. Mit der hierarchischen Suche ist dies möglich.

Checklist

Wie recherchieren

- ☐ Welche Techniken eignen sich für die Recherche in Ihren Referenzquellen: Verknüpfung der Suchbegriffe mit logischen Operatoren, Trunkierung und Maskierung der Suchbegriffe, Phrasensuche, Indexsuche?
- ☐ Welche Methoden eignen sich für die Recherche in Ihren Referenzquellen: Formale Suche, Inhaltliche Suche, Volltextsuche, Hierarchische Suche?
- ☐ Welche Formen des zirkulären Recherchierens können Sie verwenden, um die Treffermenge zu optimieren? (s. Checklist: Zirkuläres Recherchieren, S. 117)

Zirkuläres Recherchieren. Jede Recherche ist auch ein Lernprozess: Durch Versuch und Irrtum werden Erfahrungen und Kenntnisse erprobt und erweitert. In einem zirkulären Prozess wird die Suchanfrage aufgrund der erzielten Trefferliste modifiziert und noch effektiver formuliert. Einerseits wird so die *Informationsnachfrage* sukzessive konkreter, andererseits werden auch die *Techniken* und *Methoden* der Recherche differenzierter. Man sollte bereit sein, aus Fehlern zu lernen, zu prüfen, warum bestimmte Treffer erzielt wurden, man sollte die Metainformationen der Referenzen detailliert betrachten und daraus Rückschlüsse auf neue Möglichkeiten der Recherche ableiten, man sollte sich damit vertraut machen, wie Referenzquellen Dokumente erschließen, und dazu auch die *Hilfe* studieren.

Zirkuläres Recherchieren ist dann angezeigt, wenn das Suchergebnis unbefriedigend ist. Das Ergebnis einer Recherche ist selten – mit Ausnahme von Suchanfragen mit eindeutigen und konkreten Suchbegriffen – der Weisheit letzter Schluss, die Trefferliste muss fast immer anschließend *intellektuell* ausgewertet werden. Wenn Sie suchen, werden Sie sich wahrscheinlich sofort der Trefferliste widmen, möglicherweise relevante Treffer auswählen und sich die Dokumente beschaffen. Aber auch anhand der *Metainformationen* der relevanten Referenzen können Sie Hinweise für eine weitere Recherche gewinnen. Diese sehr hilfreiche Recherchemethode nennt man *Berrypicking* (Bates 1989). *Berrypicking* – schon der Name klingt gut – bedeutet, dass die Metainformationen (also die formalen und inhaltlichen Beschreibungen) jener Treffer, die auf Anhieb relevant erscheinen, insbesondere Schlagwörter oder eine Klassifikation, für die Modifikation der Suchanfrage oder auch für eine neue verwendet werden. Damit sind in der neuen Treffermenge nur mehr jene Dokumente enthalten, die den vorher herausgepickten Kriterien entsprechen. Und theoretisch kann diese Methode so lange angewandt werden, bis wirklich nur mehr relevante Dokumente übrig bleiben. *Berrypicking* ist insofern eine Methode des *zirkulären Recherchierens*: Zu Beginn ist die Suchanfrage noch relativ unklar und wenig effektiv, aber indem Sie die Metainformationen der relevanten Treffer prüfen, sehen Sie, *wie* diese gefunden werden können, und Sie können anschließend Ihre Suchanfrage entsprechend modifizieren.

Beispiel Angenommen, Sie suchen Bücher über das Verfassen wissenschaftlicher Texte und Sie geben im Österreichischen Verbundkatalog genau diese Begriffe ein. Sie bekommen 3 Treffer. Wenn Sie denken, ok., das war's, die Bibliotheken haben eben nicht mehr, sind Sie im Irrtum. Vermuten Sie aber, dass es nicht sein kann, dass es nur 3 Bücher zu diesem Thema gibt, werden Sie sich fragen, ob Ihre Suchanfrage korrekt ist. Sie werden sich an die Ausführungen über inhaltliche Beschreibung erinnern und die Schlagwörter eines der Treffer prüfen: Sie entdecken unter anderem Wissenschaftlicher Text. Wenn Sie dieses Schlagwort – diese Beere – aufpicken und für eine weitere Suche verwenden, bekommen Sie 217 Treffer – wahrscheinlich zu viel des Guten. Doch Sie können formale Kategorien, etwa das Erscheinungsjahr oder die Sprache, verwenden, um die Treffermenge einzuschränken. Sollten Sie den Verdacht haben, dass das Schlagwort Wissenschaftlicher Text doch nicht alles abdeckt, was Sie suchen, können Sie auch – mit OR verknüpft – das Schlagwort Wissenschaftliches Arbeiten dazunehmen. Experimentieren Sie, so lernen Sie recherchieren!

Neben dem *Berrypicking* gibt es noch einfachere Methoden, eine Suchanfrage im Prozess des zirkulären Recherchierens zu optimieren, für den Fall, dass Sie zu viele, zu wenige oder gar keine Treffer erzielt haben: Zum Einsatz kommen dabei die verschiedenen Recherchetechniken.

Checklist

Zirkuläres Recherchieren

1. Meine Suchanfrage ergibt **zu viele Treffer**.

- ☐ Haben Sie zu allgemeine Suchbegriffe verwendet? Versuchen Sie Ihre Informationsnachfrage zu konkretisieren und sinnvoll zu begrenzen. Verwenden Sie konkretere Begriffe.
- ☐ Haben Sie zu wenige Suchbegriffe verwendet? Meist bezieht sich eine Forschungsfrage auf einen komplexen Themenbereich: Haben Sie alle Themen berücksichtigt? Wenn Sie Ihre Suchbegriffe mit einem weiteren Suchbegriff mit AND verknüpfen, reduziert sich die Treffermenge.
- ☐ Haben Sie zu umfassende (Themen übergreifende) Suchbegriffe verwendet? Prüfen Sie, ob Sie ggf. ein Thema, das nicht zu Ihrer Forschungsfrage gehört, ausschließen können. Verwenden Sie dazu den logischen Operator NOT.

2. Meine Suchanfrage ergibt **zu wenige Treffer**.

- ☐ Haben Sie zu viele Suchbegriffe verwendet? Prüfen Sie Ihre Informationsnachfrage, versuchen Sie unterschiedliche Varianten, wie Sie weniger Suchbegriffe kombinieren könnten.
- ☐ Haben Sie einen zu konkreten Suchbegriff verwendet? Versuchen Sie es mit dem entsprechenden Oberbegriff.
- ☐ Haben Sie einen nicht gebräuchlichen Suchbegriff verwendet? Versuchen Sie mit den entsprechenden Synonymen, verknüpfen Sie diese mit OR.
- ☐ Haben Sie einen Suchbegriff verwendet, der nur eine grammatikalische Form berücksichtigt? Verwenden Sie das Trunkierzeichen.
- ☐ Haben Sie einen Suchbegriff nur in einer Schreibweise berücksichtigt? Verwenden Sie das Maskierungszeichen.

→

← Checklist

3. Meine Suchanfrage ergibt **keine Treffer**.

- ☐ Haben Sie die Suchbegriffe korrekt eingegeben? Prüfen Sie die Suchbegriffe auf Rechtschreib- und Tippfehler. Berücksichtigen Sie unterschiedliche grammatikalische Formen (Trunkierung). Beziehen Sie auch Synonyme mit ein (logische Verknüpfung mit OR).
- ☐ Haben Sie zu viele Suchbegriffe verwendet? Achten Sie auf das Prinzip der Sparsamkeit. Eliminieren Sie Artikel, Pronomen, Präpositionen und wenig aussagende Begriffe wie Studie, Untersuchung usw. Wenn Sie gezielt eine Publikation suchen, verwenden Sie nur den Nachnamen des Autors und ein markantes Titelstichwort.
- ☐ Haben Sie falsche Suchbegriffe verwendet? Versuchen Sie nochmals Ihre Informationsnachfrage zu präzisieren. Konsultieren Sie ein Lexikon, um Suchbegriffe zu eruieren.
- ☐ Haben Sie die falsche Referenzquelle verwendet? Prüfen sie genau, welche Quellen überhaupt in Ihrer Referenzquelle nachgewiesen sind. Konsultieren Sie für Referenz- und Volltextdatenbanken das *Datenbank-Infosystem (DBIS)*.

2 Recherche mit Strategie – nicht Zufall

Es gibt unterschiedliche *Situationen* der Informationsnachfrage, selten wird das Gleiche unter ähnlichen Voraussetzungen gesucht. Recherchiert wird immer in einer bestimmten **Ausgangssituation**, abhängig vom Studienfach, von den Zugangsmöglichkeiten zu Informationen (Bibliothek, Internet), von speziellen Anforderungen, die etwa bei schriftlichen Arbeiten zu beachten sind, von den eigenen Vorkenntnissen zum Thema, von der Informationskompetenz und auch vom persönlichen Suchverhalten. Demnach ist es unmöglich, für alle Recherchesituationen die *jeweils* sinnvolle Vorgehensweise anzugeben.

Recherchieren bedeutet auch nicht, etwas bloß **zufällig** zu finden – und sich damit zufrieden zu geben. Recherchieren bedeutet, ein Ziel nach Maßgabe der für die Situation spezifischen Bedingungen und der darin verfügbaren Ressourcen durch sorgfältige Planung umzusetzen. Recherchieren ist *strategisches* Handeln. Recherchieren mit **Strategie** bedeutet, in einer *Situation* das Richtige zu tun. Eine Strategie ist aber kein Rezept, das in einer Situation nur umzusetzen wäre, sondern eine Handlungsmöglichkeit. Erst wenn die spezifischen Ausgangsbedingungen klar sind, kann diese Strategie angepasst werden, und erst dann führt sie zu konkretem, operativem Handeln, zu einem Rezept, nach dem wir vorgehen können.

Recherchestrategien gibt es mehrere, sie sind Handlungsmöglichkeiten, die wir in bestimmten **Rechercheszenarien** zur Verfügung haben. Rechercheszenarien sind typische Situationen der Informationsnachfrage. Wir recherchieren im Kontext des wissenschaftlichen Arbeitens, Studierens und Forschens, dabei kann man einige typische Situationen unterscheiden, wenn man sich die **Motivation** der Informationsnachfrage näher ansieht:

Situationen der *alltäglichen Suche*, wenn Sie bspw. Informationen zu Ihrem Studium brauchen (etwa über Lehrveranstaltungen, Studienpläne), oder Adressen, Telefonnummern, Reiseangebote, Fahrpläne usw.

- Situationen der *professionellen Personen- und Faktenrecherche*, wenn Sie für ein Forschungsprojekt empirische Primärquellen benötigen.
- Situationen, in denen Sie recherchieren, um sich *auf dem Laufenden zu halten*, aus Interesse oder weil Sie in einem bestimmten Fachgebiet ihre Diplomarbeit schreiben und sich sukzessive einarbeiten wollen.
- Situationen, in denen Sie an einem *Forschungsprojekt* arbeiten und Quellen für Ihre schriftliche Arbeit benötigen, die Sie erst finden müssen: Diese Situationen erfordern wirkliche Informationskompetenz, hier zeigt sich, wer ein Meister im Recherchieren ist.
- Situationen, in denen Sie z. B. ein Referat halten oder eine Arbeit verfassen und dazu eine bestimmte *Quelle* benötigen, deren bibliografische Angaben Sie bereits kennen, entweder weil Ihnen jemand diese gegeben hat oder Sie diese in einer Recherche selbst gefunden haben. Der Zweck der *bibliografischen* Suche ist es, die Publikation zu beschaffen.

Neben der Motivation unterscheiden sich die Situationen der Recherche auch im Hinblick auf die **Art der Informationsnachfrage**:

- In einigen Situationen suchen Sie *konkretes* Wissen, meistens in Situationen der alltäglichen Suche, aber auch wenn Sie Primärquellen benötigen. Gesucht sind Daten, Fakten, Personen – dieses Wissen ist klar definierbar und im Allgemeinen auch leicht zu finden.
- In vielen Situationen werden Sie aber *problemorientiertes* Wissen suchen, Konzepte, Hypothesen, Theorien. Im Unterschied zum faktenbezogenen Wissen ist diese Informationsnachfrage weniger klar definiert. Zudem gibt es dabei auch große Unterschiede im Hinblick auf die *Präzision* der Informationsnachfrage, je nachdem wie konkret die Forschungsfrage ist.

Zitat

In der Informationswissenschaft wird zwischen einem konkreten und einem problemorientierten Informationsbedarf unterschieden (*concrete information need, problem oriented information need)*:
»Beispiele für einen konkreten Informationsbedarf wären: Welcher Ort ist die Hauptstadt von Nordrhein-Westfalen? Wie lautet die WWW-Adresse der Homepage der Düsseldorfer Informationswissenschaft? Für problemorientierten Informationsbedarf: Welche Interpretationsmöglichkeiten gibt es zum Homunculus aus Goethes Faust, 2. Teil? Wie hängen im Marketing Dienstleistungsmarketing und Qualitätsmanagement zusammen?« (Stock 2007, S. 52)
Für den konkreten Informationsbedarf definiert Stock die folgenden Merkmale: »1. Thematische Grenzen sind abgesteckt. 2. Die Suchfrageformulierung ist durch exakte Terme ausdrückbar. 3. *Eine* Fakteninformation reicht i. d. R. aus, um den Bedarf zu decken. 4. Mit der Übermittlung des Faktenbedarfes ist das Informationsproblem erledigt.«
Für den problemorientierten Informationsbedarf hingegen gilt: »1. Thematische Grenzen sind *nicht* exakt bestimmbar. 2. Die Suchfrageformulierung lässt *mehrere* terminologische Varianten zu. 3. In der Regel müssen *diverse* Dokumente beschafft werden. Ob der Informationsbedarf damit abschließend gedeckt ist, bleibt offen. 4. Mit der Übermittlung der Literaturinformation wird ggf. das Informationsbedürfnis modifiziert oder ein neuer Bedarf entdeckt.« (Stock 2007, S. 52 f.)

Aus diesen Merkmalen, welche die unterschiedlichen Situationen der Recherche aufweisen – nämlich: der Motivation der Recherche einerseits und der Art der Informationsnachfrage andererseits –, ergibt sich eine Typologie der vier wichtigsten *Szenarien* des Recherchierens im wissenschaftlichen Arbeiten. Für diese gibt es jeweils entsprechende **Recherchestrategien**.

Die Recherchestrategie ① betrifft die Suche nach → **Personen, Daten und Fakten**, die Informationsnachfrage ist dabei relativ konkret. Dies ist der ideale Anwendungsbereich für Suchmaschinen, Faktendatenbanken, Archive.

Die Recherchestrategie ② ist die → **informelle Recherche**, sie kann von einer vagen oder präzisen Informationsnachfrage ausgehen, sie ist motiviert durch Forschungsinteressen im weitesten Sinn, also auch durch persönliche Neugier, sie ist wie das informelle Lernen eine wichtige Voraussetzung der persönlichen Weiterbildung. Meist ist sie themenorientiert, in Frage kommen natürlich alle Referenz-

Rechercheszenarien, Recherchestrategien

Typologie Rechercheszenarien Recherchestrategien		**Art der Informationsnachfrage**	
		konkretes Wissen	Problemorientiertes Wissen (vage, relativ klar, präzise)
Motivation der Informationsnachfrage	Ich benötige z. B. eine Adresse	**❶ Personen-, Daten-, Fakten-Suche**	
	Ich benötige Daten und Fakten		
	Ich interessiere mich für...		**❷ informelle Recherche** Browsing, Surfing, sich *informieren*, sich informieren *lassen*
	Ich benötige Quellen für mein Forschungsprojekt		**❸ formelle Recherche** Einstiegssuche, assoziative Suche, gezielte Recherche
	Ich benötige eine bestimmte Publikation	**❹ bibliografische Suche**	

quellen, aber auch andere Medien, mit deren Hilfe man sich informieren und informieren lassen kann.

Die Recherchestrategie ③ ist die → **formelle Recherche** in einem Forschungsprozess. Auch hier kann die Informationsnachfrage zu Beginn unklar sein, präziser wird sie sukzessive mit immer erfolgreicheren Recherchen und einer entsprechenden Konkretisierung der Forschungsfrage. Unterscheiden kann man die Einstiegsrecherche, die assoziative Suche und die gezielte thematische Recherche.

Die Recherchestrategie ④ ist die → **bibliografische Suche** in der Beschaffung der Literatur, das Suchprofil ist konkret, man verfügt bereits über bibliografische Angaben, zum Einsatz kommen Referenzquellen, die Dokumente formal beschreiben.

Recherchieren sollte man nicht einfach ins Blaue, das führt, wenn überhaupt, nur zu *Zufallstreffern.*

Strategisches Recherchieren ist wesentlich Vorbereitungs- und Planungsarbeit. Das gilt mehr oder weniger für alle Rechercheszenarien: Am wenigsten, wenn man konkretes Wissen sucht, am meisten, wenn man problemorientiertes Wissen sucht und die Informationsnachfrage vage ist.

Man weiß, was man sucht, wenn man weiß, *warum* man *was wo wie* suchen kann.

Tipps

Wie Sie nicht recherchieren sollen

- Geben Sie Suchbegriffe nicht *einfach so* ein! Es sei denn, Sie wollen nur *surfen* – und konsumieren. Klären Sie, *warum* Sie suchen.
- Geben Sie nicht *irgendwas* ein. *Sie* müssen wissen, was Sie wollen, nicht die Referenzquelle. Klären Sie, *was* Sie suchen.
- Geben Sie Ihre Suchbegriffe nicht *irgendwo* ein! Suchen Sie nicht einfach mit der gewohnten Suchmaschine, denken Sie daran, dass keine Referenzquelle – auch keine Suchmaschine – alles nachweist. Informieren Sie sich, welche Publikationen Sie in welcher Referenzquelle finden können. Klären Sie, *wo* Sie suchen.
- Geben sie Suchbegriffe nicht *irgendwie* ein! Experimentieren ist gut, aber nicht blindlings drauflos. Machen Sie sich kundig über Recherchetechniken und -methoden. Klären Sie, *wie* Sie suchen.

In den Kapiteln *Warum, Was, Wo, Wie recherchieren* haben Sie die Voraussetzungen für die Recherche kennen gelernt. Mit der Zeit werden Sie geübt sein und Routine und Sicherheit haben, aber vorerst sollten Sie bei der strategischen Planung einer Recherche Schritt für Schritt vorgehen und sich bewusst an den → Rechercheprinzipien *Warum, Was, Wo, Wie* orientieren.

Warum suche ich? Entscheidend für den Erfolg einer Recherche ist die Klarheit über ihren Zweck. Suchen Sie Personen, Daten, Fakten; oder recherchieren Sie informell, indem Sie aus Interesse, aber ohne äußeren Anlass stöbern; oder recherchieren Sie für eine schriftliche Arbeit? Auch da macht es einen Unterschied, ob Sie an einer Seminar-, Diplomarbeit oder Dissertation schreiben. Je nach dem Anspruch einer wissenschaftlichen Arbeit ist auch die Literatursuche unterschiedlich flächendeckend. So wird bspw. eine Bachelor-, Master- oder Diplomarbeit nur einen verhältnismäßig überschaubaren und repräsentativen Querschnitt der Literatur zu einem Thema berücksichtigen. Für eine Dissertation sollte die Literatur flächendeckend recherchiert werden.

Was suche ich? Für alle Fälle, ob für einfache Faktensuche, informelle oder formelle Recherche, wichtigstes Prinzip ist: Keine bloßen Zufallstreffer! Wichtig ist, das Richtige zu finden. Dazu müssen Sie das, was Sie suchen, klar definieren, – vor

Checklist

Rechercheprinzipien Warum, Was, Wo, Wie

1. Überlegen Sie, *warum* Sie recherchieren:

- ☐ Zu welchem Anlass: Personen-/Daten-/Faktensuche, für Diplomarbeit, bibliografische Suche usw.?
- ☐ Forschungsprojekt: Welche Begründungen (empirische, theoretische) sind gefragt?
- ☐ Was ist das Rechercheszenario: konkretes Wissen, problemorientiertes Wissen; unklare oder präzise Informationsnachfrage?
- ☐ Ergebnis: die jeweils indizierte *Recherchestrategie*: Suche nach Personen, Daten, Fakten; informelle Recherche; formelle Recherche.

2. Überlegen Sie, *was* Sie recherchieren:

- ☐ Forschungsprojekt: zu welcher Forschungsfrage?
- ☐ Forschungsprojekt: Theoriearbeit oder empirische Arbeit?
- ☐ Forschungsprojekt: Zielsetzung: Darstellung von Theorien, Konzeptualisierung, Kategorisierung, Erklärung, Theoriebildung?
- ☐ Forschungsprojekt: Welche Quellen sind relevant: Primär-, Sekundär-, Tertiärquellen; Publikationsformen, Fachbereich, Sprache, Erscheinungszeitraum usw.?
- ☐ Mit welchen Suchbegriffen wird das Thema oder der Themenbereich beschrieben?
- ☐ Ergebnis: das *Suchvokabular* für die Recherche.

3. Überlegen Sie, *wo* Sie recherchieren:

- ☐ In welchen Referenzquellen wollen Sie suchen? Entscheiden Sie sich anhand der Kriterien für die Auswahl der Referenzquellen: s. *Checklist: Wo recherchieren* (S. 99).
- ☐ Ergebnis: die *Referenzquellen* für die Recherche.

4. Überlegen Sie, *wie* Sie recherchieren:

- ☐ Welche Techniken und Methoden eignen sich für die Referenzquellen Ihrer Wahl?
- ☐ Mit welcher Suchanfrage (einschließlich logische Operatoren, Trunkierung, Maskierung) können Sie in den Referenzquellen suchen?
- ☐ Ergebnis: *Suchanfrage* und spezifische *Techniken* und *Methoden* für die Recherche.

allem gilt dies für themenbezogene Recherche in einem Forschungsprozess. In zweierlei Hinsicht: Überlegen Sie erstens, welche *Quellen* für Sie in Frage kommen. Welche theoretischen und/oder empirischen *Primärquellen*? Ist das Thema bereits beforscht, d.h. gibt es bereits *Sekundärquellen*, in welcher Sprache, sind auch ältere Quellen relevant oder nur aktuelle Literatur? Gibt es geeignete Tertiärquellen, mit denen Sie sich einen Überblick über relevante Theorien verschaffen können. Zweitens müssen Sie auch thematisch konkretisieren, was Sie suchen wollen, um angemessene → *Suchbegriffe* für die → *Suchanfrage* zu gewinnen – Details dazu lernen Sie im Abschnitt: Recherchestrategie *Gezielt thematisch suchen*.

Wo suche ich? Wer nicht in der richtigen Referenzquelle sucht, findet wenig oder auch nichts. Sie haben sich mit den *Steckbriefen* einen Überblick der Referenzquellen, die für Ihr Studienfach in Frage kommen, geschaffen: Online-Kataloge, Referenz- und Volltextdatenbanken, Suchmaschinen usw. Anhand der Kriterien *Wissenschaftsdisziplin, Zugänglichkeit, Sprache, Erscheinungszeitraum, geografische Zuordnung* können Sie die Referenzquelle für Ihre Informationsnachfrage auswählen.

Wie suche ich? Und nicht zuletzt ist wichtig, dass richtig gesucht wird. Sie sind bereits vertraut mit der datentechnischen Struktur von Datenbanken und den Formen, wie Referenzquellen Wissen organisieren – Sie kennen die Techniken und Methoden der Recherche. Sie können also die Suchbegriffe mit Hilfe der logischen Operatoren usw. zu einer sinnvollen Suchanfrage kombinieren.

Personen, Daten, Fakten suchen

Dieses Rechercheszenario umfasst ein breites Spektrum an Informationsnachfragen, *alltägliche* Situationen, in denen wir die verschiedensten, triviale und wichtige, Informationen benötigen, bis hin zur *professionellen* Recherche nach empirischen Primärquellen in einem Forschungsprojekt. Trotz aller Unterschiede gibt es eine gemeinsame Recherchestrategie: Geht es um Personen, Institutionen, Daten und Fakten, ist die Informationsnachfrage relativ konkret. Für die Vorbereitung einer solchen Recherche (s. *Checklist: Rechercheprinzipien Warum, Was, Wo, Wie*, S. 123) bedeutet dies, dass die Leitfragen **Warum** und **Was** *recherchieren* keiner Differenzierung bedürfen. Je konkreter ein Suchanliegen, desto mehr Treffsicherheit weisen die Suchbegriffe auf. Bei der professionellen Recherche sollte geklärt sein, welche Primärquellen brauchbare empirische Begründungen in einem Forschungsprojekt liefern können. Genauer prüfen sollte man die Frage **Wo**. Für die alltägliche Suche wird man natürlich primär die Suchmaschinen benützen.

Tipp

Mit *Google* und Co. suchen zu können, ist mittlerweile eine basale Informationskompetenz, die sich jeder durch *learning by doing* aneignet. Suchmaschinen haben aber einen verhängnisvollen Effekt: Fast jede Sucheingabe ergibt Treffer, auch deswegen, weil Suchmaschinen falsch geschriebene und in ihrem Index nicht vorhandene Suchbegriffe automatisch ersetzen und gleich – mit dem Hinweis: *Meinten Sie vielleicht...?* – eine ganze Trefferliste anbieten. Das verführt zur Annahme, dass man richtig gesucht hat bzw. dass man richtig suchen *kann*. Sehen Sie sich deshalb auch die Hinweise zu den Suchtechniken der *Advanced Search* an!

Für die professionelle Recherche steht neben den Suchmaschinen ein reichhaltiges Internet-Angebot an Referenz- und Primärquellen zur Verfügung: Informationen darüber findet man in Fachportalen und einschlägigen Verzeichnissen, vor allem im *Datenbank-Infosystem (DBIS)*. Die Frage *Wie* schließlich setzt natürlich die Kenntnisse von Techniken und Methoden der Recherche voraus, um sinnvolle Suchanfragen formulieren und mit Hilfe des zirkulären Recherchierens optimieren zu können.

Ein Beispiel für ein solches Rechercheszenario: Als Studierende sollten Sie Daten und Fakten Ihrer Universität recherchieren und in einem Steckbrief dokumentieren.

Steckbrief

Meine Universität

- Name
- Adresse
- URL
- E-Mail
- Institut
- Studienplan (URL)
- Studentenvertretung
- Wichtige Adressen
- Kennzahlen: Anzahl der Studienfächer, Fakultäten, Studierenden usw.

Beispiele von online verfügbaren Referenz- und Primärquellen für die Recherche nach Personen, Institutionen, Daten, Fakten, Texten (vgl. *Datenbank-Infosystem DBIS*):

Personen

- Allgemeine Suchmaschinen (vgl. *Steckbrief 06: Meine Suchmaschinen*)
- Personensuche Yasni.com http://www.yasni.com/
- Personensuche 123people http://www.123people.com
- Personensuche Melderegisterauskunft
  http://www.melderegister24.info/ (kostenpflichtig)
- Biographical Dictionary
  URL: http\://www.s9.com/biography/ – frei verfügbar
  Inhalt: enthält über 28.000 meist sehr kurze Einträge zu berühmten Personen der Zeit-, Welt- und Kulturgeschichte. Schwerpunkt natürlich USA. Englisch.
- Biographie-Portal
  URL: http\://www.biographie-portal.eu/ – frei verfügbar
  Inhalt: Das Portal vereint das digitale biografische Angebot der Neuen Deutschen Biographie (NDB) (70.000 Einträge), Allgemeinen Deutschen Biographie (ADB) (26.500 Einträge), des Österreichischen Biographischen Lexikons 1815–1950 (ÖBL) (17.000 Einträge) und des Historischen Lexikons der Schweiz (HLS) (17.000 Einträge). Das Spektrum der Biografien umfasst alle Bereiche des öffentlichen Lebens wie Politik, Wirtschaft und Technik, Wissenschaft, Kunst und Kultur. Chronologisch reicht das Angebot von der Antike bis fast in die Gegenwart. Aktuell (Stand: Juli 2009) werden Informationen zu weit mehr als 100.000 historisch bedeutsamen Personen und Familien angeboten.

Institutionen

- World of Learning Online
  URL: http://www.worldoflearning.com – ggf. campusweit verfügbar über Lizenz
  Inhalt: internationales Verzeichnis für Adressen wissenschaftlicher Institutionen; Archive und Bibliotheken wissenschaftlicher Gesellschaften, Forschungsinstitute; Museen und Kunstgalerien, Universitäten; mit weiteren Kurzdaten wie Publikationen, Institutionsleiter, Gründungsjahr.
- Studieren in Österreich
  URL: http://www.bmwf.gv.at/wissenschaft/national/studieren_in_oesterreich/ – frei verfügbar
  Inhalt: Überblick über österreichische Universitäten, Fachhochschulen und Privatuniversitäten, Studienangebote, Aufnahmebedingungen und Förderungen (Bundesministerium für Wissenschaft und Forschung).
- Hochschulkompass
  URL: http://www.hochschulkompass.de/ – frei verfügbar
  Inhalt: Informationen über deutsche Fachhochschulen, Kunst- und Musikhochschulen sowie Universitäten, Studienangebot, Ansprechpartner und internationale Kooperationen (Hochschulrektorenkonferenz).

Daten, Fakten (Faktendatenbanken)

- The World Factbook
  URL: https://www.cia.gov/library/publications/the-world-factbook/ – frei verfügbar
  Inhalt: Datenmaterial der amerikanischen »Central Intelligence Agency« über alle Länder der Welt; primär politische, wirtschaftliche und geographische Informationen
- Eurostat
  URL: http://epp.eurostat.ec.europa.eu/ – frei verfügbar
  Inhalt: Statistische Daten und Publikationen, herausgegeben vom Statistischen Amt der Europäischen Gemeinschaften (Eurostat)
- SourceOECD International Migration Statistics
  URL: http://oberon.sourceoecd.org – ggf. campusweit verfügbar über Lizenz
  Inhalt: Diese Datenbank der OECD umfasst in verschiedenen Unterdatenbanken statistische Daten zum Thema Migration. Enthalten sind unter anderem Daten zu Bevölkerung und Beschäftigung von Migranten, Zu- und Abwanderungsströmen, Einbürgerungen in OECD-Staaten, Arbeitslosigkeit bei Migranten. In den Statistiken werden annähernd 200 Länder berücksichtigt. Manche Statistiken gehen bis 1980 zurück.
- Landolt-Börnstein
  URL: http://www.springer.com – ggf. campusweit verfügbar über Lizenz
  Inhalt: Mit seiner Sammlung von Zahlenwerten, Funktionen und sonstigen Daten dient Landolt-Börnstein seit mehr als 125 Jahren als Quelle für verlässliches Expertenwissen. Die Online-Datenbank umfasst über 90.000 PDF-Dokumente aus allen Bereichen der Physik, Chemie und Materialwissenschaft. Der Inhalt wird regelmäßig erweitert und auf vierteljährlicher Basis aktualisiert.

Texte, Sonstiges

- Projekt Gutenberg-DE
  URL: http://gutenberg.spiegel.de/ – frei verfügbar
  Inhalt: Die E-Book-Sammlung enthält Romane, Erzählungen, Novellen, Dramen und Gedichte von über 450 Autoren von der Antike bis zum 20. Jahrhundert in deutscher Sprache.
- Internet Archive
  URL: http://www.archive.org/index.php – frei verfügbar
  Inhalt: Gemeinnütziges Projekt mit dem Ziel, frei im Internet zugängliche Websites, Texte, Audio-Dateien, Film-Dateien und Software zu archivieren.
- LexisNexis Online Österreich
  URL: http://www.lexisnexis.com/at/recht/ – ggf. campusweit verfügbar über Lizenz
  Inhalt: LexisNexis Online enthält Fachinformationen zu österreichischem Recht, Steuern und Wirtschaft, wie z. B. Kommentare, Entscheidungen, Handbücher im Volltext, Fachzeitschriften im Volltext.
- Die Presse / Archiv, Presse.com
  URL: http://diepresse.com/archiv – frei verfügbar
  Inhalt: Recherche im Online-Archiv der österreichischen Tageszeitungen ab 2001. Die Artikel werden im Volltext angeboten.

- UG 2002, Universitätsgesetz online
  URL: http://ug.manz.at – frei verfügbar
  Inhalt: UG 2002 in der aktuellen Fassung mit ausführlichem Kommentar
- Albertina Bilddatenbank
  URL: http://gallery.albertina.at/ – frei verfügbar
  Inhalt: ca. 3.500 Hauptwerke der Grafischen Sammlung, ca. 4.000 Objekte der Fotosammlung, ca. 8.000 Objekte der Architektursammlung, ca. 15.000 Objekte der Plakatsammlung
- Atlas / Louvre
  URL: http://cartelfr.louvre.fr/ – frei verfügbar
  Inhalt: ca. 29.000 Bilder und Ausstellungsstücke mit jeweils kurzer Beschreibung des französischen Nationalmuseums Louvre in Paris

Tipp

Die professionelle Suche nach *Personen, Daten, Fakten* deckt sich im Prinzip mit der journalistischen Recherche. Es ist lohnenswert, sich mit den Grundlagen, Techniken und Methoden, wie im Journalismus recherchiert wird, vertraut zu machen.Vergleiche dazu das Standardwerk von Haller (2008).

Ein Wort noch zu *Google* und Co. Die allgemeinen **Suchmaschinen** sind nicht primär für die Wissenschaft entwickelt worden, sie sind hauptsächlich für Suchanliegen des Alltags gedacht, wo vorwiegend nach Inhalten gesucht wird, die konkrete Anliegen betreffen, bspw. Stadtpläne, Flughäfen, Hotels, Kinos …, also *Daten* und *Fakten*.

Tipp

Hinweis – für alle, die es genau wissen wollen
»See what the world is searching for« unter http://www.google.com/insights/search

Im Hinblick auf das Recherchieren und Dokumentieren macht dies einen wesentlichen Unterschied. Wissen über Personen, Daten und Fakten lässt sich – *auch* für den wissenschaftlichen Kontext – gut recherchieren. Auch die Fundstellen muss man nicht aufwändig dokumentieren, da sie ja ebenso leicht wieder gefunden werden können. Aber versuchen Sie einmal, soziologische Forschungsarbeiten über die *E-Mail-Kommunikation im Wissenschaftsbetrieb* zu finden – also eine → *gezielte thematische Recherche durchzuführen.* Sie werden eine Vielzahl an Treffern bekommen, die zwar *irgendwie* mit dem Themenbereich zusammenhängen, aber nicht in jedem Fall soziologische Theorie sind. Sie finden z. B. Daten und Fakten rund um die IT-Infrastruktur an Universitäten, die verwendeten Technologien, die dafür anfallenden Kosten, d. h. Informationen aus der Perspektive der Informatik und Ökonomie – wenn wir Glück haben, auch der Soziologie.

Problemorientiertes Wissen zu finden, ist demnach nicht so trivial. Es ist nicht immer klar, welches Wissen genau gefragt ist, dies wird erst mit den erzielten Treffern klarer → Zirkuläres Recherchieren. Es ist nicht so einfach, für ein theoretisches Suchanliegen geeignete Suchbegriffe zu finden, meist müssen auch Synonyme und verwandte Begriffe miteinbezogen werden. Natürlich gibt es Unterschiede zwischen einzelnen wissenschaftlichen Disziplinen. Naturwissenschaftliche Theorien sind eher faktenbezogen, demnach leichter recherchierbar. Wenn Sie z. B. Untersuchungen über den Farbwechsel bei tropischen Feilenfischarten benötigen, dann ist der Themenbereich relativ klar. Geistes-, kultur- und sozialwissenschaftliche Forschungsfragen hingegen sind offener, wie das Beispiel gerade gezeigt hat.

Google Inc. und googeln

Google Inc. ging 1998 mit seiner Suchmaschine *Google* online und ist mit einem Marktanteil von mehr als 80 Prozent der Suchanfragen der eindeutige Marktführer unter den Suchmaschinen. Nachdem sich das Verbum *googeln* (*to google*) im Sprachgebrauch etabliert hat, wurde es 2004 in die 23. Auflage des Duden aufgenommen mit der Bedeutung »im Internet, besonders in Google suchen«. Allerdings wurden weltweit Herausgeber von Zeitungen und Wörterbüchern von Anwälten von *Google Inc.* aufgefordert, *googeln* nicht mehr im Sinne von »im Internet suchen« zu verwenden. *Google* könne so seinen Markenschutz verlieren. In der 24. Auflage des Duden wird *googeln* deshalb mit der Bedeutung »mit Google im Internet suchen« versehen.

Eine Suche mit Suchmaschinen funktioniert wie Fischen mit einem riesigen Schleppnetz. Je feinmaschiger das Netz, d. h. je konkreter die Suchbegriffe, umso effektiver ist die Suche. Oder: Mag der Heuhaufen noch so groß sein, wenn wir die Stecknadel, die wir suchen, genau spezifizieren können, finden wir sie. Deswegen ist es auch einfach, Personen, Daten und Fakten zu finden, da die Suchbegriffe meist Eigennamen sind. Wer bspw. einen Namen hat, der nicht oft vorkommt, hat die Chance, im Internet (fast) ausschließlich Referenzen auf Dokumente (Texte, Bilder, Videos) zu finden, in denen er erwähnt wird. Die Suchmaschinen im Internet bieten hier tatsächlich revolutionäre Möglichkeiten.

Informelle Recherche: auf dem Laufenden bleiben

Wenn Sie nicht anlassbezogen und zielorientiert Informationen suchen, etwa weil Sie Literatur benötigen für eine schriftliche Arbeit, dann recherchieren Sie *informell.* Informelles Recherchieren ist wie **informelles Lernen**. Informell lernt man überall, am Arbeitsplatz, in der Freizeit, in der Familie. Es muss nicht zielgerichtet sein, es geschieht nebenbei. Es benötigt keinen Lehrer, es gibt auch keine Prüfung und kein Zeugnis. Im Unterschied dazu findet formelles, formales oder institutionalisiertes Lernen in den Bildungsinstitutionen statt, in Schulen, in Universitäten. Es ist strukturiert und zielorientiert, es führt zu einem Lernziel – und zu einem Zeugnis.

Non scholae, sed vitae discimus – nicht nur für die Schule, sondern für das Leben lernen wir: Niemand wird dies bezweifeln. Aber nicht genug damit: Wir lernen offensichtlich *im* Leben viel mehr als in der Schule, geschätzt wird, dass 80 % der Lernprozesse *informell* erfolgen: *Non in schola sed in vita discimus.* Diese Erkenntnis hat bereits Eingang in neue Lerntheorien gefunden, positive Effekte des informellen Lernens werden auch für formelle Unterrichts- und Lernsituationen fruchtbar zu machen versucht: Lernen ist demgemäß effektiver, wenn es situiert, kontextualisiert, handlungs- und projektorientiert, sozial und kooperativ erfolgt, wie im Leben eben. Umgekehrt gibt es auch Bestrebungen, Lernprozesse außerhalb von institutionalisierten Lernsituationen in das formelle Lernen mit einzubeziehen, indem ausdrücklich Präsenz- und Selbstlernphasen vorgesehen werden.

Wenn wir informell lernen, werden wir hin und wieder auch etwas recherchieren – informell. *Sich interessieren, auf dem Laufenden bleiben* lautet die Devise: Neugier, Wissensdurst, sich informieren über aktuelle Forschungen und Projekte, Neuerscheinungen verfolgen, Kulturbeiträge in der Tagespresse lesen, Hinweise auf weitere Quellen verfolgen. Man kann mehrere Formen des informellen Recherchierens unterscheiden, je nachdem wie konkret das Interessensprofil ist und ob man sich dabei selbst informiert oder sich informieren lässt. Wer erst auf der Suche nach einem Thema für eine Bachelor- oder Diplomarbeit ist, wird sich einfach umsehen, vielleicht mit ein paar Schwerpunkten. Hier bietet sich ***Surfen*** und ***Browsen*** an, auch in Tertiärquellen wie *Wikipedia* – doch sollte man frühzeitig beginnen, Ergebnisse der Recherche und vor allem eigene Reflexionen zu dokumentieren, um sukzessive Klarheit zu gewinnen, welches Thema man konkret verfolgen möchte. Wer schon an einem Forschungsprojekt arbeitet, hat Interesse daran, alle einschlägigen, aktuellen Arbeiten aufzuspüren, die Informationsnachfrage ist dann relativ konkret, man kann sich gezielt **informieren** und über neue Publikationen **informieren lassen.**

Im Internet gibt es inzwischen viele hilfreiche Informations- und Kommunikationsmöglichkeiten für die Situationen der informellen Recherche – eine Auswahl im Folgenden:

Newsletter ist ein Rundbrief in elektronischer Form, der mit E-Mail zugestellt wird. Wenn Sie an regelmäßigen Informationen über eine Institution interessiert sind (Universität, Bibliothek), sollten Sie auf deren Web-Seiten prüfen, ob ein Newsletter erscheint, und diesen ggf. abonnieren.

Mailingliste ist ein E-Mail-Nachrichtenverteiler an eine geschlossene Gruppe von Personen zu einem bestimmten Themenbereich. Jedes Mitglied kann eine Nachricht an die Liste posten, bei moderierten Mailinglisten entscheidet zusätzlich ein Moderator, ob die Nachricht veröffentlicht wird.

Newsgroups sind Internetforen, in denen Nachrichten zu einem bestimmten Themenbereich ausgetauscht werden. Veröffentlicht ein Benutzer einen Artikel in einer Newsgroup, so wird dieser an einen Newsserver gesendet, wo andere Benutzer mit Hilfe eines Newsreader zugreifen können.

Beispiel
Google groups http://groups.google.com/

Diskussionsforen sind Internetforen, in denen Diskussionsbeiträge zu bestimmten Themenbereichen ausgetauscht werden. Ein *Thread* gibt einen Überblick über den aktuellen Diskussionsverlauf. Es gibt Foren, die allen Nutzern offen stehen, und geschlossene, zu denen nur bestimmte Personen Zugang haben.

RSS-Feed (*really simple syndication*) ist ein Internetdienst, der neue Beiträge auf Webseiten (z.B. Blogs) in einem standardisierten XML- Format veröffentlicht. Wenn ein Benutzer einen RSS-Channel abonniert, sucht der Client in regelmäßigen Abständen am Server nach Aktualisierungen im RSS-Feed (News-Feed).

Beispiele
- News-Feeds Scienceticker.Info http://www.scienceticker.info/feed
- SciencePort http://de.scienceport.org/

Blog (Weblog) ist ein öffentliches Tagebuch im Netz. Im Gegensatz zu anderen Medien ist ein Blog ein subjektzentriertes Medium: Der Autor des Blogs äußert sich zu ganz unterschiedlichen Themen, er dokumentiert wie in einem Zettelkasten Notizen, Gedanken und Erfahrungen und präsentiert sie öffentlich. Blogs können wertvolle Anregungen und Hinweise bieten.

Beispiel
- http://gabi-reinmann.de/ e-Denkarium, Blog von Gabi Reinmann

Twitter ist ein Mikroblog für Internet, Mobiltelefon, Widget; die geposteten Nachrichten dürfen nur 140 Zeichen enthalten; Leser können die Nachrichten kommentieren. Das Medium dient der Kommunikation (dem »Zwitschern«) von Gedanken, Meinungen und Erfahrungen. *Twitter* war zusammen mit *Facebook* ein wichtiges Kommunikationsmedium bei den Studentenprotesten im Jahr 2009.

Beispiel
- http://twitter.com/pbaumgartner Twitter von Peter Baumgartner

Newsticker informieren allgemein oder fachspezifisch über Neuigkeiten. Ursprünglich stammt der Begriff aus der Berichterstattung, bis in die 1990er Jahre wurden Nachrichtenmeldungen von Agenturen über tickende Fernschreiber übermittelt. Im Zeitalter des Internet kommen die Nachrichten über E-Mail, wenn man den jeweiligen Dienst abonniert hat.

Beispiel
- Wissenschaftsagent http://www.wissenschaft.de
  Dieser Newsticker informiert über aktuelle Forschungsergebnisse (Tertiärquelle!). Meldung vom 22.12.2009, Rubrik: Gesundheit, Gegen den üblen Rhythmus: Seekrankheit kann einfach weggeatmet werden

Alert-Service ist ein Informationsdienst, der aufgrund eines angemeldeten Suchprofils regelmäßig Mitteilungen schickt, bspw. Inhaltsverzeichnisse von neu erschienenen Zeitschriftenheften, Treffer einer Suchmaschine oder Blog-Beiträge. Die Mitteilungen können per RSS oder E-Mail gelesen werden. Beim Current-Awareness-Dienst erfolgt die Benachrichtigung in regelmäßigen zeitlichen Abständen, beim Alert-Dienst immer dann, wenn Datensätze verändert wurden. Mit Alerting-Diensten kann man sich automatisch über neue Literatur informieren lassen. Auf der Web-Seite von Referenzdatenbanken oder Suchmaschinen kann man ein persönliches Interessensprofil hinterlegen, Informationen und Literaturhinweise werden automatisch per E-Mail zugestellt.

Beispiel

- IngentaConnect Receiving email alerts http://www.ingentaconnect.com/
  Fachübergreifendes Alerting Service (RSS-Feeds) für alle neuen Artikel oder Veröffentlichungen in IngentaConnect, eingeschränkt auch kostenlos.

Social software. Im Internet gibt es viele neuartige Kommunikationssysteme für virtuelle Gemeinschaften mit verschiedenen Funktionen: Selbstpräsentation, Kommunikation, Diskussion, *instant messaging, collaborative working, collaborative authoring, social bookmarking, social tagging* ...

Beispiele Facebook, StudiVZ, Wikis ...

Tipp

Aber vergessen Sie bei allem nicht die **Kommunikation face-to-face**: *Sprechen* Sie mit Ihren Lehrenden, Wissenschafter/innen, Mitstudierenden und Bibliothekar/innen.

Steckbrief

Meine wissenschaftlichen Interessen

Versuchen Sie, sich Klarheit zu verschaffen über ihre wissenschaftlichen Interessen und ordnen Sie diese den folgenden Kategorien zu:

- In welchem Fachbereich will ich auf dem Laufenden bleiben:
- In welchem Fachbereich will ich meine Kenntnisse auffrischen:
- In welchen Fachbereich will ich mich einarbeiten:

3 Forschen und Recherchieren

Die → formelle Recherche ist im Unterschied zur → informellen Recherche unmittelbar zweckgebunden und zielorientiert, sie gehört zum **Forschungsprozess**. Je nachdem, wie viel man bereits über den Forschungsbereich weiß und wie konkret die Forschungsfrage ist, bieten sich verschiedene Strategien an. In der ersten Phase, in der die Forschungsfrage und das Forschungsziel konkretisiert werden soll, wird man sich mit einer → *Einstiegssuche* über den Forschungsbereich informieren. Erst dann macht es Sinn, mit Hilfe eines präzisierten Suchprofils → *gezielt thematisch* zu recherchieren oder sich ausgehend von relevanten Treffern → *assoziativ* im Schneeballverfahren auf die Suche zu machen. Relevante Ergebnisse sollten Sie in die → Leseliste aufnehmen.

Getting started: Einstiegssuche

In den seltensten Fällen gibt es zu Beginn eines Forschungsvorhabens klare Zielvorgaben für die Literaturrecherche. Meist ist zu Beginn einer Recherche das, was man sucht, noch relativ vage. Für die erste Orientierung konsultiert man am besten → *Tertiärquellen*, also → **Referenzwerke** wie Handbücher und Nachschlagewerke. Für jede Wissenschaftsdisziplin gibt es fachspezifische Nachschlagewerke (vgl. *Steckbrief 08: Meine Handbücher*). Um Konzepte und Begriffe zu klären, sind allgemeine Lexika hilfreich: Brockhaus, Meyer, Encyclopedia Britannica oder – mit Vorsicht – *Wikipedia.*

Beispiele

- Encyclopedia Britannica
  Recherche starten: http://www.britannica.com – z. T. frei verfügbar
  Inhalt: Artikel der Encyclopedia Britannica plus eine gute Auswahl zum Thema passender Webseiten und Bücher, nur teilweise kostenlos verfügbar.
- Enzyklopädie der Betriebswirtschaftslehre (EdBWL). 12 Bände. Stuttgart: Schäffer-Poeschel

Ähnlich eignen sich **Lehrbücher** dafür, sich über einen Themenbereich zu informieren (vgl. *Steckbrief: Meine Lehrbücher*). Lehrbücher sind wie Nachschlagewerke nur Tertiärquellen, sie enthalten nicht das aktuelle Wissen zu einem Fachbereich, sondern eher Allgemeinwissen, sie sind demnach nicht zitierfähig – nur die in ihnen enthaltenen Literaturhinweise.

Tipp

Einschlägige Handbücher und Lehrbücher finden Sie im Online-Katalog, wenn Sie zu einem Sachschlagwort noch das Formschlagwort *Wörterbuch* oder *Lehrbuch* verwenden, etwa *Finanzwirtschaft Lehrbuch*.

Auch **Übersichtsartikel**, eine weitere Form von Tertiärliteratur, sind wertvolle Hilfe für den Ersteinstieg: Sie bieten einen kompakten Überblick über den Forschungsstand und die verschiedenen Theorien zu einem relativ begrenzten Forschungsbereich. Auch Übersichtsartikel sind in der Regel nicht zitierfähig, was die in ihnen zitierte Literatur betrifft, gilt ebenso: *back to the roots* im Sinne der → assoziativen Recherchestrategie.

Tipp

Einige Referenzdatenbanken erlauben es, mit Hilfe der Suchkategorie *publication type* die Recherche gezielt auf *review articles* einzuschränken.

In dieser Phase der Recherche kann auch *Browsing* und *Surfing* im **Netz**, vorwiegend in Fachportalen und virtuellen Bibliotheken, hilfreich sein und zu unerwarteten Entdeckungen führen – aber verlieren Sie trotzdem nicht Ihr Ziel aus den Augen! Und vergessen Sie nicht: *Browsen* können Sie auch in Ihrer **Bibliothek,** die frei zugänglichen Bücher einer Bibliothek sind meist systematisch aufgestellt, jedes Buch ist einem Themenbereich zugeordnet, in den Regalen finden Sie themenrelevante Bücher an einem Ort aufgestellt.

Einen Versuch wert ist auch, **Wissenschaftler/innen**, die im selben Forschungsbereich tätig sind, zu kontaktieren – am besten mit E-Mail. Chancen, dass Sie Antwort bekommen, haben Sie dann, wenn Sie sich vorher eingehend informiert haben und spezifische Fragen stellen – weniger Chancen haben Sie, wenn Sie einen Wissenschaftler mit dem Anliegen konfrontieren, er solle Ihnen Literatur zu Ihrem Forschungsthema nennen. Bestenfalls wird er Ihnen antworten, dass Literaturrecherche zu den Jobs gehört, die Sie selbst erledigen müssen.

Checklist

Einstiegssuche

Voraussetzung: Vorläufiges Forschungsthema. Ziel: Relevante Tertiärquellen, Konkretisierung des Themas.
Verschaffen Sie sich einen Überblick über den Forschungsbereich, das Forschungsthema und seine Terminologie mit Hilfe von Tertiärquellen. Dokumentieren Sie relevante Referenzen in der Leseliste.

1. Handbücher
2. Lehrbücher
3. Übersichtsartikel
4. *Browsing* in Fachportalen und virtuellen Bibliotheken
5. *Browsing* in der (realen) Bibliothek
6. Persönliche Kommunikation

Schneeballprinzip: assoziative Suche

Wissenschaftliche Publikationen bilden den Wissensstand und die aktuelle Diskussion zu einem Forschungsbereich ab. Autoren verweisen in der Regel auf die Literatur zum Themenbereich, die aus ihrer Sicht zum Zeitpunkt, an dem sie die Arbeit verfasst haben, repräsentativ und relevant war. Auf diesem Tatbestand beruht die assoziative Recherchestrategie, die Schneeballsuche. Ausgehend von einer Publikation wird die in deren Literaturverzeichnis **zitierte Literatur** verfolgt. Auch in den zitierten Publikationen selbst findet man weitere Literaturhinweise. Theoretisch kann man auf diese Weise ein Netzwerk jener Publikationen abbilden, die sich mit diesem Themenbereich befassen. Dieses Prinzip liegt auch der Referenzdatenbank *Web of Science* zu Grunde: Neben der formalen und inhaltlichen Beschreibung werden dort für jeden Artikel sowohl jene Artikel angegeben, die er selbst zitiert, als auch jene, die ihn zitieren.

Frage 16

Recherchieren Sie in der Referenzdatenbank *Web of Science* einen Artikel zu einem Forschungsbereich, der Sie interessiert. Verfolgen Sie die assoziativen Links zu den Artikeln, die diesen Artikel zitieren (*citing articles*) und zu jenen, die darin zitiert werden (*cited articles*). Welche Recherchestrategie wenden Sie dann an?

Die assoziative Recherchestrategie der Schneeballsuche zieht sich durch den ganzen Forschungsprozess: In jeder relevanten Publikation sollte das Literaturverzeichnis im Hinblick auf neue Referenzen ausgewertet werden. Allerdings sollte man sich nicht nur auf die assoziative Recherchestrategie der Schneeballsuche verlassen, vor allem nicht in Forschungsbereichen mit großer Innovation. Die Schneeballsuche ist retrospektiv orientiert, d. h. man findet immer nur (noch) ältere Literatur. Auch kann man einem so genannten »Zitierzirkel« (Sesink 2007, S. 56) aufsitzen: Es kommt häufig vor, dass sich Forscher/innen, die einander kennen und ähnliche Ansichten vertreten, gegenseitig zitieren. Alternative Sichtweisen werden so ausgeblendet. Die Schneeballsuche sollte deshalb nur als **Ergänzung** zur *gezielten, systematischen* Recherche verwendet werden.

Checklist

Assoziative Suche

Voraussetzung: Relevante Sekundär- und Tertiärquellen. Ziel: weitere Quellen (Leseliste).
Werten Sie die Referenzen der folgenden Quellen aus. Dokumentieren Sie relevante Referenzen in der Leseliste.

1. Handbücher
2. Lehrbücher
3. Übersichtsartikel
4. Gefundene Publikationen

Gezielte thematische Recherche

Mit der gezielten thematischen Literaturrecherche beginnen Sie, wenn Sie die Forschungsfrage konkretisiert haben und bereits über ein Überblickswissen zum Forschungsbereich verfügen. Investieren Sie jedoch zunächst etwas Zeit in die Vorbereitung Ihrer Recherche, gerade bei diesem Rechercheszenario ist dies wichtig, da die Suchbegriffe noch unklar sind und erst im Zuge der Recherche durch → zirkuläres Recherchieren klarer werden.

Was das Rechercheprinzip **Warum recherchieren?** betrifft, sollten der Anlass der Recherche, welche Art von schriftlicher Arbeit Sie verfassen wollen und die spezifischen Anforderungen, die sich daraus für die Recherche ergeben (z.B. wie viel Literaturhinweise), geklärt werden. Versichern Sie sich auch, dass das Forschungsthema konkretisiert ist (gibt es Forschungsfragen, welche Zielsetzung soll die Arbeit haben?), andernfalls sollten Sie nochmals zur → Einstiegssuche zurückkehren.

Beispiel

✓ Forschungsfrage   Wissensmanagement in Klein- und Mittelbetrieben

Das Rechercheprinzip **Was recherchieren?** erfordert bei der gezielten, thematischen Suche große Aufmerksamkeit. Aus der Art der Forschungsfrage sollte ableitbar sein, welche *Primärquellen*, theoretische oder empirische, für die Arbeit relevant sein könnten. Bereiten Sie ein paar Suchbegriffe für die Recherche der Primärquellen vor.

Aufwändiger ist allerdings die Suche nach Sekundärquellen, da es um problemorientiertes Wissen geht. In der → Einstiegssuche haben Sie bereits einen ersten Eindruck von der Sekundärliteratur zu Ihrem Forschungsthema gewinnen können. Jetzt sollten Sie präzisieren, nach welchen *Sekundärquellen* Sie recherchieren wollen: welche Publikationsformen, welche Sprache, welcher Erscheinungszeitraum usw. – und nach welchen *konkret.* Ihre Forschungsfrage befasst sich mit einem Themenbereich, zu diesem benötigen Sie Sekundärquellen. Um in Referenzquellen recherchieren zu können, brauchen Sie eine → *Suchanfrage*, die den Themenbereich präzise darstellt. Wie kommen Sie nun zur Suchanfrage? Das ist der Startpunkt der gezielten thematischen Recherche.

Themenanalyse: Suchbegriffe. Im ersten Schritt brechen Sie den Themenbereich der Forschungsfrage analytisch in seine einzelnen Themen auf. Damit haben Sie auch schon die *Kern-Suchbegriffe* für Ihre Recherche

Beispiel

✓ Forschungsfrage	*Wissensmanagement in Klein- und Mittelbetrieben*	
✓ Kern-Suchbegriffe	Wissensmanagement	Klein- und Mittelbetrieb

Lassen Sie aber Begriffe wie »Untersuchung«, »Konzept« usw. außer Acht, diese sind für den Themenbereich der Forschungsfrage und mithin für die Recherche nicht relevant. Es wird Ihnen aber gleich aufgefallen sein, dass der Suchbegriff *Klein- und Mittelbetrieb* unterschiedlich geschrieben werden kann. Genau dies ist der Grund, warum wir uns mit diesen Suchbegriffen nicht zufrieden geben können.

Begriffsanalyse: Alternative Suchbegriffe. Wir sollten also versuchen, in einem zweiten Schritt durch Begriffsanalyse der Kern-Suchbegriffe das Suchvokabular zu *erweitern* – unter dem Motto: Mit welchen Suchbegriffen könnte ich das, was ich suche, *auch* noch finden? Ergänzen Sie die Kern-Suchbegriffe mit *alternativen Suchbegriffen*, also mit synonymen, verwandten Begriffen oder mit Unterbegriffen. Sie können auch Oberbegriffe verwenden, aber beachten Sie, dass damit die Suche zu allgemein werden kann. Auf jeden Fall sollten sie, wenn Sie auch englischsprachige Quellen verwenden wollen, englische Begriffe recherchieren.

Beispiel

✓ Forschungsfrage	*Wissensmanagement in Klein- und Mittelbetrieben*	
✓ Kern-Suchbegriffe	Wissensmanagement	Klein- und Mittelbetrieb

✓ Alternative Suchbegriffe	Wissensorganisation Lernende Organisation learning organization Knowledge Management Intellectual capital	KMU small and medium enterprises SME ...

Aber belassen Sie es nicht bei der Begriffsanalyse, da Ihnen so unter Umständen wichtige Begriffe entgehen. Alternative Suchbegriffe finden Sie auch in Handbüchern, Nachschlagewerken oder in einem → Thesaurus – ein Thesaurus enthält wie gesagt die Terminologie eines Wissensbereiches, also eine Liste von Begriffen, wobei zu jedem Begriff auch Synonyme, Ober- und Unterbegriffe angeführt sind.

Beispiele

- *Wiktionary*
  URL: http://de.wiktionary.org – frei verfügbar
  Inhalt: *Wiktionary* ist ein gemeinschaftliches Projekt zur Erstellung eines frei zugänglichen mehrsprachigen Wörterbuches sowie eines entsprechenden Thesaurus. *Wiktionary* ist der lexikalische Partner der freien Enzyklopädie *Wikipedia.*
- *Standard-Thesaurus Wirtschaft*
  URL: *http://www.genios.de/thesaurus/* – frei verfügbar
  Inhalt: Thesaurus zur Erschließung von Quellen aus den Sozial- und Wirtschaftswissenschaften. Er wird erstellt von der Deutschen Zentralbibliothek für Wirtschaftswissenschaften (ZBW) und von der Gesellschaft für Betriebswirtschaftliche Information mbH (GBI) bereitgestellt.
- *EUROVOC*
  URL: http://europa.eu/eurovoc/ – frei verfügbar
  Inhalt: Eurovoc ist ein mehrsprachiger Thesaurus, der sämtliche Tätigkeitsbereiche der Europäischen Gemeinschaften abdeckt und mit dessen Hilfe die Dokumente und die Anfragen in den Dokumentationssystemen der europäischen Institutionen indexiert werden.
- *Medline Subject Headings (MeSH)*
  URL: http://www.nlm.nih.gov/mesh/ – frei verfügbar
  Inhalt: Der Thesaurus MeSH wird von der *United States National Library of Medicine* gepflegt und überarbeitet. Es wird vor allem für die Datenbank MEDLINE verwendet, die über das Internetportal PubMed der Öffentlichkeit für kostenfreie Recherchen zur Verfügung gestellt wird.

Weitere Suchanfragen. Berücksichtigen Sie, dass eine Forschungsfrage auch mehrere Themenbereiche betreffen kann, zu denen Literatur recherchiert werden muss, mithin sind mehrere Suchanfragen erforderlich. Wenn Sie z. B. vorhaben, das Wissensmanagement in Klein- und Mittelbetrieben einer bestimmten Branche oder einer bestimmten Region zu untersuchen, macht es Sinn, nach Quellen zu suchen, die erstens den allgemeinen Kontext betreffen (s. oben), zweitens aber auch die Spezifizierung nach Branche und Region beinhalten.

Beispiel

✓ Forschungsfrage	*Wissensmanagement in Klein- und Mittelbetrieben am Beispiel von Bauunternehmen*		
✓ Kern-Suchbegriffe	Wissensmanagement	Klein- und Mittelbetrieb	Bauunter-nehmen

Dadurch wird die Suchanfrage differenzierter und komplexer. Für den Fall, dass sich keine Treffer ergeben, ist es ggf. hilfreich, das Thema *Wissensmanagement* auszuklammern und nur nach *Klein- und Mittelbetrieb* und *Bauunternehmen* zu suchen.

Im Hinblick auf das Rechercheprinzip **Wo recherchieren?** können Sie mit Hilfe der *Checklist: Wo recherchieren* (S. 99) vorgehen. Bücher recherchieren Sie im Online-Katalog Ihrer Bibliothek oder im Karlsruher Virtuellen Katalog (KVK), Artikel in Referenz- und Volltextdatenbanken.

Das Rechercheprinzip **Wie recherchieren?** schließlich betrifft technische und methodische Aspekte der Abfrage von Referenzquellen, insbesondere die → Suchanfrage. Die Themenanalyse hat uns die Kern-Suchbegriffe geliefert, die Begriffsanalyse jeweils alternative Suchbegriffe – durch Kombination des Suchvokabulars bilden wir jetzt die Suchanfrage, welche für die Recherche des Themenbereiches der Forschungsfrage geeignet ist. Dafür gibt es ein paar einfache Regeln:

1. Verknüpfen Sie die Kern-Suchbegriffe mit dem → logischen Operator AND.
2. Verknüpfen Sie jeweils die alternativen Suchbegriffe mit dem logischen Operator OR und setzen Sie die verbunden Suchbegriffe zwischen Klammern.
3. Falls ein Suchbegriff aus mehreren Wörtern besteht, setzen Sie ihn zwischen Anführungszeichen (→ Phrasensuche).
4. Wenn Sie mehrere grammatikalische Endungen eines Suchbegriffes berücksichtigen wollen, verwenden Sie das sog. → Trunkierzeichen * oder ?

Beispiel

✓ Forschungsfrage	*Wissensmanagement in Klein- und Mittelbetrieben*	
✓ Kern-Suchbegriffe	Wissensmanagement	Klein- und Mittelbetrieb
✓ Alternative Suchbegriffe	Wissensorganisation	KMU
	Lernende Organisation	small and medium enterprises
	learning organization	SME
	Knowledge Management	…
	Intellectual capital	

✓ Suchanfrage (Wissensmanagement* OR "knowledge management") AND (KMU OR "Klein- und Mittelbetrieb*" OR SME)

Mit dieser Suchanfrage können Sie in den meisten Referenzquellen suchen, auch in Suchmaschinen wie *Altavista*.

Ein weiteres Beispiel

✓ Forschungsfrage *Wie verändern neue Medien Lehren und Lernen an der Universität?*

✓ Kern-Suchbegriffe	Neue Medien	Lehren und Lernen	Universität
✓ Alternative Suchbegriffe	Informationstechnologien	Lernprozesse	
			Hochschule
	IT	Mediendidaktik	Fachhochschule
	New media	Didaktik	…
	Information technology	e-learning	
	…	Online-learning	

✓ Suchanfrage ("Neue Medien" OR Informationstechnologien OR IT OR "New media" OR "Information technology") AND (Lernprozesse* OR Mediendidaktik OR Didaktik OR "e-learning" OR "Online-learning") AND (Universität* OR Hochschule* OR Fachhochschule*)

Checklist

Gezielte thematische Recherche

Voraussetzung: Forschungsthema. Ziel: Relevante Quellen, Leseliste.

Warum suche ich? (s. auch Checklist: Warum recherchieren, S. 25)

1. Zu welchem Anlass? (Seminararbeit, Bachelorarbeit, …):
2. Wie lautet das Forschungsthema?
3. Ist das Forschungsthema konkretisiert (Forschungsfragen, Zielsetzung, Methode)? Wenn nicht, zurück zur Einstiegssuche.

Was suche ich? (s. auch Checklist: Was recherchieren, S. 53)

4. Welche Primärquellen (theoretische, empirische) kommen in Frage?
5. Suchbegriffe für die Recherche von Primärquellen
6. Welche Sekundärquellen (Publikationstypen, Sprache, Erscheinungszeitraum)?
7. Suchbegriffe für die Recherche von Sekundärquellen
   Themenanalyse: In welche Themen kann ich meine Forschungsfrage differenzieren? Welche Kern-Suchgriffe ergeben sich daraus?
   Alternatives Suchvokabular: Durch welche synonyme, verwandte Begriffe,

→

← Checklist

Unterbegriffe, Oberbegriffe, englische Begriffe kann ich die Kern-Suchbegriffe erweitern?
Weitere Suchanfragen: Sind für die Forschungsfrage auch Themenbereiche relevant?

8. Welche Tertiärquellen benötige ich (Handbücher, Lehrbücher, Übersichtsartikel usw.)?
9. Suchbegriffe für die Recherche von Tertiärquellen
10. Wie viele Literaturhinweise sollen ungefähr berücksichtigt werden?

Wo suche ich? (s. Checklist: Wo recherchieren, S. 99)

11. Primärquellen: Internet (Archive, Faktendatenbanken, Wirtschaftsdatenbanken usw.), eigene Datenerhebung
12. Sekundärquellen:
    Bücher: Online-Katalog, Verbundkatalog, Karlsruher Virtueller Katalog (KVK)
    Artikel: Referenz- und Volltextdatenbanken: …
13. Tertiärquellen: Bibliothek, Internet, Online-Katalog

Wie suche ich? (s. auch Checklist: Wie recherchieren, S. 115)

14. Suchanfrage für die Recherche von Primärquellen
15. Suchanfrage für die Recherche von Sekundärquellen
16. Suchanfrage für die Recherche von Tertiärquellen
17. Spezielle Recherchetechniken, -methoden, -strategien
18. Optimierung der Suchanfrage (s. Checklist: Zirkuläres Recherchieren S. 117)

Protokoll der Recherche:

19. Primärquellen
20. Sekundärquellen
21. Tertiärquellen
22. Dokumentation der relevanten Referenzen in der Leseliste (s. S. 169).

Übung

Suchen Sie im Online-Katalog Ihrer Bibliothek nach Diplomarbeiten Ihres Studienfaches. Aus dem Titel können Sie im Allgemeinen gut erkennen, um welche Forschungsfrage es geht. Nehmen Sie eine Diplomarbeit, die Sie inhaltlich interessiert. Versuchen Sie eine gezielte thematische Recherche nach der Checklist vorzubereiten.

4 Recherchieren in Praxisbeispielen

Bachelorarbeit im Studienfach Publizistik

Planung der gezielten thematischen Recherche

Warum suche ich?

1. Ziel: Bachelorarbeit
2. Forschungsthema: »Familienarmut in der Berichterstattung österreichischer Tageszeitungen am Beispiel von ‚Der Standard' und ‚Die Presse'«.
3. Die Forschungsfrage ist für eine erste Literaturrecherche ausreichend konkretisiert: Primär geht es um die ökonomische Armut von Familien (in Abgrenzung bspw. zur sozialen Armut) und ihre Darstellung in den beiden Tageszeitungen in den letzten 5 Jahren. Zielsetzungen sind insbesondere: Wie wird Armut von Familien in den beiden Tageszeitungen definiert und beschrieben? Gibt es explizite Hinweise auf dabei wirksame sozial- und wirtschaftspolitische Voraussetzungen? Oder lassen sich solche implizit im Datenmaterial erkennen? Wie wirken sich diese Voraussetzungen jeweils auf die Darstellung der Armut in Familien aus? Können Vermutungen darüber angestellt werden, inwieweit die medialen Darstellungen jeweils einer Blattlinie entsprechen? Ist die Berichterstattung objektiv? Lässt sich die Berichterstattung jeweils mit der typischen Zielgruppe der Tageszeitung in Zusammenhang bringen, ist jeweils für *eine* Zielgruppe verfasst?

Was suche ich?

4. Als Primärquellen werden empirische Daten recherchiert, neben statistischen Daten über die Armut in Familien vor allem einschlägige Beiträge der beiden Tageszeitungen. Die Erhebung und Auswahl des Datenmaterials der beiden Zeitungen, die Festlegung der Analyseeinheiten, erfolgt dann im methodischen Procedere, und zwar theoriegeleitet, d.h. es werden vornehmlich jene Daten berücksichtigt, von denen zu erwarten ist, dass sie für die Forschungsinteressen relevant sind und bestmögliche Antworten auf die Forschungsfragen liefern können.
5. Suchbegriffe für die Recherche von Primärquellen:
   Archive von »Der Standard« und »Die Presse«:
   Archiv "Der Standard"

Archiv "Die Presse"

Daten für Familienarmut in Österreich:

Familie Armut Statistik Österreich

6. Als Sekundärquellen sollen recherchiert werden: Erstens, sofern überhaupt vorhanden, punktgenaue Studien zum Thema, zweitens Studien zu verwandten Themen, drittens wissenschaftliche Arbeiten zum Thema Armut in den Medien. Als Publikationstypen kommen Bücher, Aufsätze in Sammelbänden und Zeitschriften in Frage, auch englischsprachige, Erscheinungszeitraum in der Regel nicht älter als 5 Jahre. Die Literatur wird dann jeweils nach Maßgabe der Forschungsfrage ausgewählt und ausgewertet und in einem kurzen Literaturbericht dargestellt. Relevante Theorien und Kategorien werden für die Auswertung des Datenmaterials berücksichtigt.
7. Die Analyse der Forschungsfrage ergibt folgende Themen bzw. Kern-Suchbegriffe für die Suche nach Sekundärliteratur:

   Armut Familie Medien Standard Presse

   Als alternatives Suchvokabular kann unter anderem verwendet werden:

Familienarmut	Medienberichterstattung
familiäre Armut	Tageszeitung
family poverty	mass media

8. Als Tertiärquellen sollen recherchiert werden: Handbücher und Übersichtsartikel, welche die Terminologie definieren und Theorien zum Thema Armut bzw. Berichterstattung und Darstellung von Armut in den Medien referieren..
9. Für die Suche nach Tertiärliteratur werden folgende Suchbegriffe verwendet:

Armut	Familie	(Wörterbuch)
(Sozial)Politik	Medien	(Wörterbuch)

10. Gewünscht sind ungefähr 30 Referenzen von Sekundärquellen.

Wo suche ich?

11. Primärquellen: Datenreihen der Statistik Austria werden im Online-Katalog gesucht; Archive der Tageszeitungen im Internet (*Google*), wobei der Zugang zu den Archiven bzw. die Kosten dafür zu klären sind.
12. Sekundärquellen:

    Bücher: Österreichischer Verbundkatalog, Bibliothek der Arbeiterkammer Wien, Karlsruher Virtueller Katalog (KVK)

    Artikel: Referenz- und Volltextdatenbanken: *WISO, Academic Search Premier, Web of Science, SocIndex*

13. Tertiärquellen werden im Österreichischen Verbundkatalog recherchiert oder direkt in der Bibliothek anhand der Aufstellungssystematik.

Wie suche ich?

14. Suchanfragen für Primärliteratur:
    Archive der Tageszeitungen (*Google*):
    Archiv NEAR "Der Standard"
    Archiv NEAR "Die Presse"

    Statistische Daten (Online-Katalog):
    Familie Armut Statistik Österreich (kombiniert mit AND)
15. Suchanfragen für die Sekundärliteratur (Referenzdatenbanken, Online-Katalog):
    Armut? AND Familie? AND Standard AND "Die Presse"
    Armut? AND Familie? AND (Medien? OR Tageszeitung? OR Zeitung?)
    "family poverty" AND (media OR "mass media")
16. Suchanfragen für Tertiärquellen (Online-Katalog):
    Armut? AND Familie? AND (Wörterbuch OR Aufsatzsammlung)
17. Spezielle Recherchetechniken, -methoden, -strategien: Weitere Literaturhinweise, die in Sekundär- und Tertiärquellen angegeben sind, werden in der assoziativen Suche überprüft.
18. Optimierung der Suchanfragen: Einschränkung der Recherche auf die Suchbegriffe »Der Standard« und »Die Presse«.

Protokoll der Recherche

19. Die Archive der beiden Tageszeitungen sind online verfügbar. Als weitere Primärquelle sollte die Publikation *Einkommen, Armut und Lebensbedingungen* der Statistik Austria ausgewertet werden, um einen datenbasierten Überblick über das Phänomen Armut in Familien in Österreich zu gewinnen.
20. Sekundärquellen unmittelbar zur Forschungsfrage wurden nicht gefunden – es gibt vermutlich noch keine ähnliche Studie. Gefunden wurde hingegen eine Reihe von Büchern und Artikeln von theoretischen Arbeiten zum Thema Armut (von Familien) in Medien. Zudem war es Ziel führend, im Online-Katalog auch nach den Schlagwörtern »Der Standard« und »Die Presse« zu suchen und die Treffliste durchzusehen: Vermutlich beinhalten ähnliche medienanalytische Studien Hinweise auf weitere Quellen zu den untersuchten Tageszeitungen »Der Standard« und »Die Presse« und auf die angewandten Methoden.

21. Im Online-Katalog wurden eine Reihe von Tertiärquellen (Nachschlagewerke) gefunden, deren Relevanz geprüft werden sollte. Voraussichtlich sind darin weitere Referenzen auf Sekundärquellen zu finden.
22. Dokumentation: Die Leseliste finden Sie auf der Web-Seite zum Buch.

Diplomarbeit im Studienfach Betriebswirtschaft

Planung der gezielten thematischen Recherche

Warum suche ich?

1. Ziel: Diplomarbeit
2. Forschungsthema: »Placebo-Effekte im Marketing – Auswirkungen auf das Konsumentenverhalten«
3. Forschungsfrage: Kann der aus der Medizin bekannte Placebo-Effekt auch als theoretisches Modell im Marketing verwendet werden, um zu erklären, dass die Zufriedenheit des Konsumenten mit einem Produkt ausschließlich vom Preis, der Marke oder der Beschreibung eines Produktes abhängen kann? Zielsetzungen: 1. Darstellung des Placebo-Effektes in der Medizin. 2. Übersicht der Literatur zum Thema Placebo-Effekt im Konsumentenverhalten, Werbung, Marketing. 3. Empirischer Teil: Ein Experiment in einem Weingeschäft soll zeigen, ob die Kundenzufriedenheit mit demselben Produkt vorwiegend durch unterschiedliche Preisgestaltung, Etikettierung und Beschreibung von Weinflaschen beeinflusst werden kann. 4. Schlussfolgerungen und offene Fragestellungen.

Was suche ich?

4. Empirische Primärquellen: Erhebung und Auswertung der Produktzufriedenheit bei Kunden eines Weingeschäftes mit Hilfe von Fragebögen.
5. Keine sonstigen Primärquellen erforderlich.
6. Sekundärquellen: Literatur zu den Themenbereichen: Placebo-Effekt in der Medizin; Placebo-Effekt im Marketing; Konsumentenverhalten, Werbepsychologie. Bücher, Artikel, auch englischsprachige, aktuelle Literatur.
7. Suchbegriffe für die Recherche von Sekundärquellen:
   Themenanalyse und Kern-Suchgriffe:
   Placebo-Effekt Marketing

Alternatives Suchvokabular:

- Marke, Konsumentenverhalten, Customer Relationship,
- Produktzufriedenheit, Konsumgütermarketing,
- Consumer goods marketing

Weitere Suchanfragen:
Placebo-Effekt Medizin
Werbepsychologie

8. Tertiärquellen: Handbücher zu Marketing, Werbepsychologie, *Review articles* zu den Themenbereichen
9. Tertiärquellen: Suchbegriffe:
   Marketing Wörterbuch
   Werbepsychologie Wörterbuch

   Für die Recherche von *review articles* in Referenzdatenbanken werden die Suchbegriffe wie für die Sekundärliteratur verwendet, zusätzlich wird das Selektionskriterium *publication type review* verwendet.
10. Quellen sollen repräsentativ nachgewiesen werden.

Wo suche ich?

11. Primärquellen: eigene Datenerhebung
12. Sekundärquellen werden im Online-Katalog, in den Referenzdatenbanken *WISO* und *Academic Search Premier* recherchiert.
13. Tertiärquellen werden im Online-Katalog und in den genannten Referenzdatenbanken recherchiert.

Wie suche ich?

14. Keine Suchanfrage für Primärquellen erforderlich.
15. Suchanfragen für Sekundärquellen:
    (Placebo-Effekt) AND (Marketing OR Marke OR Konsumentenverhalten OR Produktzufriedenheit OR Konsumgütermarketing)
    (Placebo-Effect) AND (Marketing OR "Customer Relationship" OR "Consumer goods marketing")
16. Suchanfragen für Tertiärquellen:
    (Marketing AND Wörterbuch)
    (Werbepsychologie AND Wörterbuch)
17. Spezielle Recherchetechniken, -methoden, -strategien: In der Referenzdatenbank *Academic Search Premier* wird die hierarchische Suche verwendet. Wei-

tere Literaturhinweise, die in Sekundär- und Tertiärquellen angegeben sind, werden in der assoziativen Suche überprüft

18. Optimierung der Suchanfragen: Die Schlagwörter von relevanten Treffern werden für die Suche übernommen, zirkuläres Recherchieren.

Protokoll der Recherche und Leseliste

23. Primärquellen: keine
24. Direkt thematisch relevante Sekundärquellen wurden vor allem im *Journal of Marketing Research* gefunden (recherchiert über *WISO*); die dort zitierten Quellen werden ebenfalls überprüft. Bücher zu den Themen Werbung, Werbe- und Marktpsychologie, Konsumentenverhalten, Placebo-Effekt in der Medizin (gefunden im Online-Katalog) sind indirekt für die Aufbereitung und Darstellung der theoretischen Hintergründe auszuwerten.
25. Im Online-Katalog wurde eine Reihe von Tertiärquellen (Nachschlagewerke) gefunden, deren Relevanz geprüft werden sollte. Voraussichtlich sind darin weitere Referenzen auf Sekundärquellen enthalten.
26. Dokumentation: Die Leseliste finden Sie auf der Web-Seite zum Buch.

Medizinischer Zeitschriftenartikel

Planung der gezielten thematischen Recherche

Warum suche ich?

1. Ziel: Artikel in Fachzeitschrift
2. Forschungsthema: »Studie zur Epidemiologie und Klinik des Barrettösophagus«
3. Zielsetzungen und Forschungsfragen des Artikels: 1. Literaturbericht zum Thema *Epidemiologie und Klinik des Barrettösophagus.* 2. Statistische Auswertung der Daten von 2.500 Patienten einer Gastroenterologischen Ambulanz eines Krankenhauses unter folgenden Fragestellungen: Prävalenz, Geschlechts- und Altersverteilung des Barrettösophagus; Klinik und Dauer der Refluxkrankheit (GERD) bis zur Entwicklung eines Barrettösophagus; Rückbildungsrate des Barrettösophagus unter Therapie; Risiko der Entwicklung eines Barrett-Karzinoms. 3. Interpretation und Diskussion der Ergebnisse im Forschungskontext.

Was suche ich?

4. Als empirische Primärquelle wird bereits erhobenes Datenmaterial der Gastroenterologischen Ambulanz verwendet.
5. Keine sonstigen Primärquellen erforderlich.
6. Sekundärquellen: Gesucht sind aktuelle, hauptsächlich englischsprachige Artikel zum Forschungsthema der letzten 10 Jahre.
7. Suchbegriffe für die Recherche von Sekundärquellen:
   Themenanalyse und Kern-Suchbegriffe:

Klinik	Barrettösophagus

   Alternatives Suchvokabular:

symptoms	barrett esophagus, barrett's syndrome, barrett,
clinical findings	barrett mucosa, barrett metaplasia

8. Als Tertiärquellen sind relevant: Handbücher zur Gastroenterologie und *review articles.*
9. Tertiärquellen: Suchbegriffe
   Für die Recherche von Referenzwerken im Online-Katalog werden folgende Suchbegriffe verwendet:

Gastroenterologie	Wörterbuch

   Für die Recherche von *review articles* in Referenzdatenbanken werden die Suchbegriffe wie für die Sekundärliteratur verwendet, zusätzlich wird das Selektionskriterium *publication type review* verwendet.
10. Quellen sollen repräsentativ nachgewiesen werden.

Wo suche ich?

11. Empirische Primärquellen: eigene Datenerhebung.
12. Sekundärquellen werden in den Referenzdatenbanken *Medline* und *Pubmed* recherchiert.
13. Tertiärquellen werden im Online-Katalog und in den genannten Referenzdatenbanken recherchiert.

Wie suche ich?

14. Keine Suchanfrage für Primärquellen erforderlich.
15. Suchanfragen für Sekundärquellen:
    (symptoms OR "clinical findings") AND ("barrett esophagus" OR "barrett's syndrome" OR "barrett syndrome" OR »barrett's esophagus" OR "barrett mucosa" OR "barrett metaplasia")

16. Suchanfragen für Tertiärquellen:
    Gastroenterologie AND Wörterbuch
17. Spezielle Recherchetechniken, -methoden, -strategien:
    In der Referenzdatenbank *Medline* wird die → hierarchische Suche verwendet (es wird gleichzeitig mit Unterbegriffen und verwandten Begriffen gesucht). Wenn die Suchanfrage zu viele Treffer ergibt, werden nur aktuelle Artikel und *review articles* berücksichtigt. Weitere Literaturhinweise, die in Sekundär- und Tertiärquellen angegeben sind, werden in der assoziativen Suche überprüft.
18. Optimierung der Suchanfragen: Die Schlagwörter von relevanten Treffern werden für die Suche übernommen.

Protokoll der Recherche und Leseliste

19. Keine.
20. Von den Sekundärquellen kann nur eine repräsentative Auswahl berücksichtigt werden.
21. Die Recherche nach Tertiärquellen im Online-Katalog hat signifikante Treffer ergeben: Handbücher zu Gastroenterologie.
22. Die Leseliste finden Sie auf der Web-Seite zum Buch.

5 Von der Referenz zur Quelle

Das Ziel einer Recherche sind selbstverständlich die Quellen, dort stehen die Informationen, die man benötigt. In einigen Fällen führt die Recherche direkt zur Quelle, besonders bei Recherchen im Internet, meistens ist das Ergebnis nur eine Trefferliste, eine Liste von Referenzen qualifizierter Quellen, die man erst beschaffen muss. Der Weg zur Quelle führt dann über drei Etappen:

- ☑ Recherche: Welche Literatur gibt es zum Thema? Resultat: die Referenz.
- ☑ Bestandsprüfung: Wo ist die Literatur vorhanden? Resultat: der Bestandsnachweis.
- ☑ Beschaffung: Wie kann sie beschafft werden? Resultat: die Quelle selbst.

Das war vor nicht allzu langer Zeit der Normalfall. Zuerst wurde die Literatur recherchiert, relevante Hinweise wurden dabei in einer Liste erfasst, dann musste geprüft werden, wo die gewünschten Bücher und Zeitschriften vorhanden sind (im besten Fall in der lokalen Bibliothek), und zu guter Letzt ging es an die Beschaffung (Ausleihe vor Ort, Fernleihe, Buchhandel). Dabei mussten unterschiedliche Referenzquellen verwenden werden. Für die Recherche gab es die → *Bibliografien* – in diesen werden Quellen allgemein oder fachspezifisch nachgewiesen, allerdings ohne Angabe, wo sie verfügbar sind. Um dies zu erfahren, musste man die → *Kataloge* der Bibliotheken konsultieren – Kataloge weisen im Unterschied zu Bibliografien die Bestände einer Bibliothek nach. Für die Beschaffung der Quellen mussten schließlich Scheine für die Ausleihe vor Ort oder die Fernleihe ausgefüllt werden usw.

Durch das Internet ist vieles einfacher geworden. Es gibt einerseits eine Medienkonvergenz bei den Referenzquellen: So verschmelzen Bibliografien, Referenzdatenbanken und Kataloge zunehmend – Recherche und Bestandsprüfung können in einem Schritt erfolgen. Andererseits konvergieren auch Referenzquellen und Quellen immer mehr: Im optimalen Fall sind dann die drei Schritte Recherche, Bestandsprüfung und Beschaffung in einem Arbeitsgang zu erledigen. Wenn Sie z.B. in einer Volltextdatenbank recherchieren, finden Sie die → Referenz des Artikels und gleichzeitig auch seinen → Volltext. In anderen Fällen machen es intelligente Vernetzungen möglich, dass in Referenzdatenbanken direkt über eine Verfügbarkeitsrecherche ermittelt werden kann, wo eine bestimmte Zeitschrift vorhanden ist.

Trotzdem gibt es noch sehr viele Fälle, bei denen man nach der Recherche den Weg von der **Referenz** bis zur **Quelle** quasi *zu Fuß* gehen muss. Wie Sie zur Referenz gekommen sind, ist egal: Entweder hat Ihnen ein Lehrender diesen Literaturhinweis gegeben oder Sie haben informell oder formell, assoziativ oder gezielt thematisch recherchiert. Jedenfalls gehen Sie von einer Referenz aus, Sie recherchieren dann, wo die Quelle vorhanden ist (Bibliothek, Internet) und beschaffen die Quelle: Das ist das Szenario der → bibliografischen Suche. Diese Recherchestrategie ist relativ einfach. Klar ist das *Warum*, *Was* und *Wie* der Recherche: Sie verfügen über die bibliografischen Angaben der gesuchten Publikation – formale Merkmale wie Autor, Titel usw. – und können diese als Suchbegriffe für eine Suchanfrage entsprechend kombinieren. Zu klären ist nur noch die Frage *Wo*: Welche Referenzquellen Sie wählen, hängt davon ab, nach welchem **Publikationstyp** Sie suchen. In der Recherche gehen Sie schrittweise vor, von einer Referenzquelle zur nächsten, bis Sie die Quelle in der Hand oder auf dem Bildschirm haben.

Ich suche ein bestimmtes Buch

Wenn Sie ein bestimmtes Buch suchen und die Absicht haben, es in Ihrer Bibliothek zu entlehnen, dann ist der **Online-Katalog** Ihre primäre Referenzquelle. Ist es vorhanden, prüfen Sie seine Verfügbarkeit: Ist es grundsätzlich entlehnbar, bereits entlehnt oder vorgemerkt? Ist es verfügbar, dann können Sie es entweder im Freihandbereich der Bibliothek selbst aus dem Regal holen und entlehnen oder, falls es im geschlossenen Magazin aufbewahrt wird, bestellen und – meistens nach einer Stunde – an der Ausleihstelle abholen.

Beispiel Sie benötigen das Buch von Thomas Kuhn »Die Struktur wissenschaftlicher Revolutionen« (in der deutschen Übersetzung), Sie studieren an der Universität Wien.
Referenzquelle: Online-Katalog der Universitätsbibliothek Wien:
http://bibliothek.univie.ac.at/onlinekatalog
Sie geben als Suchbegriffe *Kuhn Revolutionen* ein und finden mehrere Ausgaben, unter anderem auch ein freies Exemplar an der Fachbibliothek für Philosophie.

Wenn Sie nicht fündig geworden sind und es sich um ein vor 1989 erschienenes Buch handelt, sollten Sie auch im **Alphabetischen Katalog** (Nominalkatalog) 1932–1988 nachschlagen (s. Homepage der Universitätsbibliothek Wien), der auch als Imagekatalog über Internet recherchierbar ist.

Hatten Sie auch dabei keinen Erfolg, gibt es wieder zwei Möglichkeiten: Sie können im **Gesamtkatalog** des Österreichisches Bibliothekenverbundes suchen, ob es irgendwo in einer österreichischen wissenschaftlichen Bibliothek vorhanden ist, oder Sie können prüfen, ob es das Buch überhaupt irgendwo gibt, indem Sie im **Karlsruher Virtuellen Katalog (KVK)** nachschlagen. Haben Sie das Buch gefunden, können Sie eine Fernleihe in Erwägung ziehen.

Checklist

Ich suche ein Buch

Voraussetzung: Referenz eines Buches. Ziel: Beschaffung des Buches
- ☐ Online-Katalog: vorhanden und verfügbar?
- ☐ Ältere Quellen: Alphabetischer Katalog (Nominalkatalog): vorhanden und verfügbar?
- ☐ Verbundkatalog, z. B. Österreichischer Verbundkatalog: Fernleihe?
- ☐ Karlsruher Virtueller Katalog: Fernleihe?
- ☐ Buchhandelskataloge: lieferbar?
- ☐ Antiquariatskataloge: lieferbar?

Wenn Sie das Buch selbst kaufen wollen, können Sie in **Buchhandelskatalogen** recherchieren, ob es lieferbar ist, z.B. in: http://www.buchhandel.de oder http://www.amazon.de, wo Sie auch direkt bestellen können. Ist das Buch nicht mehr lieferbar, können Sie es auch über einen **Antiquariatskatalog** versuchen, z.B. im ZVAB http://www.zvab.com.

Frage 17

Für ein Referat benötigen Sie das Buch »Alvesson, Mats (2008): Reflexive methodology. London u.a.: SAGE. Primär haben Sie nicht vor, selbst das Buch zu kaufen, sondern möchten es in Ihrer Universitätsbibliothek entlehnen. Wie gehen Sie vor? Wo suchen Sie?

Ich suche einen bestimmten Zeitschriftenartikel

Auch hier haben Sie eine Referenz und möchten die Quelle: Sie kennen die bibliografischen Angaben eines Zeitschriftenartikels und möchten so schnell als möglich den Text auf dem Bildschirm oder in der Hand haben.

Sie können natürlich zuerst versuchen, den Artikel in einer **Suchmaschine** zu finden. Die beste Recherchemethode ist dafür die Phrasensuche: Geben Sie z.B. in *Google* den Titel oder einen Teil des Titels in Anführungszeichen ein, zusätzlich mit dem Nachnamen des Autors. Passieren kann viel: Sie finden nichts oder Sie finden Dokumente, in denen der Artikel zitiert wird, oder Sie finden einen viel versprechenden Link auf den Volltext. Auf jeden Fall können Sie Ihre eigenen bibliografischen Angaben überprüfen. Frustriert werden Sie reagieren, wenn Sie aufgefordert werden, für den Zugang zum Text die Kreditkarte zu zücken und einen nicht geringen Betrag zu zahlen (*pay per view*). Sehr viel Glück haben Sie aber, wenn der Artikel wirklich im Volltext frei verfügbar ist – in diesem Fall wird Ihre Meinung, dass *Google* die Super-Referenzquelle ist, leider bestärkt. Aber nota bene: Der Artikel ist nicht »in« *Google*, sondern er liegt auf irgendeinem Server, wo er von einem Autor, von einer wissenschaftlichen Institution oder von einem kommerziellen Informationsanbieter bereitgestellt wird – *Google* weist nur Referenzen von Quellen nach, *Google* ist eine Referenzquelle.

Angenommen, das *Google*-Glück hat Sie nicht ereilt, dann müssen Sie zurück zu den Referenzquellen Ihrer Bibliothek. Zeitschriftenartikel finden Sie im Allgemeinen nicht wie Bücher und Zeitschriften in Online-Katalogen, weder bibliografisch nachgewiesen – und schon gar nicht im Volltext. Referenzquellen für Zeitschriftenartikel sind die **Referenz**- oder **Volltextdatenbanken**, derer gibt es viele, abhängig von Wissenschaftsdisziplin und Fachbereich. Zuerst müssen Sie demnach recherchieren, welche Referenzquellen in Frage kommen – verwenden Sie dafür das Verzeichnis Ihrer Bibliothek, z. B. das *Datenbank-Infosystem (DBIS)*.

Wahrscheinlich finden Sie jetzt den Zeitschriftenartikel in einer Referenzquelle: Dann gibt es zwei Möglichkeiten. Entweder Sie bekommen auch den Volltext des Artikels als pdf-Datei, das ist (nach *Google*) Glücksfall zwei, dann ist der Job für Sie getan. Oder Sie bekommen nur ausführliche Referenzinformationen und noch keine Antwort auf die Frage, wie Sie den Artikel selbst beschaffen können.

Auch dann müssen Sie die Hoffnung, den Artikel elektronisch und auf komfortable Weise auf Ihren Bildschirm zaubern zu können, nicht aufgeben. Sehr viele Zeitschriften gibt es auch elektronisch, ob Sie Zugang dazu haben, hängt von Ihrer Bibliothek ab, ob diese die Printausgabe der Zeitschrift abonniert hat oder am Konsortium jener Bibliotheken teilnimmt, die Zugang zur elektronischen Version der Zeitschrift haben. Das finden Sie heraus, indem Sie die *Zeitschrift* in der **Elektronischen Zeitschriftenbibliothek (EZB)** suchen. Zeitschriften sind dort mit Ampeln wie im Straßenverkehr gekennzeichnet, mit einer roten, wenn der Zugang gesperrt ist, mit einer grünen, wenn er für alle frei ist, und mit einer gelben, wenn er aufgrund einer Lizenz oder eines Abonnements für Ihre Bibliothek frei geschalten ist. Im letzten Fall müssen Sie sich allerdings im Campus Ihrer Universität, am besten in der Bibliothek, aufhalten, da die Zugangsberechtigung in den meisten Fällen vom Webserver, auf dem das Dokument liegt, über die → Internet-Adresse validiert wird, d. h. Sie können den Volltext nur dann am Bildschirm anzeigen, ausdrucken oder downloaden, wenn Ihre Internet-Adresse der Domain Ihrer Universität angehört.

Tipp

Die meisten Universitätsbibliotheken bieten den Angehörigen Ihrer Universität – und dazu gehören auch Sie – die Möglichkeit, über einen VPN-Zugang auch von außerhalb, theoretisch weltweit, auf die lizenzierten Informationsressourcen zuzugreifen. Mit einer entsprechenden Validierung kann man sich in dieses *Virtual private network* einloggen, der Client, der eigene PC, bekommt dann eine dynamische Internet-Adresse der Universität zugewiesen.

Im Fall von Ampel grün und gelb gelangen Sie von der EZB zur Web-Seite der Zeitschrift, dort können Sie sich, indem Sie über die Jahrgänge (*volumes*) und die Hefte (*issues*) navigieren, sich das Inhaltsverzeichnis (*table of content*) des betreffenden Heftes, in dem der Artikel erschienen ist, anzeigen lassen: Mit Klick auf das pdf-Icon kommen Sie zum Volltext.

Ampel auf rot bedeutet, was den Volltext betrifft, Sackgasse, die Suche geht weiter. Prüfen Sie im **Online-Katalog** Ihrer Bibliothek, ob die *Zeitschrift* und der gewünschte Jahrgang in Printform vorhanden sind: Wenn ja, können sie den Artikel in der Bibliothek lesen oder kopieren, denn Zeitschriften sind meist Präsenzbestände.

Ist auch diese Suche negativ, können Sie den Artikel entweder im Wege der **Fernleihe** über Ihre Bibliothek oder über einen **Dokumentenlieferdienst** z.B. Subito http://www.subito-doc.de bestellen. Die Möglichkeit Beschaffung durch Kauf sollten Sie in diesem Fall vermeiden, da Zeitschriftenhefte in der Regel verhältnismäßig teuer sind – und Sie benötigen ja nur den einen Artikel!

Checklist

Ich suche einen Zeitschriftenartikel

Voraussetzung: Referenz eines Artikels. Ziel: Beschaffung des Artikels.

- ☐ Suchmaschine (Google, Google-Scholar, AltaVista etc.): nachgewiesen und Volltext?
- ☐ Fachspezifische Referenz- oder Volltextdatenbank: nachgewiesen und Volltext?
- ☐ Elektronische Zeitschriftenbibliothek (EZB): elektronisch verfügbar?
- ☐ Online-Katalog: Zeitschrift in Printform verfügbar?
- ☐ Fernleihe: Bibliothek
- ☐ Dokumentenlieferdienst: z. B. Subito

Ich suche einen bestimmten Sammelband-Artikel

Auch Artikel, die in Sammelbänden erschienen sind, können Sie im Allgemeinen nicht direkt über den Online-Katalog finden – nur *indirekt*: nämlich über eine Suche des Sammelbandes selbst. In vielen Fällen wird in Online-Katalogen mittlerweile auch das Inhaltsverzeichnis des Sammelbandes angezeigt. Üblicherweise sind die Artikel auch in Referenzdatenbanken nachgewiesen: Dort zu recherchieren ist sinnvoll, wenn Sie die bibliografischen Angaben verifizieren wollen. Um zum Artikel zu kommen, suchen Sie im Online-Katalog nach dem Sammelband, hier gilt dann das Procedere wie bei Büchern überhaupt. Wie Bücher auch, sind Sammelbände eher selten elektronisch verfügbar, in einigen Fällen kann es vorkommen, dass sie von den Autor/innen selbst auf ihrer persönlichen Homepage veröffentlicht werden.

Frage 18

Ein Lehrender hat Ihnen für eine Seminararbeit den folgenden Aufsatz vorgegeben: Döring, Nicola (2000): Lernen und Lehren im Internet. In: Batinic, Bernard (Hrsg.): Internet für Psychologen. 2. Aufl. Göttingen: Hogrefe. Wie finden Sie den Aufsatz?

Überblick

Wie recherchieren

- **Recherchetechniken** beruhen auf den technischen Funktionalitäten der Abfrage von Datenbanken und dienen der Optimierung der Suchanfrage für elektronische Referenzquellen:
  - Mit den logischen Operatoren AND, OR, NOT werden Suchbegriffe zu einer Suchanfrage verknüpft.
  - Mit dem Trunkier- * oder Maskierzeichen ? werden unterschiedliche Schreibweisen eines Suchbegriffs berücksichtigt.
  - Mit der Phrasensuche »…« wird nach Wortgruppen oder Sätzen gesucht.
- **Recherchemethoden** beruhen auf den unterschiedlichen Strategien der Wissensorganisation, mit denen Quellen in Referenzquellen erschlossen sind.
  - Mit der formalen Suche wird nach formalen Kriterien (Autor, Titel usw.) gesucht: Voraussetzung ist die formale Beschreibung von Quellen.
  - Mit der inhaltlichen Suche wird nach Themen gesucht (Schlagwort, Stichwort, Klassifikation): Voraussetzung ist die inhaltliche Beschreibung von Quellen.
  - Mit der Volltextsuche wird nach Wörtern eines Volltextes gesucht: Voraussetzung ist die Volltextindizierung von Quellen.
  - Mit der hierarchischen Suche wird auch nach jeweiligen Unterbegriffen, Oberbegriffen und verwandten Begriffen eines Suchbegriffes gesucht: Voraussetzung ist die inhaltliche Beschreibung von Quellen mit Hilfe eines Thesaurus.
  - Mit dem zirkulären Recherchieren wird die Suchanfrage anhand der Suchergebnisse sukzessive optimiert (s. Checklist: Zirkuläres Recherchieren, S. 117).

→

← Überblick

- **Recherchestrategien** sind Hilfen für typische Rechercheszenarien (Motivation und Art der Informationsnachfrage). Die strategische Planung der Recherche orientiert sich an den Rechercheprinzipien *Warum, Was, Wie Wo.* (s. Checklist: Rechercheprinzipien, S. 123)
  - Bei der Personen-Daten-Fakten-Suche wird konkretes Wissen nachgefragt, entsprechend konkret sind die Suchbegriffe und Suchanfrage.
  - Bei der informellen Recherche in Situationen des informellen Lernens wird in der Regel problemorientiertes Wissen nachgefragt. Je nachdem, ob man sich informiert oder sich informieren lässt, sind verschiedene Strategien und Kommunikationsmedien hilfreich.
  - Bei der formellen Recherche in einem Forschungsprojekt wird in der Regel problemorientiertes Wissen nachgefragt. Je nach Fortschritt im Forschungsprozess ist entweder die Strategie der Einstiegssuche, der assoziativen Suche oder der gezielten thematischen Recherche indiziert. (s. Checklists: Assoziative Suche, S. 136; Einstiegssuche, S. 135; gezielte thematische Recherche, S. 137)
  - Bei der bibliografischen Suche wird ausgehend von einer Referenz (Literaturhinweis) die Quelle beschafft. Abhängig von der Publikationsform gibt es unterschiedliche Strategien. (s. Checklists: Ich suche ein Buch, S. 152; Zeitschriftenartikel, S. 155).

Wichtige Begriffe:

→ Recherchetechnik, → Datenbank, → Datensatz, → Datenfeld, → Abfragesprache, → Logischer Operator, → Trunkierung, → Maskierung, → Phrasensuche, → Recherchemethode, → Formale Suche, → Inhaltliche Suche, → Volltextsuche, → Hierarchische Suche, → Zirkuläres Recherchieren, Berrypicking, → Recherchestrategie, → Rechercheprinzipien, Personen-Daten-Fakten-Suche, Informelle Recherche, Formelle Recherche, → Einstiegssuche, → Assoziative Suche, → Gezielte thematische Recherche, Quellen: Auswahlverfahren.

V Richtig dokumentieren

Ordnung braucht nur der Dumme, das Genie beherrscht das Chaos.
(Albert Einstein)

In diesem Kapitel geht es um die Dokumentation im wissenschaftlichen Arbeiten. Zuerst werden Techniken des Archivierens besprochen, wie unterschiedliche Materialien, Mitschriften, Aufzeichnungen, Kopien, Dateien usw. in Ordnern abgelegt oder elektronisch gespeichert werden, damit sie jederzeit wieder gefunden werden können. Dann widmen wir uns dem Dokumentieren, dem Arbeiten mit Literatur. Wenn Sie dokumentieren, ordnen und organisieren Sie das archivierte Wissen so, dass es zu *Ihrem* Wissen wird. In der formalen Dokumentation werden Quellen bibliografisch beschrieben, um sie korrekt zitieren zu können. Zur Dokumentation kann man auch die Auswahl und Bewertung von Quellen zählen und die Frage, nach welchen Kriterien dies geschieht. Die wichtigste Form der Dokumentation ist die inhaltliche: Dabei werden Quellen exzerpiert und in Zitaten festgehalten, eigene Gedanken notiert und Quellen, Zitate und Gedanken beschlagwortet. Damit wird Ordnung und Übersicht möglich, es lassen sich leichter neue Zusammenhänge und Hypothesen und eine Gliederung für die zu schreibende Arbeit finden. Anhand von Kartei, Zettelkasten und elektronischer Literaturverwaltung wird gezeigt, wie diese Strategien der Wissensorganisation und Dokumentation technisch implementiert werden können.

1 Ordnung ist alles

Vielleicht sind Sie bereits mitten in den Vorarbeiten für eine größere schriftliche Arbeit – meist greifen Studierende dann erst zu Büchern über wissenschaftliches Arbeiten. Wenn nicht, dann freue ich mich für Sie, da Sie schon jetzt die Chance ergreifen, richtig dokumentieren zu lernen und mit dem Aufbau *Ihrer* Wissenswelt zu beginnen. Sie werden wahrscheinlich noch keinen rechten Sinn darin sehen: In dieser Phase des Studiums beschäftigen Sie sich eher mit wenigen Quellen, zumeist mit Lehrbüchern, ein paar Büchern und Artikeln, überschaubar und in Grenzen. Dazu kommen noch die Materialien, die sich in Ihrer Karriere als Studierende/r bis jetzt angesammelt haben: Mitschriften von Lehrveranstaltungen, Handouts, Dateien auf Ihrem Computer usw. Auch da gibt es aus Ihrer Sicht noch wenig zu ordnen. Doch Sie werden später davon profitieren, wenn Sie schon jetzt beginnen: Sehen Sie sich an, was auf Sie zukommt.

Wenn Sie tatsächlich bereits an einer Arbeit schreiben, haben Sie mit viel mehr Quellen zu tun, rechnen Sie mit bis zu 100 und mehr, besonders dann, wenn Sie schon eine → gezielte thematische Recherche gemacht haben. Sie müssen das Material **archivieren**, geordnet speichern und ablegen, damit Sie es wieder finden und **dokumentieren**: sichten, auswählen, lesen, festhalten, exzerpieren, im Überblick behalten. So können Sie Verbindungen zwischen Ihren Gedanken und den Texten herstellen, diese in Ihre Arbeit integrieren und bei alledem *Ihre Ordnung* finden: Das ist das Ziel einer wissenschaftlichen Arbeit. Dann beginnen Sie mit dem *Schreiben.* Ob Sie ein Schreibprofi sind oder ob Sie erst mit dem Studium begonnen haben oder weiter fortgeschritten sind, das Prinzip *Ordnung* gilt für jeden: Was Sie schreiben, muss sinnvoll gegliedert sein, alles, was Ihnen wichtig ist – Zitate aus Quellen und Ihre eigenen Gedanken –, muss konsistent und schlüssig dargestellt sein. Wie aufgefädelt: Wenn Sie in guten Texten den *roten Faden* erkennen und begeistert lesen, wissen Sie, was Ordnung ist. Die Voraussetzungen für diese Ordnung schaffen Sie schon vorher durch Archivieren und Dokumentieren.

Der rote Faden

Die Metapher des *roten Fadens* steht für den schlüssigen, logischen, konsistenten Aufbau, also die innere Ordnung eines Textes, in geschriebener oder gesprochener Sprache – *Text* kommt übrigens aus dem Lateinischen und bedeutet Gewebe. Diese Metapher geht vermutlich auf *Johann Wolfgang von Goethe* zurück. Im zweiten Teil, Kapitel 2 seiner *Wahlverwandtschaften* beschreibt er das Tagebuch von Ottilie mit einem »Gleichnis, das sich uns beim Betrachten ihrer liebenswürdigen Blätter aufdringt. Wir hören von einer besonderen Einrichtung bei der englischen Marine. Sämtliche Tauwerke der königlichen Flotte sind dergestalt gesponnen, daß ein roter Faden durch das Ganze durchgeht, den man nicht herauswinden kann, ohne alles aufzulösen, und woran auch die kleinsten Stücke kenntlich sind, daß sie der Krone gehören. Eben so zieht sich durch Ottiliens Tagebuch ein Faden der Neigung und Anhänglichkeit, der alles verbindet und das Ganze bezeichnet.«

2 Ordner schaffen Ordnung

In Ihrem Studium sammelt sich mit der Zeit eine Fülle von Materialien an, aus Lehrveranstaltungen, aufgrund von Recherchen, elektronische Dokumente, die Sie auf Ihrem Computer speichern oder ausdrucken, Bücher, die Sie kaufen, und nicht zuletzt auch eigene Aufzeichnungen, unterschiedliche Textsorten, unterschiedlich gespeichert – alle diese Materialien können Sie in Ihrer Zukunft wieder benötigen. Deshalb sollten sie in geeigneter Weise archiviert werden. Es gibt dafür Techniken und Ordnungsprinzipien: Sie werden vielleicht schon nach einem eigenen System vorgehen, wenn nicht, sollten Sie dies demnächst in Angriff nehmen. Ich möchte Ihnen ein paar Tipps geben, worauf Sie dabei achten sollten.

Elektronische Dokumente. Erfahrungsgemäß werden Dateien eher nachlässig verwaltet, man sichert sie nicht, man verlässt sich darauf, dass die Festplatte immer funktioniert, man speichert Dateien unter kryptischen Dateinamen oder in einem einzigen Ordner usw. Durch das Chaos auf dem Computer wird die Suche nach Dateien aufwändig, im schlimmsten Fall droht Datenverlust Ein brauchbares **Dateimanagement** ist die Voraussetzung für die nachhaltige Archivierung Ihrer Materialien. Die gängigen Betriebssysteme *Microsoft Windows* oder *Apple Mac OS X* bieten effiziente Formen der elektronischen Ablageorganisation: Dateien können unter einem Dateinamen in Ordnern in hierarchischer Struktur gespeichert, verschoben, gesucht, kopiert oder gelöscht werden.

Checklist

Archivieren: Effizientes Dateimanagement

Schaffen Sie Ordnung, verordnen Sie sich Richtlinien für ein effektives Dateimanagement

Ordnerstruktur

- ☐ Entwerfen Sie eine Ordnungsstruktur, die Ihren Bedürfnissen angemessen ist: Für welche Arbeiten verwenden Sie den Computer? Welche Typen von Dateien fallen an?

→

← Checklist

- ☐ Erstellen Sie für die Hauptkategorien Ordner. Beispiele: Lehrveranstaltungen, Texte (Ihre eigenen), Quellen (elektronische Dokumente), Fotos, Briefe usw.
- ☐ Erstellen Sie ggf. Unterordner: für Lehrveranstaltungen z. B. chronologisch geordnet: SS_2010, WS_2010, dann weitere Unterordner nach Titeln der Lehrveranstaltungen; Ihre Texte nach Seminararbeiten, Notizen, Exzerpte; Quellen nach Sachgebieten.
- ☐ Der hierarchische Aufbau der Ordner soll nicht Selbstzweck sein, sondern die Suche nach Dateien erleichtern. Ordner mit wenigen Dateien sind nicht sinnvoll.

Dateinamen

- ☐ Überlegen Sie sich ein Schema für die Syntax der Dateinamen, bspw.: Textsorte_Thema_ Datum: eine Seminararbeit in Wissenschaftstheorie könnten Sie als SA_Wissenschaftstheorie_20100415.doc speichern, einen Brief an XY als Brief_XY_20100501.doc
- ☐ In manchen Betriebssystemen ist es möglich, eine Datei zusätzlich formal zu beschreiben (Autor, Titel, Kategorie usw.).
- ☐ Das Datenformat einer Datei erkennen Sie an der Extension: doc, pdf, jpg usw.
- ☐ Tipps für Ordner- und Dateinamen: Verwenden Sie sprechende Bezeichnungen, dies erleichtert es Ihnen, eine bestimmte Datei auch Jahre später zu finden. Verwenden Sie keine Umlaute, auch wenn Ihr Betriebssystem dies erlaubt. Trennen Sie Begriffe mit Unterstrichen, um die Lesbarkeit zu erhöhen. Dateinamen sollten so lang als nötig und so kurz wie möglich sein: Sie können zwar 256 Zeichen aufweisen, doch dies erschwert die Lesbarkeit.

Sicherungsroutine

- ☐ Rechnen Sie immer mit dem Ernstfall: Ihr Computer oder Laptop kann einen Defekt haben, verloren gehen, gestohlen werden, Daten können irrtümlich gelöscht werden usw.
- ☐ Überlegen Sie sich eine Sicherungsroutine: Sicherungsmedien (CD-ROM, USB-Stick, externe Festplatte usw.) und Intervall der Sicherung (mindestens einmal monatlich).
- ☐ Sichern Sie wichtige Arbeiten (z. B. eine Diplomarbeit *in progress*) in kürzeren Intervallen, je nachdem, wie viel Sie daran gearbeitet haben.

Beispiel Ordnerstruktur

Gedruckte Dokumente. Aber in Ihrem studentischen Leben gibt es auch noch gedruckte Medien, Bücher, Kopien, Aufzeichnungen, viel, viel Papier. Alles einscannen, um den Traum der *paperless society* zumindest für den eigenen Bereich Wirklichkeit werden zu lassen, wäre verlorene Liebesmüh. Einfacher ist es, die Materialien, die im Laufe der Zeit anfallen, nach einem sinnvollen **Ablagesystem** in traditionellen Ordnern oder Schachteln zu archivieren. Grundsätzlich kann man dabei ähnlich vorgehen wie bei den **virtuellen Ordnern** und jeweils Ordner anlegen für ein und dieselbe Kategorie von Dokumenten – aber es gibt Unterschiede. Die **realen Ordner** müssen nicht gesichert werden, die virtuellen schon, wenngleich diese viele Vorteile haben. Mittlerweile sind die Speichermedien so leistungsstark, dass Sie praktisch alles archivieren können, was auch ein Nachteil sein kann, wenn man *zu viel* speichert. Vor allem bieten sie differenzierte Suchmöglichkeiten. Das haben Sie bei den *realen* Ordnern so nicht. Der Stellplatz wird nicht das Problem sein, vielmehr das Wiederfinden von abgelegten Dokumenten, und Sie müssen sich auf längere Zeit für *ein* Ordnungsprinzip entscheiden.

Sie sollten allerdings pragmatisch vorgehen und sich fragen, ob Sie einzelne Papiere wirklich später benötigen, wie oft und wie intensiv Sie damit arbeiten werden. Papiere, die Sie auch als Datei gespeichert haben, sollten Sie nur dann archivieren, wenn Sie in absehbarer Zeit damit arbeiten wollen. Zudem sollten Sie ein Ordnungssystem wählen, das es erlaubt, die Dokumente so schnell als möglich zu finden und so einfach wie möglich einzuordnen. Wenn Sie vorhaben, mit einer Literaturverwaltung zu arbeiten, elektronisch oder mit einem Zettelkasten, sollten Sie bedenken, dass es Sinn macht, bestimmte Texte nicht nur zu archivieren, sondern auch durch einen Nachweis in Ihrer Literaturverwaltung zu *dokumentieren.*

Checklist

Archivieren: Effiziente Ordnerablage

Überlegen Sie sich ein Ablagesystem für Ihre Materialien

Ordnerstruktur

- ☐ Planen Sie eine Ordnerstruktur, die Ihren Bedürfnissen angemessen ist. Welche Typen von Materialien fallen an?
- ☐ Wahrscheinlich: (1) Unterlagen aus Lehrveranstaltungen (Mitschriften, Skripten, Handouts, Powerpoint-Folien), (2) Übungsblätter, Literaturlisten, eigene Skizzen, Notizen, Seminararbeiten usw., (3) Quellen (Kopien, Internet-Dokumente, Exzerpte usw.).

Ordnungssystem

- ☐ Überlegen Sie sich für die Ordner jeweils Bezeichnung und Ordnungssystem. Für die LV-Materialien (1) z. B. eine chronologische Reihung (nach Semester und Lehrveranstaltung). Die Texte (2) und Quellen (3) können nach Themenbereichen geordnet oder laufend nummeriert werden, vorausgesetzt, dass sie in einer Literaturverwaltung nachgewiesen sind.

Auswahlkriterien

- ☐ Sammeln Sie nicht einfach alles, sondern überlegen Sie sich Auswahlkriterien, insbesondere: Relevanz des Textes, Aktualität, alternative Beschaffungsmöglichkeit.

Auch diese eher äußerliche Ordnung, die durch konsequentes Archivieren erzielt wird, ist wichtig. *Albert Einstein* ist kein gutes Vorbild, wenn er meint, dass nur der Dumme Ordnung brauche, während das Genie das Chaos beherrsche. Es sei denn, er will uns sagen, dass die *innere* Ordnung wichtiger ist und dass über diese das wirkliche Genie verfügt. Die äußere Ordnung ist wichtig, aber tatsächlich kommt es mehr darauf an, dass Sie das Wissen, welches in all den archivierten Materialien gespeichert ist, so organisieren und in Ordnung bringen, dass es zu *Ihrem* Wissen wird. So gesehen hat Einstein natürlich Recht.

3 Arbeiten mit Literatur

Ordnung in diesem Sinne beginnt schon mit der Recherche: Sie suchen die Quellen, die Sie benötigen; Sie halten die Ergebnisse mit Hilfe der → Leseliste, in der Sie die Quellen formal beschreiben, fest. Was tun Sie dann mit den gefundenen Quellen? Vor allem *lesen*, werden Sie mit Recht sagen – aber nicht *nur*. Sie werden vielleicht die Erfahrung gemacht haben, dass Sie zwar viel lesen und einiges davon noch vage in Erinnerung haben, aber dass Sie nicht mehr wissen, was wo in welcher Quelle genau stand. Und Sie kennen sicher auch das Gefühl, dass Sie vor lauter Texten, Theorien und Gedanken die Übersicht verlieren. Man sollte, was wichtig ist, *dokumentieren.*

Dokumentieren ist eine Voraussetzung für das wissenschaftliche Schreiben. Dokumentieren *ist* Arbeiten mit Literatur, dokumentiert wird die *eigene Arbeit* mit Literatur. Dies ist auch der Unterschied zwischen der *professionellen* Dokumentation und der *personalisierten.* In der professionellen Dokumentation werden Dokumente → formal und → inhaltlich beschrieben oder durch → Volltextindizierung aufbereitet und als → Referenzen in → Referenzquellen für die *Recherche* verfügbar gemacht. In der **personalisierten Dokumentation** geht es um die Dokumente, die *Sie* recherchiert haben und die für *Sie* relevant sind, dies sind die Quellen für *Ihre* wissenschaftliche Arbeit. Mit allem, was Sie lesen, schaffen Sie sich eine *eigene Wissenswelt*, in der Sie der Souverän sind, Sie entscheiden, was relevant und wichtig ist, was wie zusammenhängt usw. Diese Wissenswelt dokumentieren Sie und schaffen so *Ihre* Grundlage für das wissenschaftliche Schreiben. Wenn Sie das tun, wenden Sie im Prinzip die gleichen Strategien der → Wissensorganisation an wie in der professionellen Dokumentation: die → formale sowie die → inhaltliche Beschreibung und – wenn Sie mit einer elektronischen Literaturverwaltung arbeiten – auch die Volltextindizierung.

Welche Vorteile bringt Ihnen die persönliche Dokumentation?

Evidenz der Referenzen. Wie hieß der *Titel* jener Quelle genau? *Welche* Literatur wollte ich noch berücksichtigen?

In der *formalen Dokumentation* halten Sie alle relevanten Quellen bibliografisch, also durch formale Beschreibung fest. Sie tun das bereits, wenn Sie eine Recherche durchführen und die Ergebnisse in der → *Leseliste* dokumentieren. Durch die bibliografische Verwaltung der Referenzen (*reference management*) verfügen Sie jederzeit über eine übersichtliche Evidenz aller Quellen, die Sie in Ihrer schriftlichen Arbeit verwenden können.

Literaturverzeichnis. Ist dieser Literaturhinweis *formal* korrekt? *Welche* Literaturhinweise muss ich noch anführen? In *welchem* Verlag ist das Buch… erschienen?

Wenn Sie die Referenzen (Literaturhinweise) gemäß den → Zitierregeln gespeichert haben, können Sie diese in das *Literaturverzeichnis* Ihrer Arbeit übernehmen. Durch Abschreiben oder automatisch, je nachdem, wie Sie Referenzen dokumentieren: entweder auf vielen Notizzetteln – das ist die schlechteste Option; oder in einer *Literaturkartei* (bibliografische Kartei, Verfasserkartei) – das ist die herkömmliche Technik; oder elektronisch in einer *Textdatei* – das ist die einfachste; oder auch elektronisch in einer *Literaturdatenbank* – das ist die *beste* Option. Mit einer Literaturverwaltung können Sie Referenzen schon während der Recherche aus Referenzquellen importieren (Sie sparen sich das Eintippen) und als Literaturverzeichnis nach frei wählbaren Zitierregeln direkt in Ihre Textverarbeitung exportieren (Sie sparen sich das Abtippen).

Auswahl der Quellen. Was tue ich mit so vielen Literaturhinweisen? Ich bin mir nicht sicher, ob *alle* brauchbar sind …

Die Dokumentation hilft Ihnen, den Datenbestand zu überblicken und bei der Bewertung und Auswahl jener Quellen, die Sie in einer Arbeit verwenden, strategisch vorzugehen: *Divide et impera.* Dies ist ein erstes wichtiges Ziel in der Arbeit mit Literatur. Sie können anhand der Referenzen entscheiden, ob eine Quelle etwas taugt, oder eine nach der anderen kursorisch oder genau lesen und entweder verwenden oder *ad acta* legen.

Evidenz von Quellen, Zitaten, Ideen. Ich weiß, da wurde diese Theorie behandelt, da war dieser Gedanke, diese Definition, dieses Argument, aber *wo*? Irgendwann ist mir eine gute Idee gekommen, aber ich weiß nicht mehr genau, *welche* …

In der *inhaltlichen Dokumentation* halten Sie alles, was für Sie relevant ist, durch inhaltliche Beschreibung fest: relevante Quellen, Zitate (relevante Textpassagen) und eigene Ideen, die Ihnen in der Arbeit mit Quellen eingefallen sind. Sie beschreiben Quellen, Zitate und Ideen inhaltlich, indem Sie ihnen Schlagwörter oder eine Klassifikation zuordnen. Dieses Wissensmanagement *(knowledge management)* erlaubt es Ihnen, jederzeit über ein Schlagwort oder eine Klassifikation auf diese Textbausteine zugreifen zu können. In der herkömmlichen Technik halten Sie Exzerpte und Gedanken in einer *Exzerptdatei* fest, in der Sie mit Hilfe einer *Schlagwortkartei* suchen können – im Prinzip ähnlich, jedoch komfortabler arbeiten Sie mit einer elektronischen Literaturverwaltung.

Unterstützung im Schreiben. Ich komme gerade nicht weiter. *Wo* soll ich beginnen, wo fortsetzen? Ich sehe den Zusammenhang nicht mehr …

Eine Dokumentation ist nicht nur dazu da, dass man sie macht, während man mit der Literatur arbeit. Eine Dokumentation dient auch dazu, dass man *mit ihr* arbeitet, vor allem wenn man an einem Text schreibt. Es ist ein Irrtum anzunehmen, dass die Ideen kommen, wenn man sich an den Schreibtisch setzt und *ad hoc* mit dem Schreiben beginnen möchte – man wartet dann oft vergeblich auf die Inspiration. Dies gelingt bestenfalls Menschen, die im Schreiben geübt sind und die sich intensiv mit einem Thema befasst haben, also alles *im Kopf* haben. Ideen müssen in jedem Fall schon vorher gewachsen sein – und *dokumentiert* werden. Schreiben bedeutet, Wissen – Zitate, eigene Ideen – intensiv bearbeiten, sichten, ordnen, verdichten, dann kommt die zündende neue Idee, wie ein Thema im Zusammenhang formuliert werden kann: Das ist aufregend und lustvoll. Schreiben ist demnach Arbeiten am Rohstoff Wissen, welches man vorher gesammelt hat: Das bedeutet nicht, dass man Fragmente aus Quellen übernimmt, zusammenkleistert oder gar → plagiiert, nein, man raffiniert den Rohstoff im Kontext mit eigenen Ideen, man schafft einen neuen Text.

Theoriebildung. Die Dokumentation unterstützt demnach die Kreativität in der Theoriebildung. Man kann Zitate und Ideen überblicken, vergleichen, kontrastieren, neue Zusammenhänge darstellen und ggf. auch als *mindmap* visualisieren, vorausgesetzt, dass man in der Dokumentation wie in einer → Referenzquelle suchen kann. Je nach Art der Dokumentation, ob herkömmlicher Zettelkasten oder Literaturdatenbank, stehen verschiedene Suchmethoden zur Auswahl: die → formale Suche, die → Volltextsuche und die → inhaltliche Suche über Schlagwörter und Klassifikationen. Gerade die Suche nach Schlagwörtern und der Vergleich der Fundstellen kann im Schreibprozess Wunder wirken. Denn eine Dokumentation repräsentiert gleichzeitig ein Netzwerk von möglichen Verbindungen zwischen Zitaten und Gedanken, auf die man so nicht gekommen wäre. Welche Verbindungen sinnvoll sind, entscheiden natürlich Sie selbst, auf jeden Fall sind dies Gelegenheiten und Anreize, über Zusammenhänge und Hypothesen nachzudenken: So können Sie auch die Gliederung für eine schriftliche Arbeit entwerfen.

Gliederung. Sobald Sie die Gliederung in Kapitel und Unterkapitel und damit auch das *Inhaltsverzeichnis* skizziert haben, können Sie die Zitate und Ideen auch einzelnen Kapiteln zuordnen. Falls Sie später mit der Gliederung nicht einverstanden sind, können Sie diese immer noch ändern und die Textbausteine ggf. neu zuordnen. Wenn Sie das ganze Textmaterial beisammen haben, brauchen Sie die

Textbausteine nur noch in ihrer Abfolge zuordnen, auf Konsistenz und Schlüssigkeit achten, ggf. geeignete Überleitungen einzufügen, und fertig ist der Text – samt Inhalts- und Literaturverzeichnis.

Die persönliche Dokumentation

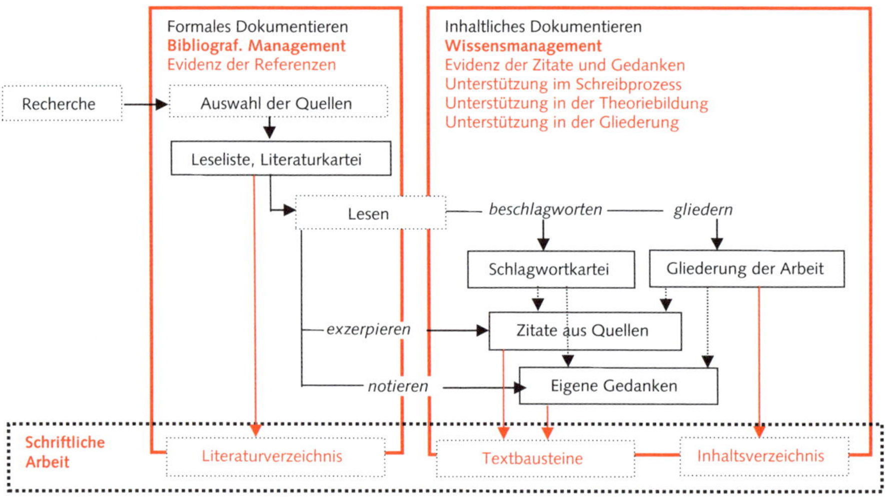

Frage 19

Was bringt Ihnen eine Dokumentation?

4 Formal dokumentieren

Nach einer Recherche, vor allem nach einer → gezielten thematischen, verfügen Sie über eine → **Leseliste**, in die Sie alle Treffer aufgenommen haben, die sich mit Ihrer Suchanfrage in den Referenzquellen qualifiziert haben. Damit haben Sie bereits mit der formalen Dokumentation begonnen.

Die Leseliste können Sie in einer Textdatei oder in einer Literaturverwaltung elektronisch speichern, oder Sie verwenden das herkömmliche Karteisystem. Die elektronische → Literaturverwaltung hat allerdings viele Vorteile. Man kann direkt in Referenzquellen recherchieren und relevante Referenzen unmittelbar importieren. Wenn Sie die ISBN-Nummer eines Buches eingeben, sucht das System automatisch im Internet und spielt Ihnen die Referenzdaten ein. Man spart sich also viel Tipparbeit. In einer Kartei gibt es nur den Sucheinstieg nach dem Autorennamen, in einer Datenbank kann man nach allen Datenfeldern suchen. Literaturlisten lassen sich blitzschnell ausgeben. Das erhöht die Arbeitseffizienz beträchtlich. Bei der Entscheidung, ob Sie eine Literaturverwaltung verwenden sollen oder nicht und welche, spielen mehrere Faktoren eine Rolle – wir kommen noch darauf zurück (S. 189).

Jedenfalls: Egal, ob Sie für die Verwaltung der Leseliste eine Literaturkartei oder eine Textdatei oder eine Literaturverwaltung verwenden, im Prinzip tun Sie immer *dasselbe*: nämlich Quellen → formal beschreiben, und Sie tun dies immer zum selben Zweck: um die Quellen in Ihrer Arbeit → zitieren zu können. Deshalb ist dringend zu empfehlen, dass Sie Ihre → Referenzen, falls Sie mit einer Literaturkartei arbeiten, bereits nach den → *Zitierregeln* dokumentieren – oder, falls Sie mit einer Literaturverwaltung arbeiten, dass Sie sich versichern, dass diese Ihre Daten im gewünschten Zitationsstil ausgeben kann. Denn die Leseliste wird in jedem Fall die Basis für das *Literaturverzeichnis* Ihrer schriftlichen Arbeit sein: In diesem werden die Quellen, die Sie in Ihrer Arbeit verwenden oder zitieren, bibliografisch nachgewiesen.

Wenn wir eine Textpassage in einer Quelle gefunden haben, die in unserem Zusammenhang eine brauchbare theoretische Begründung sein kann, zitieren wir sie (vgl. S. 22). Zitieren heißt demnach, eine Textpassage aus einer Quelle übernehmen *und* sie so nachweisen, dass sie jederzeit wieder gefunden werden kann. Wer die Quelle *nicht* nachweist, begeht ein Plagiat: Er übernimmt bewusst fremdes geistiges Eigentum in die eigene Arbeit, ganz oder teilweise, wörtlich oder paraphrasiert, entweder aus elektronischen Dokumenten, aus gedruckten Publikationen oder als Übersetzung einer fremdsprachigen Vorlage. Ein Plagiat im weiteren Sinn begeht, wer sich »seine« Arbeit durch einen *Ghostwriter* schreiben lässt oder eine schriftliche Arbeit für unterschiedliche Lehrveranstaltungen einreicht.

Zitiert werden kann nach unterschiedlichen → Zitierregeln. Prinzipiell kann man sich selbst für irgendein System entscheiden, aber wenn Sie eine schriftliche Arbeit verfassen, ist es nahe liegend, sich an die örtlichen Gepflogenheiten zu halten.

Steckbrief

Meine Zitierregeln

Erkundigen Sie sich, welche Zitierregeln in Ihrem Studienfach üblich sind.

Egal, welche Standards Sie verwenden, wichtig ist, dass Sie diese einheitlich und konsistent anwenden, nur so erfüllen sie Ihren *eigentlichen Zweck*: dass jeder die zitierten Quellen finden und überprüfen kann.

Eine weit verbreitete Zitierweise, die auch in diesem Buch verwendet wird, beruht auf der sog. *Harvard-Notation*: Nach dieser werden in einer schriftlichen Arbeit die Quellen *im* Text in Kurzform angegeben und im Literaturverzeichnis am *Ende* der Arbeit detailliert nachgewiesen.

Tipp

Wenn Sie sich unterschiedliche Zitierregeln in Büchern ansehen, werden Sie auch die Fußnotenbelegmethode finden: Hier werden Quellen in Fußnoten nachgewiesen, wobei eine Quelle beim zweiten Mal abgekürzt wird; ein eigenes Literaturverzeichnis gibt es nicht.
Zitierregeln gibt es viele: von namhaften wissenschaftlichen Gesellschaften (APA American Psychological Association, ACS American Chemical Society, MLA Modern Language Association of America, NLM National Library of Medicine usw.) oder auch von einzelnen Zeitschriften (Science, Nature usw.).

Zitierregeln normieren, wie ein Zitat im Text nachzuweisen ist und wie die verwendeten Quellen im Literaturverzeichnis zu beschreiben sind.

Überblick

Zitierregeln: direktes und indirektes Zitat

Direktes Zitat

- **»…« (Nachname Jahr, Seite)**
- »Zitieren ist wie in einem Prozeß etwas unter Beweis stellen. Ihr müßt die Zeugen immer beibringen und den Nachweis erbringen können, daß sie glaubwürdig sind. Darum muß die Verweisung ganz genau sein (man zitiert keinen Autor, ohne das Buch und die Seite des Zitats anzugeben), und sie muß von jedermann kontrolliert werden können.« (Eco 2007, S. 204)

Indirektes Zitat

- **… (Nachname Jahr, Seite)**
- In seinem Klassiker über das wissenschaftliche Schreiben vergleicht Umberto Eco das Zitieren mit der Beweisführung vor Gericht: Die Quellen seien wie Zeugen anzuhören, ihre Glaubwürdigkeit müsse nachgewiesen sein; eine Quellenangabe müsse deswegen exakt und d. h. nachvollziehbar sein. (Eco 2007, S, 204)

Zitat. Das Zitat ist die aus einer Quelle zitierte Textpassage inklusive Quellenbeleg, wobei zwei Formen zu unterscheiden sind. Das *direkte (oder wörtliche)* Zitat gibt die Textpassage zwischen Anführungszeichen wortgetreu wieder, *mit* Fehlern und der dort verwendeten Rechtschreibung. Das *indirekte (sinngemäße oder paraphrasierende)* Zitat fasst die grundlegenden Gedanken einer Textpassage in eigenen Worten zusammen, jedoch ohne Anführungszeichen. Auf das Zitat folgt der *Quellenbeleg* in Kurzform bestehend aus dem Nachnamen des Autors, dem Erscheinungsjahr und der Seitenangabe.

Im **Literaturverzeichnis** werden alle im Text zitierten Quellen bibliografisch vollständig aufgelistet. Die → formale Beschreibung kann in Details variieren, abhängig von den jeweiligen Zitierregeln, wobei Eckdaten wie Autor, Titel, Jahr, Zeitschrift usw. immer angeführt werden. Im hier verwendeten Reglement werden Quellen je nach → Publikationsform wie folgt dargestellt:

Frage 20

Was ist der Zweck der formalen Dokumentation?

Überblick

Zitierregeln: Das Literaturverzeichnis

Bücher (Monografien, Sammelbände)

- **Nachname, Vorname (Jahr): Titel. Untertitel. Auflage. Verlagsort: Verlag. (Reihe. Zählung)**
- Lakoff, George (2007): Leben in Metaphern. Konstruktion und Gebrauch von Sprachbildern. 5. Aufl. Heidelberg: Auer.
- Plasser, Fritz; Ulram, Peter A. (Hrsg.) (2007): Wechselwahlen. Analysen zur Nationalratswahl 2006. Wien: Facultas WUV (Schriftenreihe des Zentrums für Angewandte Politikforschung. 30)

Zeitschriftenaufsätze

- **Nachname, Vorname (Jahr): Titel. Untertitel. In: Zeitschrift, Jahrgang, Seiten.**
- Mölg, Thomas; Cullen, Nicolas J.; Kaser, Georg (2009): Solar radiation, cloudiness and longwave radiation over low-latitude glaciers. Implications for mass balance modeling. In: Journal of Glaciology, 55, S. 292–302

→

← Überblick

Aufsätze in Sammelbänden

- **Nachname, Vorname (Jahr): Titel. Untertitel. In: Nachname, Vorname (Hrsg.): Titel. Untertitel. Ausgabe. Verlagsort: Verlag, Seiten.**
- Karlhofer, Ferdinand (2007): Wahlkampf im Schatten des Skandals. Konzepte – Korrekturen – Verlauf. In: Plasser, Fritz; Ulram, Peter A. (Hrsg.) (2007): Wechselwahlen. Analysen zur Nationalratswahl 2006. Wien: Facultas. WUV (Schriftenreihe des Zentrums für Angewandte Politikforschung. 30)

Internet-Dokumente

- **Nachname, Vorname (Jahr): Titel. Verfügbar unter: http://... (Stand JJJJ-MM-TT).**
- Hapke, Thomas (2008): Informationskompetenz 2.0 und das Verschwinden des »Nutzers«. Verfügbar unter http://doku.b.tu-harburg.de/volltexte/2008/381/pdf/137_149.pdf (Stand 2009-11-01).

Der erste Schritt im Dokumentieren ist das Festhalten der bibliografischen Angaben der Quellen. Ob Sie formal dokumentieren mit Hilfe einer Literaturkartei oder elektronisch in einer Datenbank, erforderlich sind in jedem Fall die genaue Referenz der Quelle und ein Kurznachweis, beides in unserem Fall nach der Harvard-Notation, damit die Quelle korrekt zitiert werden kann. Sinnvoll sind auch Angaben über die Verfügbarkeit, den Inhalt der Quelle und Verweise auf weitere einschlägige Materialien (Exzerpte, Rezensionen usw.).

Tipp

Wenn Sie Ihre Referenzen mit einer elektronischen Literaturdatenbank verwalten, können Sie zwischen mehreren Zitationsstilen (*reference style sheets*) wählen, Ihre bibliografischen Datensätze werden entsprechend angezeigt.

Viele weit verbreitete Softwareprodukte, bspw. *Endnote* oder *Reference Manager*, dienen ausschließlich der bibliografischen Verwaltung der Quellen (*reference management*): Eingabe der Datensätze, Import aus Referenzquellen, Unterstützung der Zitation in einer Textverarbeitung, Ausgabe von Literaturlisten. Für die inhaltliche Dokumentation sind sie nicht vorgesehen.

Wie immer Sie ihre Referenzen dokumentieren, auf jeden Fall sollten Sie die Vornamen, unabhängig von den Zitierregeln, die Sie gerade verwenden, *nicht abkürzen*: Vornamen nachträglich zu recherchieren (für den Fall, dass Sie diese doch einmal in ausgeschriebener Form brauchen), ist zeitaufwändig.

5 Quellen auswählen

Nach der formalen Dokumentation der Quellen ist es an der Zeit, sich anhand der Leseliste, der Lektürekartei oder in der Literaturverwaltung eine Übersicht zu verschaffen – und die Spreu vom Weizen zu trennen.

Obwohl Sie bei der Recherche bereits eine grobe Auswahl getroffen haben, ist Ihre Leseliste im ersten Anlauf wahrscheinlich sehr großzügig ausgelegt. Die eigentliche Selektion liegt noch vor Ihnen – dies ist ein wichtiger Schritt in der **Qualitätssicherung** Ihrer schriftlichen Arbeit. Die Qualität der Quellen entscheidet auch über die Qualität Ihrer Arbeit. Auch in der Bewertung und Begutachtung von studentischen Abschlussarbeiten wird besonderes Augenmerk auf diese Qualitätskriterien gelegt:

- Wie *repräsentativ* sind Ihre Quellen: Sie sollten in jedem Fall eine begründete Auswahl darstellen.
- Wie *flächendeckend* sind Ihre Quellen: Inwieweit dies erforderlich ist, hängt vom Typ der schriftlichen Arbeit ab (Seminararbeit, Diplomarbeit usw.).
- Welche *Art* von Quellen haben Sie ausgewertet: Entscheidend sind die Wissenschaftsdisziplin und die Forschungsfrage, ob Sie z.B. Bücher oder vorwiegend Artikel berücksichtigen sollten.
- Haben Sie auch *englischsprachige* Literatur verwendet: In bestimmten Fächern sind englische Sekundärquellen ein Muss.
- Welche Quellen *genau* Sie verwendet haben: Es gibt Forschungsbereiche, die von einer relativ kleinen Gruppe und einigen Fachautoritäten bestimmt werden.
- Haben Sie die *aktuelle* Literatur verarbeitet: Dies gilt vor allem für Fächer und Forschungsbereiche, die laufend weiterentwickelt werden.

Auch in der Auswahl der Quellen sollten Sie strategisch vorgehen und schon vorher klären, *wie lang* und *wie viel* Sie recherchieren bzw. wie viele Literaturhinweise Sie in Ihrer Arbeit überhaupt berücksichtigen wollen. Dazu können die folgenden Hinweise hilfreich sein.

Aber vergessen Sie nicht: In Ihrer Arbeit sind *Ihre* Gedanken wichtig, diese sollten sichtbar sein. Zitieren Sie souverän aus *Ihrer* Perspektive, verstecken Sie sich nicht hinter einem Mix an Zitaten. Beginnen Sie deshalb bereits während der Lektüre damit, eigene Gedanken zu formulieren und zu dokumentieren, setzen Sie sich mit den Texten aktiv auseinander!

Wenn Sie Ihre Leseliste durchmustern und relevante Quellen **auswählen**, dann am besten in drei Tranchen: Selektieren Sie schon *während* und *nach der Recherche*

Tipp

Wie viele und welche Quellen Sie verwenden sollen:

- Erkundigen Sie sich bei Ihrem Betreuer, wie viele Literaturhinweise sinnvoll sind.
- Quellen sollten repräsentativ und flächendeckend berücksichtigt werden. Dennoch: Verwenden Sie nur so viele Quellen, wie Sie auch wirklich verarbeiten können. Ein Mehr an Quellen geht zu Lasten Ihrer eigenen Gedanken!
- Setzen Sie sich ein Zeitlimit für die Recherche und die Lektüre der Quellen – ca. ein Drittel der geplanten Zeit sollte reichen!
- Wenn Sie unsicher sind, ob Sie die richtigen Literaturhinweise berücksichtigen und ob diese ausreichen, fragen Sie Ihren Betreuer.
- Geben Sie nur die Quellen an, die Sie wirklich gelesen haben.

aufgrund der → *Referenz*, dann im Zuge einer *kursorischen Durchsicht* der Quellen und entscheiden Sie definitiv, wenn Sie die Quellen *lesen*.

Aufgrund der Referenz. Die primäre Entscheidung, ob eine Quelle in Frage kommt oder nicht, lässt sich schon aufgrund der Angaben in der Referenzquelle treffen. Die formale und inhaltliche Beschreibung, in vielen Fällen auch kombiniert mit einem Abstract oder einem Inhaltsverzeichnis, bieten Informationen, die eine Bewertung einer Quelle anhand der folgenden Checklist erlauben.

Kursorische Prüfung. Wenn Sie das Glück haben, die Quelle *online* im Volltext gefunden zu haben oder das Buch in Ihrer Bibliothek vorhanden ist, können Sie eine etwas detailliertere Prüfung vornehmen. Auch wenn Sie das Buch nicht physisch vorliegen haben, können Sie u. U. hilfreiche Informationen in *Google Book Search* finden.

Lektüre der Quelle. Die definitive Entscheidung, ob Sie die Publikation als Quelle in Ihrer Arbeit verwenden werden, können Sie erst bei der Lektüre treffen. Erst dann zeigt sich, ob eine Quelle wirklich *theoretische bzw. empirische Begründungen* für die eigene Arbeit liefern kann – das ist ja der Sinn und Zweck von Quellen (vgl. Kap. I *Warum recherchieren*). Lesen bedeutet aktives Arbeiten mit dem Text: Zuerst wird die Quelle im Hinblick auf den Forschungsstand reflektiert, dann werden spezifische Fragen aus der Perspektive der eigenen *Forschungsfrage* an den Text gestellt, wobei der Fokus darauf gerichtet ist, was der Text für die eigene Argumen-

Checklist

Auswahl der Quellen anhand der Referenz

Prüfen Sie die formalen und inhaltlichen Angaben der Quelle.

Autor

- ☐ Ist überhaupt ein Autor genannt? (k. o.-Kriterium für Internet-Quellen!)
- ☐ Sind Ihnen andere Publikationen des Autors bekannt?
- ☐ Wird der Autor in anderen Publikationen zitiert?
- ☐ War vom Autor bereits in Lehrveranstaltungen die Rede?

Verlag

- ☐ Welche Publikationen erscheinen im Verlag?
- ☐ Wie bekannt ist der Verlag?

Web-Seite

- ☐ Welche anderen Dokumente findet man auf der Web-Seite?

Zeitschrift

- ☐ Ist der Artikel in einer anerkannten Zeitschrift veröffentlicht?

Erscheinungsjahr

- ☐ Ist die Publikation aktuell?
- ☐ Gibt es ggf. eine neuere Auflage?
- ☐ Handelt es sich um einen klassischen Text?

Schlagwörter

- ☐ Entsprechen die Schlagwörter meinem Suchprofil?

Klassifikation

- ☐ Ist die Klassifikation der Publikation mit meiner Forschungsfrage kompatibel?

Abstract

- ☐ Ergibt sich aus dem *Abstract* eine thematische Nähe zu meiner Forschungsfrage?

Inhaltsverzeichnis

- ☐ Sind Kapitel angeführt, die sich mit meiner Forschungsfrage befassen?

tation bedeutet. Dabei sollten jene Textpassagen aus der Quelle, die sich als relevant und wichtig erweisen, als Zitate *dokumentiert* werden, genauso auch neue Erkenntnisse und Ideen, die Ihnen während der Lektüre einfallen: Darum geht es im folgenden Abschnitt.

Checklist

Auswahl der Quellen durch kursorische Lektüre

Prüfen Sie kursorisch Klappentext, Inhaltsverzeichnis, Literaturverzeichnis, Vorwort bzw. Einleitung.

Zielgruppe
- ☐ Ist die Publikation für wissenschaftliche Leser bestimmt?
- ☐ Wenn nicht, ist sie ggf. als Tertiärquelle hilfreich, um sich einen Überblick zu verschaffen?

Sprache
- ☐ Verwendet der Autor eine wissenschaftliche Terminologie?

Aufbau, Inhalt
- ☐ Ist die Publikation klar strukturiert und übersichtlich?
- ☐ Welche Zielsetzung hat die Publikation?

Quellen
- ☐ Wie umfangreich ist die Literaturliste?
- ☐ Berücksichtigt der Autor den aktuellen Forschungsstand?
- ☐ Werden in der Literaturliste die einschlägigen Autoren zum Thema genannt?

Externe Qualitätskriterien
- ☐ Wurde die Publikation begutachtet (Hochschulschrift, Zeitschriftenartikel)?
- ☐ Gibt es Rezensionen in Zeitschriften?
- ☐ Ist die Publikation in einer wissenschaftlichen Bibliothek vorhanden?

Checklist

Auswahl der Quellen durch analytische Lektüre

Bewertung der Quelle im Hinblick auf den Forschungsstand

- ☐ Behandelt die Quelle den Forschungsgegenstand vollständig? Was wird ausgeklammert?
- ☐ Wie verhält sie sich zu anderen Theorien?
- ☐ Gibt es alternative Theorien? Steht die Quelle im Gegensatz zu anderen Quellen?
- ☐ Lässt sich etwas über die Motive des Autors sagen?
- ☐ Sind die Forschungsergebnisse theoretisch schlüssig begründet?
- ☐ Sind sie empirisch begründet? Ist die Methode korrekt und intersubjektiv nachvollziehbar?

Bewertung der Quelle im Hinblick auf meine Forschungsfrage

- ☐ Deckt sich die Quelle mit meiner Forschungsfrage?
- ☐ Ist die Quelle ein innovativer Beitrag zum Forschungsbereich?
- ☐ Was bedeutet die Quelle im Hinblick auf meine Argumentation?
- ☐ Ist sie eine Alternative? Wenn ja, wie kann ich meine Argumente begründen?
- ☐ Werden in der Quelle Methoden, die für mich interessant sind, angewandt?

6 Inhaltlich dokumentieren

Wenn Sie wissenschaftlich schreiben, arbeiten Sie mit Literatur. Fassen wir zusammen, was Sie dabei tun und was Ihnen das Dokumentieren dabei bringt (vgl. auch die Abbildung auf S. 168). Sie werden in Ihrer Arbeit Quellen verwenden und diese im Literaturverzeichnis und beim Zitieren *bibliografisch* nachweisen: Dafür haben Sie die Quellen mit Hilfe einer Leseliste oder Literaturkartei oder in einer Literaturdatenbank **formal** dokumentiert (S. 169). Und wozu sollten Sie **inhaltlich** dokumentieren?

Aus den Quellen werden Sie Textpassagen zitieren, direkt oder indirekt, um auf vorhandene Theorien Bezug zu nehmen, um Ihre Argumente zu begründen oder Argumente in den Quellen zu widerlegen. Dazu benötigen Sie einen Überblick über den Inhalt der Quellen, über die Zitate, die Sie möglicherweise in Ihrer Arbeit verwenden. Hier hilft Ihnen die inhaltliche Dokumentation, der erste Schritt ist das **Exzerpieren**: Wenn Sie Quellen lesen, halten Sie fest, was für Sie davon wichtig sein kann.

- Lesen bedeutet natürlich auch sich aktiv mit Texten auseinandersetzen, Sie reflektieren und beziehen Stellung, Sie werden also Ihre eigenen **Ideen notieren**.
- Sie werden nicht nur unmittelbar im Lesen und Exzerpieren von Texten Ideen haben, sie werden in der *Übersicht* des exzerpierten und notierten Textmaterials neue Assoziationen und ggf. neue Hypothesen finden. Damit die vielen Textbausteine, die Sie gesammelt haben, nicht isolierte Blöcke bleiben, müssen sie in einen inhaltlichen Zusammenhang gebracht werden. Die beste Strategie dafür ist, die Quellen, die Zitate und Ihre Gedanken zu **beschlagworten**.
- Sie schaffen so die Voraussetzung für *Ordnung*: Sie können die Textbausteine, denen Sie ein bestimmtes Schlagwort zugeordnet haben, vergleichen, kontrastieren, mögliche Zusammenhänge durchdenken, neue Hypothesen entdecken – und neue Ideen notieren. Sie werden so eine sinnvolle Hierarchie von Kapiteln und Unterkapiteln finden, mit der Sie Ihre Zitate und Gedanken **gliedern**, also ordnen und in einen zusammenhängenden Text bringen können.

Wir werden nun die Schritte des inhaltlichen Dokumentierens und verschiedene herkömmliche und elektronische Techniken, mit denen dieser Prozess unterstützt werden kann, besprechen.

Exzerpieren heißt einen Text *auszugsweise* wiedergeben, wobei jeweils für eine spätere Zitierung die Seitenzahlen des Textes notiert werden. Ein Exzerpt ist eine Selektion und Verdichtung eines Textes. Dabei ist das richtige Mittelmaß erforderlich. Einerseits kann man nicht alles gründlich lesen und exzerpieren, ohne sich selbst und die eigenen Gedanken zu verlieren: Festgehalten werden deshalb vor allem jene Inhalte, die für das eigene Forschungsinteresse, ggf. auch nur für die Fragestellung einer Arbeit, *relevant* sein können. Andererseits sollte ein Text nicht zu selektiv exzerpiert werden, das birgt die Gefahr, dass Zitate respektlos aus ihrem Zusammenhang gerissen und in der eigenen Arbeit nur als Alibi dafür, den Text überhaupt gelesen zu haben, angeführt werden. Auch in der Verdichtung des Textes gibt es ein Zuviel und ein Zuwenig. Das Exzerpt einer Quelle liefert Ihnen das Material für Zitate in Ihrer Arbeit, genau wie bei Zitaten wird deshalb direkt oder indirekt exzerpiert, also unterschiedlich verdichtet. Wenn Sie zu wenig verdichten und vorwiegend direkte Zitate verwenden, erwecken Sie vielleicht den Eindruck, eine Quelle einfach so zu zitieren und zu wenig auf Ihre Fragestellung bezogen zu haben. Wenn Sie aber zu sehr verdichten, laufen Sie Gefahr, die Überlegungen des Textes zu ver-

Tipp

Wissenschaftliches Schreiben und die qualitative Datenanalyse

Prinzipiell ähnliche Schritte wie im Prozess des wissenschaftlichen Schreibens durchläuft eine qualitative Datenanalyse nach der *Grounded Theory* von Glaser und Strauss (2008). In der Datenanalyse wird hauptsächlich kodiert, in drei Etappen. Im *offenen* Kodieren zitiert man aus dem Textmaterial jene Stellen, die aus der Perspektive der Forschungsfrage bedeutsam sind, und beschlagwortet sie deskriptiv (Konzeptualisierung). Im *axialen* Kodieren wird in den dabei gewonnenen Kodes nach Zusammenhängen gesucht, die dann mit Hilfe von theoretischen Begriffen kodiert werden (Kategorisierung). Hier findet wie im wissenschaftlichen Schreibprozess eine erste Theoriebildung statt, man dokumentiert erste Ideen in sog. Memos. Im *selektiven* Kodieren schließlich werden Hauptkategorien ausgewählt, quasi als mögliche Aufhänger eines Netzwerkes aller Kategorien. Dieses Netzwerk ist die Grundlage für die strukturierte Formulierung der Forschungsergebnisse, ähnlich der Gliederung im wissenschaftlichen Schreiben.

zerren, zu sehr für Ihre Fragestellung zu vereinnahmen und mithin sachlich falsch zu zitieren. Falls Sie sich nicht sicher sind, ob Ihr Exzerpt korrekt ist, sollten Sie beim Schreiben nochmals *ad fontes* zurückgehen und in der Quelle nachlesen.

Wenn Sie ein Buch selbst besitzen oder einen Artikel in Kopie oder *online* verfügbar haben, warum sollten Sie *trotzdem* exzerpieren? Der erste Vorteil ist, dass Sie *aktiv* mit dem Text arbeiten, ihn besser verstehen und in das eigene Wissen integrieren können. Zudem haben Sie den Text bereits in aufbereiteter Form für Referate oder schriftliche Arbeiten verfügbar. Wenn Sie *nur* kopieren, handeln sie nicht ökologisch, sie produzieren im Endeffekt nur Papiermüll. Wenn Sie elektronische Dokumente im Netz nur als *bookmark* speichern, haben Sie zwar Informationen selektiert, die womöglich relevant sein können, Sie wissen aber noch nicht *warum*, weil Sie sich den Text noch nicht angeeignet und assimiliert haben. Denken Sie daran: Es gibt im Internet *viel zu viele* Informationen, Ihr Job ist es, die für Ihre Fragestellung wirklich brauchbaren auszuwählen. Aber das wichtigste Argument für das Exzerpieren ist: Sie üben sich im Schreiben.

Frage 21

Was heißt *exzerpieren*?

Ideen notieren. Wenn Sie exzerpieren, selektieren und verdichten Sie einen Text. Sie verstehen den Text, indem Sie von Ihrem *Vorverständnis* ausgehen. Sie werden deshalb auch die Lust verspüren, den Text zu kommentieren, kritisch, zustimmend, weiterführend, und von da ist der Sprung hin zu eigenen Ideen nicht mehr weit. Geben Sie auch diesen eine Chance, halten Sie sie fest, diese Skizzen sind wertvolle Grundlagen Ihrer Arbeit.

Beide Typen von Textbausteinen – die Zitate, direkt und indirekt, und Ihre Gedanken – können Sie in einer Exzerptkartei oder in einer Literaturverwaltung dokumentieren. Das Exzerpt sollte mit der bibliografischen Beschreibung in der Literaturkartei verlinkt sein (am einfachsten mit der Kurzform der Quelle), führen Sie bei Zitaten immer die Seitenzahl an, kennzeichnen Sie Ihre eigenen Ideen unterschiedlich und lassen Platz für Schlagwörter.

Wenn Sie Ihre Exzerpte, Kommentare, Entwürfe und Ideen lieber in einem *Journal*, sozusagen in einem wissenschaftlichen Tagebuch, handschriftlich dokumentieren, weil Sie nicht mit Karteien arbeiten wollen oder sich nicht leicht tun, direkt am Computer zu formulieren, sollten Sie dennoch von Zeit zu Zeit die Einträge durchgehen, auswählen, ggf. auf eine Karteikarte übertragen oder in eine Literaturverwaltung eintippen, aber auf jeden Fall *beschlagworten* und einen Verweis in Ihrer Schlagwortkartei auf das Datum des Eintrages im Journal aufnehmen.

Beschlagworten. Wenn Sie Ihre Exzerpte und Ideen nicht beschlagworten, machen Sie sich das Schreiben schwer. Erstens finden Sie Textbausteine, die zu einem Thema passen könnten, nicht so schnell oder gar nicht, zweitens verzichten Sie auf eine hilfreiche Unterstützung der Theoriebildung und Gliederung Ihrer Arbeit. Stellen Sie sich das so vor: Mit einem Schlagwort kennzeichnen Sie alle Textelemente, die von einem ähnlichen Thema handeln, Sie heften ihnen gleichsam ein gleiches Fähnchen an; Ihre Wissenslandschaft wird übersichtlicher, Sie können die Elemente verschieben und neu gruppieren, zueinander in Beziehung setzen, neuen Kategorien zuordnen. In diesem heuristischen Stadium der Theoriebildung müssen Sie die Texte selbst nicht jeweils im Einzelnen studieren, das tun Sie erst, wenn Sie mögliche Zusammenhänge gefunden haben und überprüfen wollen, ob diese sinnvoll und begründbar sind.

Die → inhaltliche Beschreibung als Strategie der → Wissensorganisation ist seit Jahrhunderten im Prinzip gleich geblieben. Das Indexieren von Textstellen, um ein Sachregister aufzubauen, das Verzetteln in einem Zettelkasten, das Beschlagworten bis hin zum *Social Tagging*, aber auch das Kodieren, Konzeptualisieren und Katego-

Schlagwort-, Literatur-, Exzerptkartei[8]

Wissenschaftliches Arbeiten
– Sesink (2007)

Wissenschaft: sozialer Prozess
– Sesink (2007), S. 38
– Rost (2008), S. 25f.

– Materialien: Handout Kap. 5 → SS_2010/Einf_wiss_Arbeiten

– Journal: 2009/11/01

Schlagwortkartei

Sesink (2007)

Sesink, Werner (2007): Einführung in das wissenschaftliche Arbeiten. Internet – Textverarbeitung – Präsentation. 7. Aufl. München: Oldenbourg.

Verfügbar: SoWi-Bibliothek, 090-Sesi
Schlagwörter: Wissenschaftliches Arbeiten
Inhalt: Techniken und Formalia des wissenschaftlichen Arbeitens.
Exzerpt
Materialien: Handout Kap. 3 → SS_2010/Einf_wiss_Arbeiten

Literaturkartei

Sesink (2007)

»Wissenschaft ist ein sozialer Prozess. Wer wissenschaftlich arbeitet und wer studiert, beteiligt sich an diesem Gemeinschaftswerk […]. Wer sich unauffällig einfügt, weil er nur wiederholt oder wiedergibt, was die jeweiligen Meinungsführer sagen […], wird auf wenig Schwierigkeiten stoßen. Auch im Wissenschafts- und Studienbetrieb gibt es analog zum Mitläufer die ›Mitdenker‹, gegen die niemand etwas hat, weil sie dafür sorgen, dass der ›Laden‹ läuft: die aber vielleicht auch gar nicht so richtig wahrgenommen werden, weil sie kein eigenes Profil zeigen.« (38) — Wissenschaft: sozialer Prozess

Wissenschaft ist Diskussion, erfordert Streitkultur, aber nicht zur »Demonstration von Überlegenheit, sondern zur Überbrückung von Differenzen«. (39) — Wissenschaft: Diskussionskultur

Exzerptkartei

8 Punkt *Materialien* in der Literatur- und Schlagwortkartei bedeutet: Im elektronischen Ordner *SS_2010/Einf_wiss_Arbeiten* gibt es ein Handout eines Referates über Kap. 3. Punkt *Journal* in der Schlagwortkartei bedeutet: Im Journal gibt es am 2009/11/01 einen Eintrag zu diesem Schlagwort.

risieren in der qualitativen Datenanalyse verfolgt immer ein Ziel: einen Text oder eine Textpassage mit einem Schlagwort inhaltlich beschreiben oder mit einem Indexbegriff indexieren, unter eine Kategorie subsumieren, mit einem Kode kodieren, mit einem *tag* versehen. Diese Beschreibung ist mehr oder weniger eine theoretische Abstraktion: Einerseits wird, abhängig von der eigenen Perspektive und der Forschungsfrage, *ein* Aspekt des Textes fokussiert, von anderen wird abstrahiert, andererseits wird sein Inhalt mit einem theoretischen Begriff einer höheren Abstraktionsebene beschrieben. Bereits die Beschlagwortung Ihrer Zitate und Gedanken ist somit eine intellektuelle Leistung, kein beiläufiges Handwerk, sondern die Voraussetzung der *Theoriebildung*.

Niklas Luhmann und sein Zettelkasten

Der legendäre Zettelkasten des Soziologen *Niklas Luhmann* (1927–1998) war einfach in der Hardware, aber komplex in der Software, so komplex wie seine Systemtheorie, von der gesagt wird, dass sie die letzte Universaltheorie überhaupt ist, und die Luhmann – wie er selbst sagt – zusammen mit *seinem* Zettelkasten entwickelt hat, dem »Alter Ego, mit dem man laufend kommunizieren kann.« (Luhmann, 1993, S. 57.). Zur Hardware des Zettelkastens gehörten hölzerne Kästen und Zettel im Oktav-Format. Luhmann schrieb seine Notizen, Ideen, Zitate und Kommentare zu Publikationen auf Zettel, die er primär fortlaufend nummerierte – damit sind wir schon bei der Software: »Für das Innere des Zettelkastens, für das Arrangement der Notizen, für sein geistiges Leben ist entscheidend, daß man sich *gegen eine systematische Ordnung* nach Themen und Unterthemen und *statt dessen* für eine *feste Stellordnung* entscheidet. Ein inhaltliches System (nach Art einer Buchgliederung) würde bedeuten, daß man sich ein für allemal (für Jahrzehnte im voraus!) auf eine bestimmte Sequenz festlegt. Das muss, wenn man das Kommunikationssystem und sich selbst als entwicklungsfähig einschätzt, sehr rasch zu unlösbaren Einordnungsproblemen führen.« (ebd., S. 55) Ein Zettel, der z. B. eine Differenzierung oder Ergänzung eines Themas auf Zettel 57/12 beinhaltet, wird als Zettel 57/12a einfach nachgereiht, während auf Zettel 57/12 eine entsprechende Verweisung (quasi als *Hyperlink*) auf die Nummer 57/12a in roter Farbe vermerkt wird. »Auf diese Weise ist eine Art Wachstum nach innen möglich, je nachdem, was an Gedankengut anfällt, ohne systematische Vorprogrammierung und ohne Bindung an sequentielle Linearität.« (ebd., S. 56) »Jede Notiz ist nur ein Element, das seine Qualität erst aus dem Netz der Verweisungen und Rückverweisungen im System erhält.« (ebd., S. 58) Zum Zettelkasten gehören noch eine Schlagwortkartei für gezielt thematische Sucheinstiege und eine Literaturkartei, in der Luhmann neben Verweisungen auf dazugehörige Zettel natürlich auch bibliografische Angaben formal dokumentierte. Man kann sich vorstellen, dass Luhmann, wenn er an seinen Werken schrieb, von einem Schlagwort ausging, sich über die Schlagwortkartei die zugeordneten Zettel durchsah und dann durch sein *System* von *Verweisungen*, durch das *Hypertextsystem* seiner Wissenswelt wanderte, das er in jahrzehntelanger Arbeit aufgebaut hatte. Die Vielfalt und Vielzahl seiner

Publikationen war die Ernte seiner Dokumentation. Zur Zeit lagert der Zettelkasten in einem Geräteraum an der Universität Bielefeld, die Nachkommen Luhmanns streiten sich über den wissenschaftlichen Nachlass.

Bei der Wahl der Schlagwörter empfiehlt es sich, nicht deduktiv, sondern *induktiv* vorzugehen. Versuchen Sie also nicht, ein *System* von Schlagwörtern vorab zu definieren und Ihre Textelemente diesen Schlagwörtern zuzuordnen. Sie würden damit den Inhalt der Texte in Rubriken zwängen und deren Eigenleben zerstören. Und zweifellos wären Sie damit überfordert, da sie unmöglich von Anfang an ihre künftigen Forschungsinteressen und -schwerpunkte antizipieren können. Zudem ist dieses deduktive Verfahren kontraproduktiv für die Theoriebildung, wo es doch darum geht, ausgehend vom Inhalt der Texte neue Zusammenhänge zu eröffnen, Ideen zu finden, zu neuen Hypothesen zu gelangen – und dann eine Gliederung für die Arbeit zu finden. Wenn Sie diese gefunden haben, können Sie *deduktiv* vorgehen und die Textbausteine den hierarchisch geordneten Kapiteln Ihrer Arbeit zuordnen.

Wenn Sie eine Software suchen, die Sie primär in der induktiven Ideenfindung und Theoriebildung unterstützen soll, können Sie es mit *Bibliographix*, *Zettelkasten* oder *Synapsen* versuchen. Diese Programme wollen mehr bieten als *reference management*, dies ist mittlerweile Standard, wie raffiniert die Funktionalitäten für

Checklist

Inhaltliche Dokumentation: Beschlagworten

- ☐ Bringen Sie Quellen, Zitate, Gedanken auf den »Punkt«, halten Sie mit bis zu 4 Schlagwörtern fest, was für Sie daran wichtig ist.
- ☐ Quellen im Ganzen können Sie mit allgemeinen Begriffen beschlagworten, Zitate und Gedanken mit spezifischen.
- ☐ Führen Sie neben der Schlagwortkartei eine eigene Schlagwortliste.
- ☐ Drücken Sie das Gleiche immer mit demselben Schlagwort aus, vermeiden Sie Synonyme, prüfen Sie in der Schlagwortliste, ob es bereits einen Begriff gibt.
- ☐ Beschlagworten Sie den Inhalt des Textes aus Ihrer Perspektive.
- ☐ Prüfen Sie auch, ob bereits vorhandene Schlagwörter passen: Mit jeder weiteren Verwendung eines Schlagwortes schaffen Sie eine neue Verknüpfungsmöglichkeit.
- ☐ Beschlagworten allein ist nicht alles: Gehen Sie diesen Verknüpfungsmöglichkeiten nach.

die formale Dokumentation auch sein mögen. Denn Literaturverwaltung in diesem engeren Sinne deckt nur einen Teil des Schreibprozesses ab. Wichtiger ist die Unterstützung der Kreativität im Schreibprozess, *Ideenmanagement.* Andere Programme wie bspw. *Citavi* bieten zwar auch Features für die *Wissensorganisation,* arbeiten jedoch mit einer Baumstruktur für die Gliederung der Arbeit, die voraussetzt, dass Zitate und Ideen bereits geordnet sind. *Bibliographix* erlaubt es, Ideen festzuhalten und mit neuartigen Suchfunktionen wieder zu finden, zu ordnen und dann eine Gliederung zu erstellen. *Zettelkasten* orientiert sich am Ordnungsprinzip des Zettelkastens von *Niklas Luhmann*: Jeder Zettel wird mit bibliografischen Angaben und Schlagwörtern versehen und ermöglicht nicht nur die Suche in einzelnen Zetteln, sondern auch die Verknüpfung mit thematisch ähnlichen Zetteln. Auch *Synapsen* beruht auf *Luhmanns* Zettelkasten: Anhand von Schlagwörtern werden Zettel automatisch verknüpft und können so überraschende Zusammenhänge ergeben (vgl. Krajewski 2008).

Frage 22

Was heißt *beschlagworten*?

Gliederung. Aus der Ordnung, die Sie mit Schlagwörtern geschaffen haben, wird sich mit der Zeit eine zweite ergeben: die Gliederung Ihrer Arbeit. *Mit der Zeit* heißt nicht automatisch – selbst dann nicht, wenn Sie eine raffinierte elektronische Literaturverwaltung verwenden, Software unterstützt nur *Ihre* intellektuelle Arbeit! Mit Schlagwörtern schaffen Sie Ordnung, indem Sie Zitate und Gedanken, die über ein ähnliches Thema handeln, als *Elemente* einer *Klasse* definieren. Gleichzeitig ergeben sich *Relationen* zwischen den Elementen, mögliche Assoziationen und Zusammenhänge. Diese Relationen finden Sie, wenn Sie in der Schlagwortkartei ein Schlagwort auswählen und die diesem zugeordneten Textbausteine vergleichen oder wenn Sie – viel komfortabler natürlich – in einer Literaturverwaltung sich die Fundstellen einer Schlagwortsuche anzeigen lassen. Zwischen diesen Relationen können Sie *browsen.* Einige Relationen werden belanglos oder selbstverständlich sein, einige können jedoch überraschend und neuartig sein. Theoriebildung ist im Grunde nichts anderes als mögliche Zusammenhänge finden, überdenken, überprüfen und diese wiederum mit anderen, z. T. bereits bewährten Theorien in einen Zusammenhang bringen.

Der *große* Zusammenhang, der sich dann ergibt, ist die Voraussetzung dafür, dass eine Theorie schlüssig und konsistent ist und *gegliedert* als Text dargestellt

Literaturverwaltung Zettelkasten

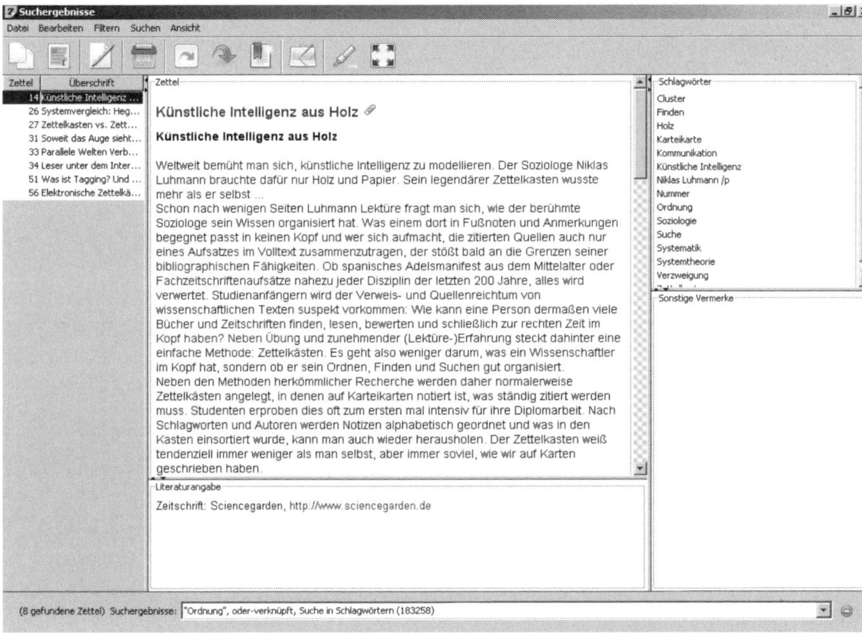

werden kann – durch den sich erkennbar der *rote Faden* zieht. Das Ziel ist also eine neue Ordnung, eine hierarchische Baumstruktur von Kapiteln und Unterkapiteln, nach der Sie Ihre Arbeit gliedern können. Diese Gliederung legen Sie über das Textmaterial, Sie können Ihre Textbausteine, Zitate und Gedanken den neuen Gliederungskategorien *deduktiv* zuordnen, Sie können sie anschließend sortieren, in eine lineare Abfolge bringen, überprüfen, ob sie *zusammenpassen*, mit neuen Verbindungen und Überleitungen versehen: Und das ist dann der Text Ihrer Arbeit.

Da von studentischen Abschlussarbeiten in Allgemeinen weniger eine Theoriebildung als die übersichtliche Darstellung von Theorien verlangt wird und meistens relativ früh eine grobe Gliederung vorliegt, ist die elektronische Literaturverwaltung *Citavi* zu empfehlen. *Citavi* bietet neben der obligaten Literaturverwaltung auch Funktionalitäten für die *Wissensorganisation* und die *Aufgabenplanung*, verfügt über eine weitgehend selbsterklärende Benutzeroberfläche und ist zur Zeit an hundert Universitäten im deutschsprachigen Raum für Studierende kostenlos verfügbar.

Literaturverwaltung Citavi

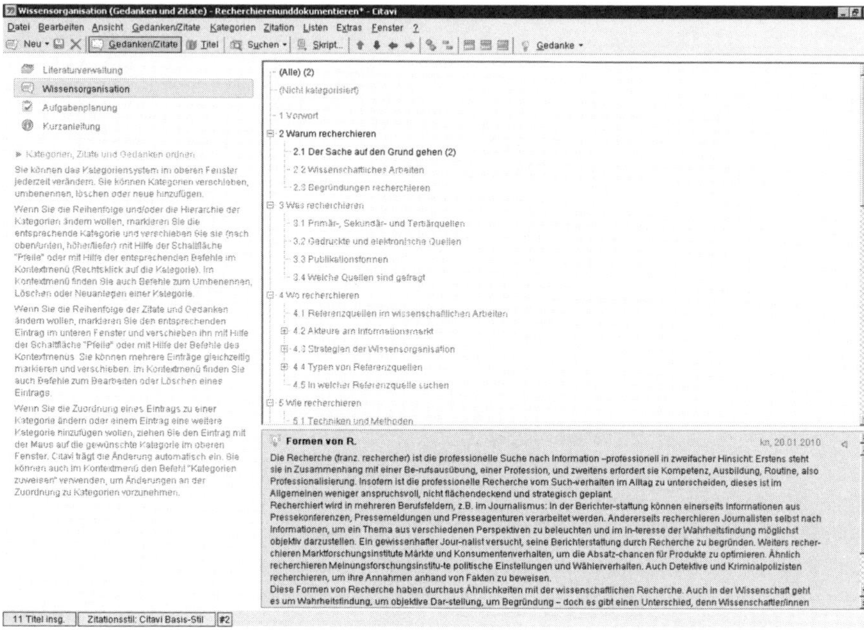

Mit *Citavi* können Sie sehr komfortabel und effizient Quellen formal und inhaltlich dokumentieren und Ihren Schreibprozess unterstützen – unter der Voraussetzung, dass Sie bereits klare Vorstellungen über die *Gliederung* Ihrer Arbeit haben. In *Citavi* erfolgt die inhaltliche Dokumentation von Zitaten und Gedanken mit Hilfe eines hierarchischen Kategoriensystems (Baumstruktur), die Kategorien entsprechen den Kapiteln und Unterkapiteln einer künftigen Arbeit, denen die gesammelten Zitate und Gedanken *deduktiv* zugeordnet werden.

Geschichte: *Johann Jacob Moser* oder: Vom Schächtelgen in die Druckerey
Natürlich kann man mit einer geeigneten Software komfortabler und technisch *effizienter* dokumentieren und schreiben, doch Zettelkästen und Karteien sind genauso *effektiv*. Das beweist der sehr produktive Rechtsgelehrte *Johann Jacob Moser* (1701–1785), der seine Technik so beschreibt: »Alsdann nehme ich diese sämtliche Zettel, worauf die excirpirte oder sonst benuzte Stelle stehen, und stelle jeden zwischen den Chartenspann und das Octavblatt, so die Rubric enthält, unter welche es gehöret, ohne Ordnung: Wänn sie nun alle also dahin gebracht seynd, nehme ich ein Capitel nach dem andern aus dem Schächtelgen her-

aus, bringe die sämtliche Zettelgen in gehörige Ordnung, und versehe sie mit Marginalien. [...] Bin ich so weit gekommen; so hat das, was ich in facto sagen kan und solle, seine Richtigkeit: Nun durchlauffe ich es also, und dencke nach, ob und was noch fehle, oder zu verbesseren seye, oder wo ich meine eigene Gedancken beyfügen konnte, oder sollte, u. s. w., welches ich dann bewerckstellige. [...] Endlich überlese ich 1. nochmals das ganze Werck, ob nichts in der Schreibart und dem Zusammenhang zu verbesseren seye, u. s. w. 2. schreibe ich die Marginalien derer §§. auf das Octavblatt, so die Rubric des Capitels enthält, unter das Wort: Innhalt; 3. numerire ich alle Blättgen auf einander; und so dann gebe ich die Zettel, ohne sie weiter abzuschreiben, oder das Werk zu mundiren, in die Censur oder Druckerey.« (zitiert nach: Krajewski 2002, S. 73) [13]

Überblick

Archivieren und Dokumentieren

- Im wissenschaftlichen Schreiben gilt das Prinzip *Ordnung*: Was Sie schreiben, muss klar aufgebaut, konsistent und schlüssig dargestellt sein, einen *roten Faden* haben.
- Wer so schreibt, hat schon *vorher* die Voraussetzung dafür geschaffen: durch Archivieren und Dokumentieren.
- Archivieren heißt: Materialien und Unterlagen speichern und geordnet ablegen. Es gibt effiziente Techniken für das Dateimanagement und die Ablage: *Ordner schaffen Ordnung*.
- Dokumentieren heißt: das Wissen, welches Sie in den archivierten Materialien gespeichert haben, so organisieren, dass es zu *Ihrem* Wissen wird. Im *Arbeiten mit Literatur* dokumentieren Sie formal, wählen Quellen aus und dokumentieren inhaltlich, indem Sie exzerpieren, beschlagworten und gliedern.

13 Ich erlaube mir hier ein *Sekundärzitat*, da es sich um eine schwer zugängliche Primärquelle handelt. *Mundieren* bedeutet in der Kanzleisprache, ein Schriftstück unter Beachtung der erforderlichen Formalia ins Reine schreiben.

Checklist

Wie soll ich dokumentieren?

Benötige ich ein Dokumentationssystem?

- ☐ Auf jeden Fall, wie auch immer: bescheiden oder anspruchsvoll.
- ☐ Die formale Dokumentation von Quellen ist die Grundlage des Literaturverzeichnisses. Sie können Ihre Leseliste auf Papier oder in Dateiform oder mit Hilfe einer Literaturverwaltung speichern. Die einzige Bedingung ist: Beachten Sie die Zitierregeln!
- ☐ Die inhaltliche Dokumentation ist die Voraussetzung für die Theoriebildung und die Gliederung Ihrer Arbeit. Sie können Ihre Exzerpte und Gedanken in einer Datei, mit Hilfe einer Kartei oder einer Literaturverwaltung speichern. Eine dringende Empfehlung: Beschlagworten Sie Quellen, Zitate und Gedanken, Sie finden sie so schneller, können Verknüpfungen herstellen und leichter eine Gliederung finden.

Benötige ich eine elektronische Literaturverwaltung?

- ☐ Nicht unbedingt.
- ☐ Primär entscheidet Ihre Präferenz und Ihre Mediensozialisation: Bevorzugen Sie greifbare Medien wie Papier und Karteikarten oder ist ein Arbeiten *ohne* Computer für Sie undenkbar bzw. *mit* Computer gut möglich? Nicht zuletzt sollte Ihnen die Literaturverwaltung auch Spaß machen.
- ☐ Klären Sie für sich die Rentabilität: Sich mit einer Software vertraut zu machen, erfordert Zeit. Wenn Sie mit einer kleineren Abschlussarbeit beginnen, mit wenigen Quellen, wenn Sie nie mehr wissenschaftlich schreiben oder keine akademische Laufbahn anstreben, ist die einfachste Option ausreichend. Andernfalls sollten Sie eine elektronische Literaturverwaltung erwägen. Auch wenn Sie Ihr Studium erst begonnen haben, könnten Sie es versuchen.
- ☐ Schließlich hängt es von Ihrem Studienfach ab, mit wie vielen Quellen Sie arbeiten. Wenn Sie mit vielen Quellen und Zitaten rechnen müssen, ist eine Softwarelösung geraten, da so formale Fehler in der Zitation und im Literaturverzeichnis eher vermieden werden.

Welche elektronische Literaturverwaltung ist für mich geeignet?

- ☐ Was formale Dokumentation, Zitation und Literaturverzeichnis betrifft, bieten die gängigen Programme zwar technisch unterschiedliche Möglichkeiten, in jedem Fall aber ausreichende.

→

← Checklist

- ☐ Viele Programme bieten *nur* diese Funktionalitäten: Wenn Sie nur *reference management* benötigen, sind Sie z. B. mit *Endnote*, *Endnote Web* oder *Reference Manager* gut bedient.
- ☐ Im Hinblick auf die inhaltliche Dokumentation gibt es größere Unterschiede. Einige Programme beruhen auf dem Prinzip der induktiven Beschlagwortung von Zitaten und Gedanken, sie unterstützen primär Prozesse der Ideenfindung, Theoriebildung und Gliederung: z. B. *Bibliographix*, *Zettelkasten*, *Synapsen*. Andere wie bspw. *Citavi* setzen eine (grobe) Gliederung der Arbeit voraus, Kategorien (Kapitel und Unterkapitel) werden deduktiv den Zitaten und Gedanken zugeordnet. Welcher Typ besser ist, hängt davon ab, *wie* Sie zur Gliederung Ihrer Arbeit kommen wollen bzw. inwieweit diese grob vorgegeben ist.
- ☐ Es gibt ferner den Unterschied zwischen Einzelplatzsystemen und webbasierten Lösungen, z. B. *RefWorks* – es ist eine Geschmacksfrage, ob man Daten auf seinem Computer speichert (und regelmäßig sichert!) oder dem Netz anvertraut und *world-wide* zugänglich hat.
- ☐ Ob sich das Modell *Social software* für die Dokumentation im wissenschaftlichen Arbeiten durchsetzen wird, ist noch fraglich. Im Wissenschaftsbetrieb herrscht Wettbewerb und Konkurrenz, Wissenschaftler/innen haben in der Regel wenig Interesse, Ihre Dokumentation anderen offen zu legen (außer in einer Projektgruppe). Fraglich ist auch der Wert des *Social tagging* und der *folksonomies* im Vergleich zu professionellen Referenzquellen (vgl. Stöber und Teichert 2008). Experimentieren Sie trotzdem mit: *BibSonomy*, *CiteULike*, *Connotea*, *LibraryThing*, *WorldCat*, *Zotero* usw., die URLs finden Sie im Anhang in den Internetadressen.

Schlusswort

- Erwarten sie sich von Programmen keine intellektuelle Zauberei.
- Software unterstützt, denken müssen Sie!

Wichtige Begriffe:

→ Formales Dokumentieren, Archivieren, Dateimanagement, Ablagesystem, Persönliche Dokumentation, → Formale Beschreibung, Leseliste, Literaturkartei, → Zitieren, → Zitieregeln, Direktes Zitat, Indirektes Zitat, Literaturverzeichnis, Quellen auswählen, → Inhaltliche Beschreibung, Exzerpieren, Ideen notieren, Beschlagworten, → Schlagwort, Gliedern, → Literaturverwaltung.

Lösungen der Fragen

- *Frage 1: Wann wird in einem Forschungsprozess recherchiert?*
  Einstiegsrecherche *bei* der Konkretisierung der Forschungsfrage. Gezielte thematische Recherche nach erfolgter Konkretisierung. Assoziative Suche durch Auswertung der Leseliste.
- *Frage 2: Sie schreiben eine Diplomarbeit zum Thema Die Rezeption von Adam Smith in der deutschsprachigen Literatur des 10. Jahrhunderts. Was sind dabei jeweils Primär-, Sekundär- und Tertiärquellen?*
  Primärquellen sind Publikationen über Adam Smith (also eigentlich Sekundärquellen zu Publikationen von Adam Smith), Sekundärquellen sind Publikationen zum selben Thema, Tertiärquellen sind Nachschlagewerke.
- *Frage 3: Warum kann eine Sekundärquelle nicht empirisch sein?*
  Eine Sekundärquelle ist immer eine Theorie über den Forschungsgegenstand.
- *Frage 4: Welche Quellen kommen Ihrer Meinung nach in so einem Artikel vor?*
  Primärquellen: Statistische Daten; Sekundärliteratur: Alternative Forschungsergebnisse; Tertiärquellen: Nachschlagewerke für Begriffsdefinitionen, Übersichtsartikel
- *Frage 5: In welchen Abschnitten dieses Aufbaues werden Sekundärquellen referiert, verglichen, diskutiert?*
  In der Einleitung, wo der Stand der Forschung referiert wird; ggf. auch in der Diskussion, wo die eigenen Ergebnisse mit anderen Forschungsberichten verglichen werden.
- *Frage 6: In welchem Abschnitt werden die Primärquellen und die Methode, mit der diese erhoben und ausgewertet werden, beschrieben?*
  In Materialien und Methoden.
- *Frage 7: Enthält ein Link auf einer Web-Seite Metainformationen?*
  Auch ein Link, den wir anklicken können, ist eine Metainformation – allerdings eine sehr rudimentäre, denn ein Link sagt nur implizit aus, dass man, wenn man ihn anklickt, weitere Informationen zu einem mit dem Link versehenen Begriff bekommt.
- *Frage 8: Finden Sie in einem Branchenverzeichnis auch Metainformationen?*
  Nein und ja. Im Allgemeinen sind in einem Branchenverzeichnis Informationen über Firmen und Unternehmen enthalten und dies sind keine Informationen über Informationen, also keine Metainformationen. Wenn jedoch im Branchenverzeichnis auch Informationen darüber enthalten sind, wo man weitere Informationen über das Unternehmen finden kann, etwa Hinweise auf die Web-Seite des Unternehmens, dann enthält dieses Branchenverzeichnis auch Metainformationen.
- *Frage 9: Wie unterscheiden sich der Katalog und die Bibliografie?*
  Der Katalog erschließt durch formale und inhaltliche Beschreibung den Bestand einer Bibliothek und informiert über die Verfügbarkeit der Bestände. Die Bibliografie erschließt durch formale und inhaltliche Beschreibung Publikationen eines Forschungs- oder Themenbereiches, gibt aber nicht an, wo die Publikationen zu beschaffen sind.
- *Frage 10: Was sind die Vorteile des Online-Katalogs im Unterschied zum Zettelkatalog?*
  Der Online-Katalog ist weltweit online verfügbar; Literatur kann nach unterschiedlichen

Kriterien der formalen, inhaltlichen und klassifizierenden Beschreibung gesucht werden; Bücher können online bestellt, vorgemerkt und verlängert werden

- *Frage 11: Sie suchen in Ihrem Online-Katalog nach dem Buch »Brown, Archie (2009): Aufstieg und Fall des Kommunismus. Berlin: Propyläen-Verl.«. Mit welchen Suchbegriffen? Können Sie die Suchbegriffe klein schreiben?*
  Bspw. *Brown Aufstieg Kommunismus.* Die Suchbegriffe können in Kleinschreibung eingegeben werden, Online-Kataloge sind nicht *case-sensitive.*
- *Frage 12: Angenommen, Sie verknüpfen zwei Suchbegriffe einmal mit AND und einmal mit OR: Welche Verknüpfung bringt mehr Treffer – und warum?*
  Die Verknüpfung mit OR bringt mehr Treffer, da sie alle Datensätze anzeigt, in denen einer der beiden Suchbegriffe vorkommt oder beide. AND zeigt nur die Datensätze an, in denen *beide* Begriffe zusammen vorkommen.
- *Frage 13: Angenommen, Sie möchten nach Dokumenten suchen, deren Titel das Wort Lernprozess in mehreren grammatikalischen Formen enthält, und es gäbe nicht die Möglichkeit der Trunkierung. Welchen logischen Operator würden Sie verwenden, um die unterschiedlichen Schreibweisen zu verknüpfen?*
  Mit dem logischen Operator OR könnte man nach der Vereinigungsmenge aller Dokumente suchen, die mindestens eine der grammatikalischen Formen des Suchbegriffes enthalten. Die Suchanfrage ist: *Lernprozess OR Lernprozesses OR Lernprozesse OR Lernprozessen.*
- *Frage 14:* Führen Sie in *Google* die folgenden Suchanfragen durch und notieren Sie sich die dabei jeweils erzielte Trefferzahl: Geben Sie zuerst (1) die Suchbegriffe *anaphylaktischer Schock* ein, dann (2) *anaphylaktischer AND Schock,* (3) *anaphylaktischer NEAR Schock* und (4) *»anaphylaktischer Schock«. Wie erklären Sie sich jeweils die Anzahl der Treffer?*
  Die Suchanfragen (1) und (2) ergeben dieselbe Trefferzahl, da nach Dokumenten gesucht wird, die beide Suchbegriffe enthalten.
  Suchanfrage (3) ergibt weniger Treffer, da die beiden Suchbegriffe zumindest in der Nähe vorkommen müssen.
  Suchanfrage (4) ergibt noch weniger Treffer, da die Suchbegriffe nebeneinander und in dieser Reihenfolge vorkommen müssen.
- *Frage 15:* Recherchieren Sie in der Referenzdatenbank *Web of Science* einen Artikel zu einem Forschungsbereich, der Sie interessiert. Verfolgen Sie die assoziativen Links zu den Artikeln, die diesen Artikel zitieren, und zu jenen, die darin zitiert werden. *Welche Recherchestrategie wenden Sie dann an?*
  Die assoziative Suche (Schneeballsuche).
- *Frage 16: Für ein Referat benötigen Sie das Buch »Alvesson, Mats (2008): Reflexive methodology. London u. a.: SAGE«. Primär haben Sie nicht vor, selbst das Buch zu kaufen, sondern möchten es in Ihrer Universitätsbibliothek entlehnen. Wie gehen Sie vor? Wo suchen Sie?*
  Sie suchen im Online-Katalog Ihrer Bibliothek oder beschaffen das Buch über Fernleihe. Vielleicht haben Sie auch Glück in *Google Books* und finden dort Ihr Kapitel im Volltext, aber wahrscheinlich können Sie es weder downloaden noch ausdrucken…

- *Frage 17: Versuchen Sie herauszufinden, aus welchem Buch das Zitat »An jedem Ort der Welt…« stammt.*
  Das Zitat »An jedem Ort der Welt…« ist über QID=1 dem Buch von Umberto Eco zugeordnet.
- *Frage 18: Ein Lehrender hat Ihnen für eine Seminararbeit den folgenden Aufsatz vorgegeben: Döring, Nicola (2000): Lernen und Lehren im Internet. In: Batinic, Bernard (Hrsg.): Internet für Psychologen. 2. Aufl. Göttingen: Hogrefe. Wie finden Sie den Aufsatz?*
  Sie suchen im Online-Katalog nach dem Sammelband oder beschaffen das Buch über Fernleihe. Versuchen Sie es aber auch mit einer Suche in *Google*.
- *Frage 19: Welche Vorteile bringt Ihnen eine Dokumentation?*
  Formale Dokumentation: *Evidenz* der Referenzen, Erstellung des Literaturverzeichnisses, Grundlage für die Auswahl von Quellen. Inhaltliche Dokumentation: Evidenz von Quellen, Zitaten und Ideen, Unterstützung in der Theoriebildung, beim Gliedern und Schreiben Ihrer Arbeit.
- *Frage 20: Was ist der Zweck der formalen Dokumentation?*
  Quellen und Textstellen korrekt zitieren zu können.
- *Frage 21: Was heißt exzerpieren?*
  Einen Text auszugsweise wiedergeben, wörtlich oder in eigenen Worten – ein Schritt in der inhaltlichen Dokumentation von Quellen. Exzerpte sind mögliche Zitate.
- *Frage 22: Was heißt beschlagworten?*
  Den Inhalt einer Quelle, eines Zitats, eines Gedankens mit einem Begriff »auf den Punkt bringen« – ein weiterer Schritt in der inhaltlichen Dokumentation.

Glossar[1]

Abfragesprache
Regelsystem für die Formulierung von → Suchanfragen an eine → Datenbank. Auf diesem beruhen die → Recherchetechniken für die bibliografischen Datenbanken: → Suchbegriffe können mit den → logischen Operatoren AND, OR oder NOT zu komplexen → Suchanfragen verknüpft, → trunkiert oder → maskiert werden. Bei vielen Online-Katalogen und bibliografischen Datenbanken gibt es eine differenzierte → Expertensuche. Dabei werden → Suchkategorien (wie Autor) durch Codes (z. B. AUT) ausgedrückt.
Synonyme: Recherchesprache, Kommandosprache

Abstract
→ Verbale inhaltliche Erschließung, die eine → Publikation, speziell → Artikel, inhaltlich zusammenfasst. Das *Abstract* ist eine Entscheidungshilfe, ob eine Publikation für ein Forschungsvorhaben relevant ist. *Abstracts* von Zeitschriftenartikeln werden häufig auch in → Referenzquellen, bspw. in → Referenzdatenbanken, angeführt.

Artikel (article, paper)
→ Publikationsform, die in einer → Zeitschrift oder in einem → Sammelband erscheint (unselbständig erscheinende Literatur). Artikel werden nicht in → Bibliothekskatalogen, sondern in → Bibliografien, → Referenz- und → Volltextdatenbanken erschlossen.
Synonyme: Aufsatz, Abhandlung
Unterbegriffe: Zeitschriftenartikel, Artikel in Sammelband
Verwandte Begriffe: Zeitungsartikel

Assoziative Suche (Schneeballsuche)
→ Recherchestrategie, in der das Literaturverzeichnis einer relevanten Publikation gezielt für die Suche nach weiteren Quellen ausgewertet wird. Dieses Prinzip liegt auch der Referenzdatenbank *Web of Science* zu Grunde: Neben der formalen und inhaltlichen Beschreibung werden dort für jeden Artikel sowohl jene Artikel angegeben, die er selbst → zitiert, als auch jene, die ihn zitieren.

Begriffsrelation
Beziehung zwischen Begriffen, insbesondere Äquivalenz bei → Synonymen, Hierarchie zwischen → Ober- und → Unterbegriffen, Assoziation bei → verwandten Begriffen. Diese Begriffsrelationen werden in einem → Thesaurus oder in einer Schlagwortliste berücksichtigt.

Bibliografie
Gedruckte → Referenzquelle, die eine bestimmte Menge von Publikationen → formal, → inhaltlich und → klassifizierend beschreibt und erschließt. Im Unterschied zum → Katalog gibt eine Bibliografie nicht an, wo die verzeichnete Literatur zu finden ist.
Unterbegriffe: Allgemeinbibliografie, Fachbibliografie, Nationalbibliografie
Verwandte Begriffe: → Referenzdatenbank, → Volltextdatenbank, Literaturverzeichnis

Bibliografische Suche
→ Recherchestrategie, die das Ziel hat, aufgrund einer bibliografischen Angabe (→ Referenz) erstens die Verfügbarkeit einer Quelle nachzuweisen und zweitens die Quelle zu beschaffen.

Datenbank (database)
System von Tabellen, die untereinander in Beziehung stehen (relationale Datenbank) und deren Zeilen jeweils → Datensätze enthalten. Datensätze bestehen aus → Datenfeldern (die Zellen der Tabelle). Alle Datenfelder, die in einer Spalte stehen, sind der gleichen Kategorie zugeordnet, z. B. stehen alle Nachnamen in allen Datensätzen in der gleichen Spalte. Welche Kategorien in welchen Spalten stehen, wird in der ersten Zeile einer Tabelle definiert. In einer bibliografischen Datenbank werden bibliografische Datensätze (→ Referenzen) gespeichert, die das Ergebnis einer → formalen, → inhaltlichen Beschreibung einer Publikation ist. Die herkömmlichen Formen der Datenbank sind die Kartei oder der → Katalog.
Verwandte Begriffe: Bibliografische Datenbank, → Referenzdatenbank, → Volltextdatenbank, → Faktendatenbank

1 Vgl. auch andere Glossare zu Informationskompetenz: Gemeinschaftsprojekt deutscher Bibliotheken: http://www.informationskompetenz.de/glossar/, LOTSE: http://lotse.uni-muenster.de/glossar/, Universitätsbibliothek der TU Chemnitz: http://www.bibliothek.tu-chemnitz.de/ik/Glossar/, Institut für Bibliotheks- und Informationswissenschaft an der Humboldt-Universität Berlin: http://www.ibi.hu-berlin.de/infokomp/materialien/allgemein/glossar.

Datenfeld (data field)
Zelle einer Tabelle einer → Datenbank und Teil eines → Datensatzes, in der Daten einer bestimmten Kategorie (z. B. Autor) stehen. Welche Daten in einem Datenfeld stehen, wird in der ersten Zeile einer Tabelle festgelegt. Das Datenfeld entspricht einer Zeile auf der Karteikarte oder dem Katalogzettel, in der der Wert einer Kategorie (etwa Autor) steht.

Datensatz (record)
Zeile einer Tabelle einer → Datenbank, in der bibliografische Datensätze gespeichert sind. Ein Datensatz besteht aus mehreren → Datenfeldern, bspw. Autor, Titel, Verlag. Das Analogon eines Datensatzes in einer → Kartei oder in einem → Katalog ist die Karteikarte oder der → Katalogzettel.

Deep Web (Invisible Web, Hidden Web)
Inhalt von Web-Seiten, der dynamisch aufgrund einer Datenbankabfrage generiert wird und teilweise Zugangsbeschränkungen unterliegt. Diese Seiten sind im Allgemeinen nicht über → Suchmaschinen recherchierbar; es gibt inzwischen Suchmaschinen, die zum Teil auch das *Deep Web* indizieren können. Auch Informations- und Datenbankanbieter stellen zu Werbezwecken Teile ihrer Informationen so zur Verfügung, dass sie über Suchmaschinen gefunden werden, für den Vollzugriff muss man allerdings über Zugangsrechte verfügen. Das *Invisible Web* ist viel umfangreicher als das für Suchmaschinen zugängliche *Visible Web.*

Directory
→ Referenzquellen als Sammlung von Adressen von → Web-Seiten, die nach bestimmten Kategorien geordnet und erschlossen sind, im einfachsten Fall eine Linksammlung.
Synonyme: Web-Katalog, Internet-Verzeichnis
Oberbegriffe: World Wide Web, Internet

Dokumentenlieferdienst (Document Delivery Service)
Kostenpflichtiges Service, das Bücher oder Artikel aus Zeitschriften als gedruckte oder elektronische Kopie auf dem Postweg oder über E-Mail zusendet. Dadurch können Dokumente im Vergleich zur Fernleihe relativ schnell besorgt werden. Beispiel: *Subito*, ein kooperatives *Document Delivery Service* mehrerer deutschsprachiger Bibliotheken
Oberbegriffe: Literaturbeschaffung
Verwandte Begriffe: Fernleihe

Einfache Suche (Basic Search)
Suchoption in elektronischen → Referenzquellen: Suchbegriffe werden dabei in ein einziges Suchfeld eingegeben, wobei in allen → Suchkategorien (→ Datenfeldern) gleichzeitig gesucht wird.
Synonyme: Standardsuche
Verwandte Begriffe: Freitextsuche, Suchfeld, Suchkategorie

Einstiegssuche
→ Recherchestrategie im Zuge des → formellen Recherchierens, ihr Ziel ist, einen Überblick über ein Forschungsthema zu gewinnen.

Elektronische Zeitschrift (E-Journal)
Online verfügbare Zeitschrift, entweder als Parallelausgabe einer gedruckt erscheinenden Zeitschrift (*print* und *electronic*) oder ausschließlich elektronisch (*electronic only*). *Die* Referenzquelle für die elektronischen Zeitschriften ist die Elektronische Zeitschriftenbibliothek (EZB).
Synonyme: Online-Zeitschrift

Expertensuche (Advanced Search)
Suchoption in elektronischen → Referenzquellen, bei der die Suchanfrage im Unterschied zur → einfachen Suche nach → Suchkategorien differenziert eingegeben wird. Meistens werden mehrere Suchfelder angeboten, die Verknüpfung der Suchbegriffe erfolgt mit → logischen Operatoren. Ältere Systeme erfordern vielfach die Eingabe der Suchanfrage in einer → Abfragesprache. Beispiel: Mit der Suchanfrage »WTI=Weltwirtschaftskrise AND WPE=Krugman« findet man im Österreichischen Verbundkatalog das Buch »Die neue Weltwirtschaftskrise« von Paul R. Krugmann, mit WTI wird nach Titelstichwörtern und mit WPE nach Autoren gesucht.
Synonyme: Erweiterte Suche

Fachportal
→ Referenzquelle, die elektronische Ressourcen eines bestimmten Fachgebietes → formal und → inhaltlich beschreibt und zugänglich macht. Fachportale werden von wissenschaftlichen Institutionen (Instituten, Forschungsgemeinschaften) oder von kommerziellen Informationsanbietern gepflegt.
Verwandte Begriffe: → Virtuelle Bibliothek

Faktendatenbank
Primärquelle, die Daten und Fakten enthält, insbesondere Wirtschaftsdaten, Marktinformationen, Unternehmensdaten, Finanzmarktdaten, chemische

oder physikalische Daten, Produktdaten, Arzneien, statistische Daten usw.
Oberbegriffe: Datenbank
Verwandte Begriffe: → Referenzdatenbank, → Volltextdatenbank

Formale Beschreibung
Eine Strategie der → Wissensorganisation: Ein Dokument bzw. eine Publikation wird formal beschrieben durch die Angabe von Autor, Titel, Erscheinungsort, Verlag, Erscheinungsjahr, Seitenzahl, ISBN usw. Das Ergebnis einer formalen und ggf. → inhaltlichen Beschreibung ist der bibliografische Datensatz, die → Referenz oder der Literaturhinweis. Die formale Beschreibung wird für die Erstellung von → Referenzquellen und beim → Zitieren verwendet. Dafür gibt es Standards und Normen. Im wissenschaftlichen Bereich sind dies die → Zitierregeln. Bibliotheken und Dokumentationsstellen verwenden spezielle Regelwerke (z. B. die RAK, die Regeln für die Alphabetische Katalogisierung). Die formale Beschreibung ist die Voraussetzung für die → Recherchemethode der → formalen Suche. Dabei können formalen Angaben über → Suchkategorien recherchiert werden.
Synonyme: Bibliografische Beschreibung
Oberbegriffe: → Metainformationen, → Metadaten
Verwandte Begriffe: → Inhaltliche Beschreibung

Formale Suche
→ Recherchemethode, bei der die → Suchanfrage an Referenzquellen nur aus formalen, bibliografischen Suchkriterien (Verfasser, Titel, Jahr usw.) besteht. Die formale Suche setzt die → formale Beschreibung der Dokumente voraus. Sie ist indiziert, wenn die bibliografischen Angaben der gewünschten Publikation bereits bekannt sind.

Gezielte thematische Recherche
→ Recherchestrategie mit dem Ziel, Quellen zu einem bestimmten Themenbereich zu finden. Diese Strategie kommt in einem Forschungsprozess zum Einsatz. Sobald nach einer → Einstiegssuche die Forschungsfrage konkretisiert ist, wird ihr Themenbereich in einzelne Themen differenziert. Die Themen fungieren als Kern-Suchbegriffe, die mit alternativen Suchbegriffen, d. h. mit → Synonymen, → verwandten Begriffen, → Unterbegriffen, → Oberbegriffen ergänzt werden. Anschließend werden die Suchbegriffe mit Hilfe der → logischen Operatoren – die Kern-Suchbegriffe mit AND, die alternativen Suchbegriffe jeweils mit OR – zu einer komplexen → Suchanfrage verknüpft.

Graue Literatur
Wissenschaftliche Dokumente, die nicht über Verlage publiziert und auch nicht über den Buchhandel erhältlich sind. Herausgeber sind Universitäten, Institute, Forschungseinrichtungen, Museen, Unternehmen, Vereine, Parteien. Beispiele: Institutsberichte, Forschungsberichte, Diskussionspapiere, Diplomarbeiten
Verwandte Begriffe: → Publikation

Hierarchische Suche
→ Recherchemethode, die auf der inhaltlichen Beschreibung von Dokumenten mit Hilfe einer Klassifikation beruht, in welcher Begriffe hierarchisch definiert sind (z. B. in einem → Thesaurus). Dadurch können → Oberbegriffe, → Unterbegriffe und → verwandte Begriffe in der Suche mit berücksichtigt werden.

Impact Factor
Quantitativer Indikator für die Qualität einer Zeitschrift. Dieser Wert gibt an, wie oft die → Artikel der beiden vorangehenden Jahre einer → Zeitschrift in einem bestimmten Jahr durchschnittlich zitiert wurden. Ein *Impact Factor* von 1,0 für 2009 bedeutet beispielsweise, dass jeder 2007 und 2008 erschienene Artikel der Zeitschrift im Jahr 2009 durchschnittlich 1 Mal zitiert wurde.
Verwandte Begriffe: Peer-Review-Verfahren

Internet-Adresse (IP-Adresse)
Kennung, über die jeder Computer im Internet eindeutig identifizier- und adressierbar ist. Sie besteht aus vier Ziffernblöcken, wobei die ersten beiden Blöcke meistens die Internet-Domain bezeichnen, also das Intranet, dem der Computer angehört. Beispiel: 138.232.201.1, 138.232 ist die Domain der Universität Innsbruck. Über die Internet-Adresse wird im Allgemeinen der Zugang zu kostenpflichtigen elektronischen → Referenzquellen (→ Referenzdatenbanken, → Volltextdatenbanken) sowie zu → elektronischen Zeitschriften (E-Journals) validiert.

Inhaltliche Beschreibung
Eine Strategie der → Wissensorganisation: Die inhaltliche Beschreibung enthält Angaben zum Inhalt einer Publikation. In der verbalen Sacherschließung werden → Stichwörter, normierte → Schlagwörter oder → Abstracts verwendet, in der systematischen Sacherschließung (→ Klassifikation) hingegen Notationen, die in einem Klassifikations-

system jeweilige Klassen, Haupt- und Untergruppen bezeichnen.
Synonyme: Sachliche Erschließung
Unterbegriffe: Verbale inhaltliche Erschließung, Klassifikation, Systematische Erschließung
Oberbegriffe: → Metainformationen
Verwandte Begriffe: → Formale Beschreibung

Inhaltliche Suche
→ Recherchemethode, bei der die → Suchanfrage an → Referenzquellen aus inhaltlichen Suchkriterien (Schlagwort, Klassifikation, Abstract usw.) besteht. Die inhaltliche Suche ist indiziert, wenn Quellen zu einem Thema gesucht werden.
Verwandte Begriffe: → Formale Suche, → Gezielte, thematische Suche

ISBN (engl. International Standard Book Number)
Internationaler Zifferncode für die eindeutige Identifizierung von Büchern.

Katalog (Bibliothekskatalog)
→ Referenzquelle, Verzeichnis der Bücher und Zeitschriften einer Bibliothek mit der Angabe des Bestandes, der Standorte und Signaturen. Bibliothekskataloge sind heute in elektronischer Form als → Online-Kataloge über das Internet zugänglich. Im Bibliothekskatalog ist nur die so genannte selbständig erschienene Literatur (Bücher und Zeitschriften) verzeichnet, nicht aber Aufsätze in Zeitschriften und Sammelbänden oder Internet-Dokumente.
Unterbegriffe: Alphabetischer Katalog, Nominalkatalog, → Online-Katalog, Mikrofiche-Katalog, Schlagwortkatalog, Standortkatalog, Systematischer Katalog

Klassifikation
Eine Strategie der → Wissensorganisation: Verfahren der → inhaltlichen Beschreibung von Dokumenten anhand eines Klassifikationssystems. Ein Klassifikationssystem ist die Einteilung von Wissenschaften in Teilgebiete mit Hilfe von Klassen und Subklassen. In der inhaltlichen Beschreibung werden Klassen mit Notationen bezeichnet, die eine genaue Systemstelle im Klassifikationssystem angeben. Klassifikationen werden in Online-Katalogen, Bibliografien und Referenzdatenbanken verwendet. In Bibliotheken werden Klassifikationssysteme als Aufstellungssystematik bspw. für Bücher verwendet: Bücher, die einer Klasse zugeordnet werden, befinden sich im gleichen Regal.
Beispiele: DDC (Dewey Decimal Classification), RVK (Regensburger Verbundklassifikation)
Unterbegriffe: Aufstellungssystematik
Verwandte Begriffe: Systematische Erschließung, Notation

Leseliste
Ergebnis der Literaturrecherche, enthält relevante Literaturhinweise (→ Referenzen).
Synonyme: Lektüreliste
Verwandte Begriffe: Literaturkartei

Literaturverwaltung
Software für die Dokumentation im Rahmen des wissenschaftlichen Arbeitens. Primäre Funktionalität: bibliografisches Management (*reference management*) für die → formale Dokumentation von Quellen. Weitere: Wissensmanagement für die → inhaltliche Dokumentation von Quellen und Projektmanagament. In der herkömmlichen Literaturverwaltung werden Zettelkästen oder Karteien verwendet, in denen bibliografische Angaben, Exzerpte, Zitate, Notizen aufgezeichnet und beschlagwortet werden. Die elektronische Literaturverwaltung ist *technisch* effizienter: komfortable Dateneingabe, Recherche und Datenimport aus Referenzquellen, Suchmöglichkeiten, freie Wahl der Zitationsstile, Unterstützung bei der Zitation usw.

Logischer Operator
→ Recherchetechnik: Ausdruck, der logische Verknüpfungen zwischen Suchbegriffen angibt. AND steht für die Schnittmenge (alle Suchbegriffe müssen im Dokument vorkommen), OR für die Vereinigungsmenge (entweder der eine Suchbegriff oder der andere oder beide müssen im Dokument vorkommen), NOT für die Ausschlussmenge (nur der eine Suchbegriff darf vorkommen, der andere nicht). Darüber hinaus gibt es noch den so genannten Nähe-Operator NEAR, der die Nähe der beiden Suchbegriffe (z. B. in einem Absatz oder in einem Satz) zur Bedingung macht.
Synonym: Boole'scher Operator

Maskierung
→ Recherchetechnik: Platzhalter für ein oder mehrere Zeichen in einem Suchbegriff. Die Maskierung erlaubt, gleichzeitig nach mehreren Schreibweisen eines Begriffs zu suchen. Maskierungszeichen sind "?",???, abhängig von der jeweiligen Datenbank.
Verwandter Begriff: → Trunkierung

Medien
Träger von Informationen, unterscheidbar einerseits im Hinblick auf den → Medientyp (Medienform), es gibt demnach etwa gedruckte, elektronische Medien, und andererseits im Hinblick auf die → Mediensorte (→ Publikationsform), etwa Lehrbuch, Artikel.
Unterbegriffe: → Mediensorte, → Medientyp

Medientyp
Technische Form von → Medien, insbesondere Printmedien, audiovisuelle Medien, elektronische Medien. In Referenzquellen wird der Medientyp in der formalen Beschreibung auch als Merkmal eines Dokumentes erfasst und kann demnach auch als Selektionskriterium in der Recherche verwendet werden.
Synonyme: Medienform
Verwandte Begriffe: → Mediensorte
Unterbegriffe: Printmedien, audiovisuelle Medien, elektronische Medien

Mediensorte
Textuelle Form von → Medien, im Kontext der wissenschaftlichen Literatur insbesondere die → Publikationsform, die definiert, wie ein wissenschaftliches Dokument (bspw. ein Buch oder ein Artikel) aufgebaut und gestaltet ist.
Verwandte Begriffe: → Publikationsform

Metadaten
Daten *über* Daten, also → Metainformationen, → Referenzen. Metadaten werden zur → formalen und → inhaltlichen Beschreibung von Dateien, Bildern und anderen Dokumenten wie etwa Lernmaterialien verwendet. Zusätzlich können auch technische, rechtliche und didaktische Merkmale erfasst werden.
Oberbegriff: → Metainformationen
Unterbegriffe: → Formale Beschreibung, → Inhaltliche Beschreibung

Metainformationen
Formale und inhaltliche Informationen über Informationen – »metá« kommt aus dem Griechischen und bedeutet *über*.
Unterbegriffe: → Metadaten
Verwandte Begriffe: → Referenz, → Formale Beschreibung, → Inhaltliche Beschreibung

Metasuche
Suchfunktionalität, bei der mit einer einzigen → Suchanfrage mehrere Referenzquellen (Online-Kataloge, Referenzdatenbanken) gleichzeitig durchsucht werden. Ein prominentes Beispiel ist der Karlsruher Virtuelle Katalog (KVK).
Verwandte Begriffe: Suchportal

Mitnahmeeffekt (serendipity effect)
Zufällige Entdeckung von etwas Überraschendem, nach dem primär nicht gesucht wurde: Beispiele sind die Entdeckung Amerikas, der Röntgenstrahlung, des Penicillins. In der Informationswissenschaft wird damit der Effekt bezeichnet, wenn beim Surfen oder *Browsen* ohne Absicht interessante Informationen gefunden werden.

Oberbegriff
Kennzeichnet eine hierarchische → Begriffsrelation eines Begriffes zu einem zweiten. Beispiel: *Zitrusfrucht* ist ein Oberbegriff von *Orange*.
Oberbegriffe: → Begriffsrelation
Verwandte Begriffe: → Unterbegriff, → Synonym, → Verwandter Begriff

Online-Katalog
→ Referenzquelle: Bibliothekskatalog, der den Bestand einer Bibliothek verzeichnet, er ist online über Internet und öffentlich zugänglich, und wird auch als OPAC (*Online Public Access Catalogue*) bezeichnet.
Oberbegriffe: Referenzquelle, Bibliothekskatalog
Verwandte Begriffe: → Referenz, Alphabetischer Katalog, Schlagwortkatalog, Systematischer Katalog

Phrasensuche
→ Recherchetechnik, in der → Suchbegriffe verwendet werden, die aus mehreren Wörtern bestehen, auch ganze Sätze. In den meisten Datenbanken wird die Phrase durch Anführungszeichen gekennzeichnet.

Printmedien
Gedruckte Dokumente bzw. → Publikationen.
Oberbegriffe: → Medienform, → Medien
Verwandte Begriffe: → Elektronische Medien

Publikation
Einerseits der Vorgang, durch den ein (wissenschaftliches) Werk der Öffentlichkeit zur Verfügung gestellt wird, und andererseits das Werk selbst. Das Publizieren wird meist von Verlagen durchgeführt, die damit die Verwertungsrechte der Publikation übernehmen. Der Autor selbst bleibt auch nach der Publikation der geistige Urheber seines Werkes. Ein

Werk kann in unterschiedlichen Formen (→ Publikationsformen) publiziert werden.
Oberbegriff: → Dokument

Publikationsform (publication type)
Form (→ Mediensorte) einer Veröffentlichung, etwa Buch, Artikel oder Internet-Dokument. Die Unterscheidung von Publikationsformen ist wichtig für die Recherche. Es gibt Referenzquellen, die nur Publikationen eines Typs verzeichnen. Die Publikationsform kann auch als formales Selektionskriterium verwendet werden.
Synonym: Publikationsart, → Mediensorte
Unterbegriffe: Buch, Zeitschriftenartikel, Aufsatz in einem Sammelwerk, Dissertation, Arbeitspapier
Oberbegriff: → Publikation, Dokument

Recherchemethoden
beruhen auf den unterschiedlichen Strategien der → Wissensorganisation, mit denen Quellen in Referenzquellen erschlossen sind. Recherchemethoden sind: → Formale Suche, → Inhaltliche Suche, → Volltextsuche, → Hierarchische Suche, Zirkuläres Recherchieren.

Recherchestrategien
Je nach Rechercheszenario, das durch eine spezifische Motivation und Art der Informationsnachfrage bestimmt ist, wird in strategischer Hinsicht unterschiedlich recherchiert. Die strategische Planung der jeweiligen Recherche orientiert sich an den Rechercheprinzipien *Warum, Was, Wo, Wie.* Recherchestrategien sind: Personen-Daten-Fakten-Suche; Informelle Recherche, Formelle Recherche, Bibliografische Suche.

Recherchetechniken
beruhen auf den technischen Möglichkeiten in der Abfrage von Datenbanken und dienen der Optimierung der Suchanfrage für elektronische Referenzquellen. Recherchetechniken sind: → Logischer Operator, → Trunkierung, → Maskierung, → Volltextsuche.

Referenz (reference)
Enthält Metainformationen über formale und inhaltliche Merkmale einer Quelle (eines Dokumentes, einer Publikation). Eine → Referenzquelle ist eine geordnete Sammlung von Referenzen auf Quellen. In einer wissenschaftlichen Arbeit dokumentiert man mit Hilfe von Referenzen (Literaturhinweisen), welche Quellen verwendet werden.
Synonyme: Literaturangabe, Literaturhinweis, Quellenangabe, Referenzinformation
Verwandte Begriffe: Bibliografischer Datensatz, Katalogzettel, → Referenzquelle, → Zitieren
Oberbegriff: → Metainformation, → Metadaten

Referenzdatenbank (reference database)
→ Referenzquelle: Elektronisches Verzeichnis von → Referenzen auf Quellen einer Wissenschaftsdisziplin bzw. eines Forschungsbereiches. Eine Referenzdatenbank verzeichnet unselbständig erschienene Literatur (→ Artikel in Zeitschriften und Sammelbänden), die in → Online-Katalogen nicht nachgewiesen sind. Zusätzlich zur → formalen Beschreibung wird auch eine → inhaltliche Erschließung angeboten (→ Schlagwörter und → Abstracts). Die Referenzdatenbank ist das elektronische Pendant der → Bibliografie.

Referenzquelle (reference source)
Tertiärquelle zur Erschließung von Quellen und Hilfsmittel für die Recherche. Referenzquellen beinhalten → Metainformationen, → Referenzen, Literaturhinweise, sie informieren darüber, *welche* Informationen es gibt und – in den meisten Fällen auch – *wo* und *wie* sie zu finden sind. Referenzquellen erschließen Primär- und Sekundärquellen, aber auch Tertiärquellen und Referenzquellen selbst (z. B. gibt es Bibliografien von Bibliografien). Referenzquellen implementieren *Strategien der → Wissensorganisation,* → die formale, → inhaltliche, klassifizierende Beschreibung von Dokumenten sowie ihre → Volltextindizierung.
Referenzquellen sind das Ergebnis professionellen Dokumentierens. Auch Studierende und Wissenschaftler/innen dokumentieren und schaffen ihre eigenen Referenzquellen.
Synonym: Informationsmittel, Informationsquelle, Recherchesystem
Unterbegriffe: → Online-Katalog, → Bibliografie, Literaturverzeichnis, → Referenzdatenbank, → Volltextdatenbank, → Suchmaschine usw.
Verwandte Begriffe: Nachschlagewerk, → Referenzwerk
Oberbegriffe: Tertiärquelle

Referenzwerk (reference work)
Tertiärquelle, die einen Überblick zu einem Thema und weiterführende Literatur (Primär- und Sekundärquellen) bietet. Referenzwerke sind insbesondere: Nachschlagewerke, Handbücher, Lexika, Enzyklopädien.
Verwandte Begriffe: Referenzwerk

Schlagwort (keyword, subject term)
Begriff, mit dem ein Dokument → inhaltlich beschrieben wird. Der Begriff kann in einer Schlagwortliste, Schlagwortnormdatei oder in einem → Thesaurus normiert sein.
Oberbegriffe: → Inhaltliche Beschreibung
Verwandte Begriffe:→ Stichwort

Signatur
Standortangabe eines Buchs oder eines anderen Mediums in einer Bibliothek, die zumeist aus einer Kombination aus Buchstaben und Zahlen besteht.

Stichwort
Frei gewählter Begriff, mit dem ein Dokument → inhaltlich beschrieben wird. Da wissenschaftliche Publikationen im Allgemeinen einen »sprechenden« Titel haben, kann auch ein Wort aus dem Titel als Titelstichwort verwendet werden.
Verwandte Begriffe: → Schlagwort

Suchanfrage
Mit einer Suchanfrage wird in einer elektronischen → Referenzquelle gesucht. Die Suchanfrage wird in ein oder mehreren Suchfeldern eingegeben und anschließend in die → Abfragesprache der Datenbank übersetzt. Suchanfragen können aus einem oder mehreen → Suchbegriffen bestehen, die Suchbegriffe können → trunkiert, maskiert oder als → Phrasensuche eingegeben oder mit → logischen Operatoren kombiniert werden.
Verwandte Begriffe: → Formale Suche, → Expertensuche, → Thematische Suche

Suchbegriff
Wort oder eine Wortgruppe, nach denen in einer elektronischen Referenzquelle gesucht werden kann. Suchbegriffe können auf bestimmte → Suchkategorien beschränkt, → trunkiert, → maskiert, als → Phrasensuche verwendet und mit → logischen Operatoren kombiniert werden. Bei der Abfrage der → Datenbank werden die Werte in den → Datenfeldern mit dem Suchbegriff verglichen (*matching*). Datensätze, die den Kriterien entsprechen, werden anschließend in einer → Trefferliste angezeigt.
Synonyme: Recherchebegriff

Suchkategorie
Kategorien der → formalen oder → inhaltlichen Beschreibung von Dokumenten (etwa Autor, Titel, Schlagwort), die in der Recherche als → Suchkategorien verwendet werden. Einer Suchkategorie sind ein oder mehrere → Datenfelder eines → Datensatzes in einer → Datenbank zugeordnet. Mit Suchkategorien ist eine gezielte Suche möglich, z. B. nach einem bestimmten Autor. In der → Expertensuche werden die Suchkategorien durch Codes bezeichnet, z. B. »WPE« für Personennamen.
Synonyme: Suchkriterium
Unterbegriffe: Schlagwort, Titelstichwort

Suchmaschine
Referenzquelle für die Suche im Internet, die auf dem Prinzip der → Volltextindizierung von Dokumenten beruht. Eine Suchmaschine durchsucht das Internet mit einem Crawler (Robot, Spider), indiziert und speichert Wörter von Dokumenten in einer Datenbank. Metasuchmaschinen schicken Suchanfragen an mehrere Suchmaschinen und kumulieren die Treffer in einer Trefferliste.

Synonym
Ein Begriff ist synonym zu einem anderen Begriff, wenn sie in der → Begriffsrelation der Äquivalenz zueinander stehen, d. h. wenn sie die gleiche Bedeutung haben.
Oberbegriff: → Begriffsrelation
Verwandte Begriffe: → Unterbegriff, → Oberbegriff, → Verwandter Begriff

Thesaurus (griech. Schatzkammer)
Verzeichnis der Terminologie, also der Begriffe (Termini) eines Fachbereiches. Dabei werden die Begriffe definiert und zusätzlich in ihren → Begriffsrelationen zueinander dargestellt. Durch die Angabe von → Synonymen, → Oberbegriffen, → Unterbegriffen und → verwandten Begriffen entsteht ein Begriffsnetzwerk. Thesauri kommen auch in der Recherche zum Einsatz, da in vielen → Referenzquellen die Dokumente mit Hilfe des normierten und kontrollierten Vokabulars eines Thesaurus inhaltlich erschlossen sind.
Synonyme: Kontrolliertes Vokabular
Verwandte Begriffe: → Inhaltliche Beschreibung

Trefferliste
Bei einer Suche in einer elektronischen Referenzquelle werden die gefundenen → Referenzen in einer Trefferliste angezeigt. Zu jedem Treffer in dieser Kurzanzeige kann über einen Hyperlink der bibliografische Datensatz in Vollanzeige aktiviert werden.
Synonyme: Treffer, Trefferanzeige, Kurzanzeige
Verwandte Begriffe: Ranking

Trunkierung
→ Recherchetechnik: Platzhalter für ein oder mehrere Zeichen, entweder am Ende eines Suchbegriffes (Rechtstrunkierung) oder am Anfang (Linkstrunkierung). Die Trunkierung erlaubt es, gleichzeitig nach mehreren grammatikalischen Formen eines Begriffs zu suchen. Trunkierungszeichen (*wildcards*) sind »*«, »$« oder »?«, abhängig von der jeweiligen Datenbank.
Verwandter Begriff: → Maskierung

Unterbegriff
Kennzeichnet eine hierarchische → Begriffsrelation eines Begriffen zu einem zweiten. Beispiel: *Orange* ist ein Unterbegriff von *Zitrusfrucht.*
Oberbegriffe: → Begriffsrelation
Verwandte Begriffe: → Oberbegriff, → Synonym, → Verwandter Begriff

URL (Universe Resource Locator)
Adresse eines Dokumentes im World-Wide-Web. Sie besteht aus der → IP-Adresse des Web-Servers, ggf. aus Ordnern und dem Dateinamen des Dokumentes.

Verwandter Begriff
Kennzeichnet die → Begriffsrelation zwischen zwei Begriffen, die weder äquivalent (synonym) noch in einer hierarchischen Beziehung (Ober-Unterbegriff) stehen, aber doch »verwandt« sind. Verwandte Begriffe haben bspw. einen gemeinsamen Oberbegriff (Orange und Zitrone sind verwandt, da sie beide zu den Zitrusfrüchten gehören) oder sie sind Merkmale ein und derselben Kategorie (rot und blau sind verwandt, da sie beide Farben sind).
Oberbegriffe: → Begriffsrelation
Verwandte Begriffe: → Unterbegriff, → Oberbegriff, → Synonym

Verbundkatalog
→ Online-Katalog, der die Bestände von mehreren Bibliotheken (meist eines Bibliotheksverbundes) nachweist. Meistens sind dabei die bibliografischen Datensätze in einer gemeinsamen Datenbank gespeichert, während die exemplarspezifischen Daten (Standort, Signatur) in den lokalen Datenbanken der einzelnen Bibliotheken verwaltet werden.
Oberbegriff: → Online-Katalog, → Referenzquelle

Virtuelle Bibliothek
Ist eine Internet-Plattform und im Gegensatz zur realen Bibliothek ausschließlich eine Referenzquelle, welche Dokumente – sowohl Internet-Dokumente als auch Bücher, Zeitschriften und Artikel, die sich an unterschiedlichen Standorten befinden können – durch formale und inhaltliche Beschreibung erschließt und mit Hilfe einer Suchoberfläche zugänglich macht.
Synonyme: Elektronische Bibliothek

Volltext
Elektronische Kopie eines Dokumentes, → Artikel werden in → Volltextdatenbanken zusätzlich zu den → Referenzdaten angeboten, meist im pdf-Format.

Volltextsuche
→ Recherchemethode, mit der in einer → Volltextdatenbank gesucht werden kann.

Volltextdatenbank
Datenbank, die wie eine → Referenzdatenbank die → Referenzen und zusätzlich den Text des Dokumentes (den → Volltext) selbst enthält.

Wissensorganisation
Techniken, Strategien und Systeme zur Repräsentation und Erschließung von Wissen, insbesondere im Hinblick auf die Referenzquellen: → Formale Beschreibung, → Inhaltliche Beschreibung, → Volltextindizierung.
Verwandte Begriffe: Dokumentieren, Recherchieren

Zeitschrift
Periodisch (regelmäßig) erscheinendes Sammelwerk. Im Gegensatz zu einem Jahrbuch, das einmal jährlich erscheint, erscheint die Zeitschrift mindestens zweimal im Jahr. Wissenschaftliche Zeitschriften werden auch als Fachzeitschriften bezeichnet. Beispiele: »Zeitschrift für Pädagogik«, »Science«, »Nature«.
Unterbegriff: Fachzeitschrift
Oberbegriff: → Publikationsform, Sammelwerk
Verwandte Begriffe: Jahrbuch, → Zeitung, → Artikel

Zeitung
Periodisch (regelmäßig), mindestens einmal in der Woche erscheinendes Sammelwerk. Eine Tageszeitung erscheint täglich.
Beispiele: »Die Zeit« (wöchentlich), »Neue Zürcher Zeitung« (täglich), »Financial Times« (täglich)
Oberbegriff: → Publikationsform, Sammelwerk
Verwandte Begriffe: → Zeitschrift

Zitieren
Eine Textpassage wird entweder wörtlich übernommen oder mit eigenen Worten paraphrasiert (das direkte und indirekte Zitat). Die Quelle, aus der die Textpassage stammt, wird so beschrieben, dass sie jederzeit wieder gefunden werden kann. Die Quellenangabe folgt → Zitierregeln, das sind Normen für die formale Beschreibung von Publikationen.

Zitierregeln
Vorschriften zur → formalen Beschreibung von Quellen (Dokumenten und Publikationen), die in einer wissenschaftlichen Arbeit zitiert werden. Zitierregeln können sich in Details unterscheiden, alle haben jedoch einen Zweck: sicherzustellen, dass eine Quelle jederzeit wieder gefunden werden kann. Korrektes → Zitieren ist die Bedingung dafür, dass Zitate bis auf ihre Quellen zurück überprüft werden können.
Verwandte Begriffe: Quellenangabe, → Zitieren

Literaturhinweise

Balzert, Helmut; Kern, Uwe; Schäfer, Christian; Schröder, Marion (2008): Wissenschaftliches Arbeiten. Wissenschaft, Quellen, Artefakte, Organisation, Präsentation: W3L.

Bates, Marcia J. (1989). The design of browsing and berry-picking techniques for the online search interface. Online review, 13 (5), 407-423. Auch verfügbar unter: http://www.gseis.ucla.edu/faculty/bates/berrypicking.html (2009/11/01).

Boeglin, Martha (2007): Wissenschaftlich arbeiten Schritt für Schritt. Gelassen und effektiv studieren. München: Fink (UTB, 2927).

Brink, Alfred (2007): Anfertigung wissenschaftlicher Arbeiten. Ein prozessorientierter Leitfaden zur Erstellung von Bachelor-, Master- und Diplomarbeiten in acht Lerneinheiten. 3. Aufl. München: Oldenbourg.

Burchert, Heiko; Sohr, Sven; Perschke, Robert (2008): Praxis des wissenschaftlichen Arbeitens. Eine anwendungsorientierte Einführung. 2. Aufl. München: Oldenbourg.

Dolowitz, David P.; Buckler, Steve; Sweeney, Fionnghuala (2008): Researching online. Basingstoke: Palgrave Macmillan.

Ebster, Claus; Stalzer, Lieselotte; Ebster-Stalzer (2008): Wissenschaftliches Arbeiten für Wirtschafts- und Sozialwissenschaftler. 3. Aufl. Wien: Facultas-WUV (UTB, 2471).

Eco, Umberto (2007): Wie man eine wissenschaftliche Abschlußarbeit schreibt. Doktor-, Diplom- und Magisterarbeit in den Geistes- und Sozialwissenschaften 12. Aufl. Heidelberg: Müller (UTB, 1512).

Fink, Arlene (2005): Conducting research literature reviews. From the Internet to paper. 2nd ed. Paderborn, Wien: Sage Publications.

Franck, Norbert; Stary, Joachim (2009): Die Technik wissenschaftlichen Arbeitens. Eine praktische Anleitung. 15. Aufl. Paderborn u. a.: Schöningh (UTB, 724).

Giesecke, Michael (1994): Der Buchdruck in der frühen Neuzeit. Eine historische Fallstudie über die Durchsetzung neuer Informations- und Kommunikationstechnologien. Frankfurt am Main: Suhrkamp.

Glaser, Barney G.; Strauss, Anselm L. (2005): Grounded theory. Strategien qualitativer Forschung. 2. Aufl. Bern: Huber.

Grix, Jonathan (2008): The foundations of research. 4. pr. Basingstoke: Palgrave Macmillan.

Haller, Michael (2008): Recherchieren. 7. Aufl. Konstanz: UVK.

Karmasin, Matthias (2009): Die Gestaltung wissenschaftlicher Arbeiten. Ein Leitfaden für Seminararbeiten, Bachelor-, Master- und Magisterarbeiten, Diplomarbeiten und Dissertationen. 4., aktualisierte Aufl. Wien: Facultas.WUV (UTB, 2774).

Kiel, Ewald; Rost, Friedrich (2002): Einführung in die Wissensorganisation. Grundlegende Probleme und Begriffe. Würzburg: Ergon-Verl.

Kornmeier, Martin (2007): Wissenschaftstheorie und wissenschaftliches Arbeiten. Eine Einführung für Wirtschaftswissenschaftler. Heidelberg: Physica.

Krajewski, Markus (2002): Zettelwirtschaft. Die Geburt der Kartei aus dem Geiste der Bibliothek. Berlin: Kulturverl. Kadmos (Copyrights, 4).

Krajewski, Markus (2008): Elektronische Literaturverwaltungen. Kleiner Katalog von Merkmalen und Möglichkeiten, in: Franck, Norbert; Stary, Joachim (Hrsg.): Technik wissenschaftlichen Arbeitens. Eine praktische Anleitung.14. Aufl. Paderborn u. a.: Schöningh, S. 97–115

Kuhlen, Rainer (1995): Informationsmarkt. Chancen und Risiken der Kommerzialisierung von Wissen. Konstanz : UVK (Schriften zur Informationswissenschaft. 20).

Kuhlen, Rainer (2004): Informationsethik. Umgang mit Wissen und Information in elektronischen Räumen. Konstanz: UVK (UTB, 2454).

Liessmann, Konrad Paul (2009): Theorie der Unbildung. Die Irrtümer der Wissensgesellschaft. 3. Aufl. München u. a.: Piper.

Luhmann, Niklas (1992): Kommunikation mit Zettelkästen. Ein Erfahrungsbericht. In: Luhmann, Niklas; Kieserling, André (Hrsg.): Universität als Milieu. Bielefeld: Haux S. 53–61.

Rost, Friedrich (2008): Lern- und Arbeitstechniken für das Studium. 5. Aufl. Wiesbaden: VS, Verl. für Sozialwiss.

Schulz von Thun, Friedemann (1981): Miteinander reden. Bd. 1: Störungen und Klärungen. Allgemeine Psychologie der Kommunikation. Reinbek bei Hamburg: Rowohlt.

Sesink, Werner (2007): Einführung in das wissenschaftliche Arbeiten. Internet – Textverarbeitung – Präsentation. 7. Aufl. München: Oldenbourg.

Stary, Joachim & Kretschmer, Horst (2001): Umgang mit wissenschaftlicher Literatur. Eine Arbeitshilfe für das sozial- und geisteswissenschaftliche Studium. Frankfurt a. M.: Cornelsen Scriptor.

Stöber, Thomas; Teichert, Astrid (2008): Webbasierte Literaturverwaltung – neue Kooperationsformen und Anwendungsszenarien. In: B.I.T. Online, 4

Stock, Wolfgang G. (2007): Information retrieval. Informationen suchen und finden. München, Wien: Oldenbourg.

The Internet Society (ISOC): Histories of the Internet. Verfügbar unter http://www.isoc.org/internet/history/ (2009/07/12).

Töpfer, Armin (2009): Erfolgreich forschen. Ein Leitfaden für Bachelor-, Master-Studierende und Doktoranden. Berlin u. a.: Springer (Springer-Lehrbuch).

Internetadressen

Sachregister[1]

---

1 Kursive Seitenzahlen verweisen auf das Glossar.